"山东大学（威海）学科建设经费"资助出版

20世纪西方大国资本主义国有经济研究

常 辉◎著

THE

WESTERN STATE-OWNED ECONOMY

OF MAJOR CAPITALIST COUNTRIES

IN THE

20th CENTURY

人民出版社

目　录

～ 导 言 ～

　　自起源至今，国有经济已经拥有两千多年的发展历史，其最初的雏形甚至可以追溯到中国西周时期的官办手工业作坊。西周时期，周王朝很重视手工业生产，一些主要的手工业生产部门都有比较显著的进步。周王室和诸侯公室都拥有各种手工业作坊，有众多的具有专门技艺的工匠，这些作坊和工匠都由官府管理，即所谓的"工商食官"。这些官办性质的手工业作坊主要负责为王室贵族制造加工青铜器、陶器、玉器甚至车辆及其配件，以此彰显王室贵族的身份地位和奢华生活。相比之下，国有经济在西方世界的出现则要晚一些，起源于古罗马帝国时代政府创办的军需物资生产作坊和金银矿工场。在随后的十几个世纪里，国有经济在西方发展异常缓慢，直到19世纪末20世纪初，国有经济在西方主要资本主义各国经济中才逐渐开始崭露头角，20世纪30年代资本主义经济大危机之后得到快速发展，二战结束后国有经济迎来了在资本主义国家的一个"黄金"发展时期，直到 20 世纪 70 年代伴随着西方主要资本主义国家的国有经济再次遭受质疑与批评，国有经济经历大规模的私有化浪潮后进入平稳的调整收缩期。纵观国有经济在西方主要资本主义国家的发展历程，可以看到国有经济在西方资本主义经济中一出现便引发了各国政治与经济学界以及各国政府的热烈争论，在西方主要各国由于不同政党竞选上台执政，各国的经济发展过程中还出现了国有化与私有化之间的多次交替。尽管国有经济在西方主要资本主义各国的发展几经波折，但到目前为止，国有经济在包括美国等的资本主义国家经济中并没有彻底消失，仍然占有重要的地位并发挥着不可替代的作用。那么，国有经济是如何在西方主要各国兴起的？它究竟在西方资本主义经济中发挥着什么作用？为什么经历了私有化浪潮还能继续存在？这一系列问题需待逐一作答。要想真正解决这些问题找到其中的答案，必须深入探讨西方资本主义国家国有经济的发展变化历程，才能对国有经济在西方资本主义国家的发展做出较为科学分析与判断。

作为一种政治经济组织形式，西方国有经济随着主要资本主义各国经济的发展经历了数次发展和变革，对各国经济的发展产生了十分重要的影响。对西方资本主义国家国有经济发展变化的研究将有助于深化国人对中国国有经济发展改革问题的理解和认识，为中国的国有企业改革提供有益的参考和借鉴。

一、研究对象及其争论

西方主要资本主义国家的国有经济伴随着各国科学技术的进步和工业革命的进程发展于 19 世纪与 20 世纪之交逐渐兴起，它是资本主义市场经济中生产社会化不断发展的必然产物之一。古罗马帝国时期，政府创办的军需物资生产作坊和金银矿工场可以看作是国有经济的源头，但这种情况下的国有经济只是为了满足封建帝王们的特殊需要而将社会上的小生产集中和扩大的一种形式，因此并不能称为现代意义上的国有经济。伴随着中世纪后期西方各国的城市开始形成和出现，17—18世纪西方资本主义工商业不断发展，越来越多的人被城市的繁荣生活所吸引，致使城市规模和数量不断扩大，城市基础建设和管理变得越来越重要。为此，西方主要资本主义国家在各大城市通过成立相应的市政公司，来解决供电、供水、公共交通、卫生等城市公共基础设施方面的问题，加强城市的建设和管理，同时也为资本主义工商业的发展奠定了必备的条件。这一时期的市政公司可以视为具有现代意义的西方国有经济的雏形。在西方国有经济最初形成的时期里，发展的领域主要集中在城市公共生活设施和生产设施方面，而且普遍发展十分缓慢。19世纪末20世纪初随着资本主义生产社会化的发展西方国有经济逐渐兴起，由此开始经历现代意义上较为完整的发展历程。本书研究对象的起点便是始自19世纪末20世纪初的西方资本主义国家的国有经济。

（一）两个概念的界定

随着社会化生产的发展，资本主义市场经济的发展日渐复杂，资本主义国家的经济所有制形式呈现出多元化所有制结构，出现了资本主义国家国有经济，并逐渐发展为资本主义国家中除私有经济之外另一重要的所有制形式。所谓国有经济，是相对于私有经济而言，是指"生产资料归国家所有、占有支配和使用的所有制形式"，[①] 具体表现为国家对国有资产及其收入的占有、支配和使用。国有企业就是资本主义国家的国有经济最重要的表现形式。《2000年世界发展指标》中指出："国有企业是政府拥有或控制的经济实体，它们的收入主要来自出售商品和

---

① 《经济大辞典》，上海辞书出版社1992年版，第1357页。

服务。"① 国际惯例中，国有资产投资或持股超过50%的企业即为国有企业。依据世界贸易组织2013年公布的国别经济成分信息数据统计，各国国有企业产值占经济总量的百分比值，如下所示：②

极端国有化：朝鲜（97%）、古巴（93%）

高度国有化：挪威（72%）、瑞典（68%）、津巴布韦（66%）、
阿曼（63%）、委内瑞拉（61%）、芬兰（56%）、
卢森堡（54%）、冰岛（52%）、伊朗（51%）

较高度国有化：沙特（47%）、科威特（47%）、卡塔尔（45%）
安哥拉（41%）、老挝（40%）、尼日利亚（38%）、
文莱（38%）、印度（36%）、中国（33%）、
俄罗斯（31%）、越南（31%）、法国（31%）

由数据资料可以看出，无论在以中国为代表的社会主义国家还是在以法国为代表的资本主义国家都存在大量以国有企业为标志的国有经济成分。

从上述国有经济和国有企业的概念及其内涵推导延伸，所谓西方资本主义国家的国有企业，亦称公营企业、公共企业，通常是由一个国家的中央政府或联邦政府投资或参与控制的企业，也涵盖地方政府投资参与控制的企业。国有企业作为一种生产经营组织形式，兼有营利法人和公益法人的特点：一方面追求国有资产的保值和增值；另一方面，担负着实现国家调节经济的目标、调和国民经济整体发展的作用。本书所要研究的西方国有经济的范围主要包括："由政府部门直接经营的商业企业和政府直接持有或通过其他国营企业间接持有大部分股份的企业。它

① 《2000年世界发展指标》（中文版），中国财政经济出版社2001年版，第291页。

② 　数据资料来源于 http://zh.wikipedia.org/wiki/%E5%9B%BD%E6%9C%89%E4%BC%81%E4%B8%9A，加粗字体为社会主义国家。

也包括政府只持有小部分股份，而其余部分的分配受到政府有效控制的企业。"① 不包括通常从政府一般收入中开支经费的科学、文教、卫生保健等公共部门的活动，同时由于银行、保险等金融企业性质比较特殊，本书研究虽略有涉及，但暂不将其作为重点展开研究。

此外，本书将研究对象重点放在西方部分主要资本主义国家身上，主要包括英、法、德、意、美、日等发达工业国家，其主要原因在于：其一，由于个人学识与精力有限，恐无法驾驭对西方所有资本主义国家国有经济一一展开详细研究，只能择其主要国家进行归纳分析；其二，本书重点论述的几个发达国家是众多西方资本主义国家的先进典范，代表着资本主义国家生产力发展的最高水平，其在经济发展、科学技术、政治民主和社会福利等方面都是其他资本主义国家竞相模仿的对象，以这些主要资本主义国家为重点研究对象必定能够更加突显出国有经济在西方资本主义国家发展历程中的一些核心问题，亦能够更加高效地为包括中国在内的其他国家进行国有企业改革提供更加深刻的经验借鉴。为了行文的方便，如书中没有特别说明，西方各国均指英、法、美、德、意、日等为代表的主要资本主义国家，西方国有经济也主要是指这些国家的国有经济。

（二）关于国有经济的理论与现实之争

在西方主要资本主义国家，国有经济作为各国政府调节和干预经济的一种重要手段，既关系到政府在资本主义市场经济中的角色和作用问题，也涉及到整个经济社会中公平与效率之争的问题。可以说，国有经济的发展变化过程是与当时西方各国政府调节干预经济的发展趋势紧密联系在一起的。对于国家政府是否应该干预经济发展的问题，西方学界

---

① 《2000 年世界发展指标》（中文版），中国财政经济出版社 2001 年版，第 291 页。

和政界一直存在较大争议，国有经济到底应不应该在西方资本主义国家存在并获得发展的问题也成为国外学界和政界热烈讨论的话题之一，关于如何经营管理国有经济、提高国有企业的效率效益问题则逐渐发展成为困扰西方经济学界的一道难题。

在西方理论界，诸多的经济学派及其学者都坚决反对国家强行干预经济的行为，强调保持自由市场经济下资源的合理配置和经济运行的高效率。在国有经济还未在西方主要资本主义国家真正兴起之前，以亚当·斯密为代表的古典经济学派的自由市场经济理论已经在资本主义世界统治了近一个世纪之久，对资本主义的经济发展起到了极大的促进作用。古典经济学后经过马歇尔等人的继承和发展形成了新古典经济学自由放任经济学说，即传统经济学。在西方国有经济未得到较大发展之前，传统经济学派的自由放任经济学说一直是西方经济学界的主流经济学，乃至在世界经济学界占据主导地位，这一学说是建立在充分发挥市场的对资源的有效配置功能，实现自由竞争和自动调节的原则基础上的。该理论认为在自由竞争的市场条件下，经济可以通过价格机制自动进行调节并最终达到均衡，比如市场上供求关系调节商品的价格可以实现商品的供求均衡；通过利率的变动可以调节市场上的资本价格使投资与储蓄趋于均衡；通过工资的变化能够调节市场上的劳动力供求平衡，实现充分就业。因此，坚持自由竞争的市场经济是进行资源配置最合理和最有效的方式，所有的政府干预都是多余的，政府的干预只会破坏市场经济自身的自动调节机制，引起经济的动荡或失衡。

尽管西方主流经济学在理论上一再抨击政府干预经济的愚蠢行为，但随着20世纪上半叶一场场战争与危机的纷繁踏至，国有经济开始在西方主要资本主义国家干预主义的兴起中而崛起并得到繁荣发展。直至20世纪七八十年代，国有经济自身的缺陷和引发的弊端开始引人注目，西方经济学界中反对国家干预和国有经济发展的呼声再次增多。美国学者米尔顿·弗里德曼和英国学者F.A.哈耶克都是新自由主义经济学的倡导者，分别属于芝加哥经济学派和奥地利经济学派。虽然两人分别属于不同的经济学派，但两人都一贯坚持自由市场制度和坚决反对政府干预经济。米尔顿·弗里德曼认为，竞争资本主义是经济自由的制度，就应该通过私人企业在自由市场上的经济活动来发挥主要作用，自由市场机制下人们通过自愿交换进行协作，由此形成的市场价格体系不仅运行良好而有效，而且能够在经济活动中发挥传递信息、提供激励和收入分配的重要功能，[①] 三种功能紧密相联，从而体现出自由市场经济的合理配置和良好效率。在苏联、捷克斯洛伐克、匈牙利、中国等社会主义国家试图通过命令经济利用市场来组织生产，结果使自由市场价格体系发生扭曲，使其上述功能无法得到有效发挥，从而导致了明显的经济效率低下。弗里德曼进一步指出，经济自由是政治自由的必要条件。他明确提出："对自由最大的威胁是权力的集中。为了保护我们的自由，政府是必要的；通过政府这一工具我们可以行使我们的自由；然而当权力集中在当权者的手中，它也是自由的威胁。"[②] 因此政府的权力必须要有限而分散。弗里德曼提出"一个自由社会政府的基本作用：提供我们能够改变规则的手段，调解我们之间对于规则意义上的分歧，和迫使否则就不会参加游戏的少数几个人遵守这些规则。"[③] 也就是说，政府的角色是"竞争规则"的制定者和裁判员，而市场应该做的是大大减少政府直接参与经济竞争的程度。在弗里德曼看来，目前美国政府在货币政策、贸易安排、财政政策、教育问题、社会福利等经济领域和社会领域的干涉行为都带来了很多弊端，即便是处于良好的愿望，比如追求社会分配的

---

① 参见［美］米尔顿·弗里德曼、罗丝·弗里德曼：《自由选择》，张琦译，机械工业出版社 2008 年版，第 14 页。

② ［美］米尔顿·弗里德曼：《资本主义与自由》，张瑞玉译，商务印书馆 1986 年版，第 5 页。

③ ［美］米尔顿·弗里德曼：《资本主义与自由》，张瑞玉译，商务印书馆 1986 年版，第 30 页。

平等，也导致了极坏的后果，使美国国民的自由和财富受到了侵蚀和损害，因此应该将它们恢复到自由状态。总之，米尔顿·弗里德曼认为只有自由市场经济体制才能实现繁荣和自由，坚决反对政府的通过强制力量来干预经济和社会活动。

F.A.哈耶克是20世纪最著名的自由主义学者之一。哈耶克认为，衡量一个社会好坏的标准不是经济福利，而是人的自由程度，人的自由包括政治、思想和经济等几个方面的自由，其中经济方面的自由是自由的基础。实现经济自由的最好方式是建立自由竞争条件下的市场经济，让市场经济机制充分发挥自动调节作用，让人们在市场上自由进行生产经营和贸易。关于资本主义社会中出现的经济危机，哈耶克认为其爆发根源在于信贷变动引起的投资变动。银行信贷的扩大则刺激了社会投资的增加，而银行信贷的扩张一旦中止，投资就会停滞，整个经济就会爆发危机。但是资本主义经济本身有一种自行趋于稳定、克服危机的机能，因此不需要国家对经济生活进行干预。哈耶克曾经在其著作《致命的自负——社会主义的谬误》一书中写到，市场经济秩序"虽然远不是尽善尽美，甚至经常失效，但是它和人们特意让无数成员'各得其所'而创造的任何秩序相比，却能够扩展到更大的范围。这种自发秩序的大多数缺陷和失效，多是因为有人试图干涉甚至阻碍它的机制进行，或是想改进它的具体结果。"[①] 所以哈耶克极力批判凯恩斯主义主张国家干预经济的理论和政策，他认为正是凯恩斯主张的膨胀性的货币政策，误导了市场上的生产投资者，造成他们盲目而冒险地投资，从而使整个经济的生产和消费陷入了混乱失调的状态。哈耶克还坚决反对社会主义和计划经济，他认为社会主义违背人性，不可能有高效率，计划经济必然导致政府集权，是"通向奴役的道路"。"遵循社会主义道德，将会使目前

---

① [英]F.A.哈耶克：《致命的自负——社会主义的谬误》，冯克利等译，中国社会科学出版社2000年版，第95页。

人类中的许多人遭到毁灭，使另外许多人陷入贫困。"① 只有市场经济是完全依据个人主义形成的，能保证人的自由的"自然秩序"，是一种最符合人性的经济制度。

　　尽管国有经济作为各国资本主义政府加强调节和干预经济的有效手段遭到了众多西方著名学者的质疑和批判，但 20 世纪以来，社会公平的概念越来越得到人们的广泛接受与理解，政府在建立社会福利国家保障人民的生活方面所做的努力越来越得到人们的支持。在西方资本主义国家国有经济兴起与发展的过程中，西方理论界也出现了一些赞成政府干预经济和社会的经济理论学派，其中比较有代表性的包括以庇古为代表的福利经济学派和凯恩斯主义学派等等。1920 年英国经济学家庇古发表了代表作《福利经济学》一书，标志着福利经济学的产生。庇古提出，经济学是研究人类经济生活的学问，应该以改善整个社会的福利程度及其衡量方式为主要任务。他将经济福利等同于国民收入，在书中写道"正是由于经济福利是可以直接或间接的与货币尺度联系起来的那部分总福利，因此国民收入是可以用货币衡量的那部分社会客观收入，其中包括国外收入，所以经济福利和国民收入这两个概念是对等的"。庇古认为，随着国民净产品的增加，国家应该加强对收入分配的干预，以减少收入不平等的分配。国民净产品的增加与生产资源的配置方式直接相关，在现实的市场经济中，投资者常常因为信息不全妨碍资源达到最佳配置，同时垄断的出现也会带来资源的错置和浪费。因此为了达到社会福利的最大化，客观上需要国家出面对经济生活加以调节。他指出，随着资本主义经济的发展，政府日益完善，并能够担负起为社会谋利益的责任。在自由竞争发展阶段，政府可以通过津贴、税收和各种行政措施等对经济部门进行调节；到了垄断发展阶段后，政府则可以通过间接

---

① ［英］F.A. 哈耶克：《致命的自负——社会主义的谬误》，冯克利等译，中国社会科学出版社 2000 年版，第 3 页。

控制、直接控制和政府直接投资经营的方式加强干预。关于政府直接经营的方式，庇古专门提出应该根据产业的形式和类型，从生产效率和社会效益等多角度进行分析，来决定是否适合政府经营的方式。可见，在庇古的观点中，政府直接经营的方式，即国有经济的方式是可以适当用于资本主义市场经济中的。

20世纪30年代以美国为代表的资本主义世界爆发经济大危机，使西方主要资本主义各国的经济陷入了一片萧条和衰退之中，各国政府依据过去的自由放任市场经济理论实施改革应对空前的经济危机，但却并没有摆脱危机对本国经济的困扰，英国经济学家约翰·梅纳德·凯恩斯提出的国家干预经济理论开始受到重视。凯恩斯原是一个自由主义者，直到1929年经济大危机来临前仍信奉传统自由贸易理论，认为保护主义不利于国内的经济繁荣与就业增长。1936年凯恩斯出版了代表作《就业、利息和货币通论》，本书一反其自由主义立场转而强调贸易差额对国民收入的影响，认为保护贸易政策将有利于提高投资水平和扩大就业，并带来经济的繁荣。凯恩斯提出，资本主义国家之所以出现产品生产过剩和失业等经济危机现象，其关键原因是由于整个社会的有效需求不足，即对消费产品和投资产品的需求不足。由消费需求和投资需求构成的有效需求，其大小主要取决于消费倾向、资本边际效率、流动偏好以及货币数量等因素。从长期看，边际消费倾向和资本边际效率都会呈现递减的规律。当边际消费倾向递减时，储蓄增加造成消费需求减少；当资本边际效率递减时，利率成为决定投资需求的关键因素，由于人们对货币流动具有一定的偏好，人们对货币的流动偏好越强，利息率就越高，高利率会阻碍投资的增加，从而引起投资需求的不足。关于消费、收入、储蓄和投资的关系，在《就业、利息和货币通论》一书中凯恩斯写道："从总量上看，被我们称之为储蓄的收入超过消费的部分，不可能不等于被我们称之为投资的对资本设备增添的部分。关于净储蓄和净投资，情况是类似的。事实上，储蓄不过是一个余留额，消费的决策与投资的决策在一起决定收入。假定投资决策变为现实，那么投资必然会减少消费或增加收入。因此，投资行为本身不可能不被我们称之为储蓄的剩余额或多余额以相同的数量增加。"① 凯恩斯假定消费倾向在短期内是不变的，这时的收入量或就业量就会随着投资的增加而增加。经济中出现了需求和投资需求的不足，如果单纯依靠市场经济自动调节，通常就会出现生产过剩和非充分就业的危机。解决失业和复兴经济的最好办法是政府干预经济，采取征富济贫的分配政策和扩大政府开支的赤字财政政策以及膨胀性的货币政策来分别刺激社会的消费需求和投资需求的增加，降低利息率，从而刺激消费，增加投资，以提高有效需求，实现充分就业。之后，凯恩斯的经济理论经过萨缪尔森等人的补充和发展，形成了后凯恩斯主义学派，这一学派继承了凯恩斯关于国家应该干预经济的思想，认为现代资本主义社会应该是私人经济和政府经济的混合经济制度，政府应该成为宏观经济控制的更有力和更灵敏的工具。凯恩斯主义的经济理论逐渐受到西方各国政府的接受和重视，为国有经济在资本主义市场经济中的繁荣发展创造了良好的机遇。

关于国家政府要不要干预经济和发展国有经济的问题不仅在西方经济学界引发了诸多争议，还成为西方政治学界和政界中争论的焦点问题之一。马克思主义学派一向非常重视生产资料所有制问题，在科学社会主义理论体系中，所有制是社会经济关系中具有决定意义的因素。马克思曾明确指出："农业、矿业、工业，总之一切生产部门将用最合理的方式逐渐组织起来。生产资料的全国性的集中将成为自由平等的生产者的各种联合体所构成的社会的全国性的基础，这些生产者将按照共同的合理的计划进行社会劳动。"② 马克思恩格斯所构想的未来社会的所有制

---

① ［英］约翰·梅纳德·凯恩斯：《就业、利息和货币通论》，高鸿业译，商务印书馆 1999 年版，第 70—71 页。

② 《马克思恩格斯选集》第 3 卷，人民出版社 1995 年版，第 130 页。

是"整体的全社会的所有制，其所有者是作为整体的全体劳动者，而不应当是无数个各自拥有独立所有权的经济实体"，[①] 因为高度发达的社会化大生产发展趋势要求高度集中的所有制形式与之相适应。因此，要消灭资本主义社会并建立社会主义社会，就意味着必须消灭资本主义私有制经济而建立社会主义公有制经济。[②] 由此可以看出，传统马克思主义学派认为，在社会主义社会中国家应该全面控制和干预经济，建立公有制经济。

民主社会主义理论是西方资本主义各国社会党、社会民主党和工党等左翼政党的指导思想。最初，民主社会主义理论与传统马克思主义理论在消灭私有制、建立公有制方面的观点是一致的，德国社会民主党、法国社会党和英国工党等民主社会主义政党都在本党的纲领性文件中写明了要将资本主义私有制变为社会主义公有制，将资本主义私有经济全部改造为公有制经济等内容。1917 年英国工党党章第四条第四款就曾明确写道："要使从事体力或脑力劳动的工人获得他们全部劳动成果并享受最公平的分配，从而使生产、分配和交换手段的公有制和可以体现民众管理及控制企业与公共事业的最佳制度成为可能"。[③] 这一条款一度成为英国工党推行国有化和社会福利制度的理论基础。但是随着资本主义经济的发展，民主社会主义政党自 20 世纪 50、60 年代逐渐放弃了马克思主义的所有制主张，他们认为所有制不是社会生产关系中具有决

---

① 宋书声、王锡君等：《马克思恩格斯著作中表述未来社会所有制的几个概念辨析》，《求实》1995 年第 18 期。

② 马克思、恩格斯曾经在《共产党宣言》中指出："共产主义的特征并不是要废除一般的所有制，而是要废除资产阶级的私有制。但是现代资产阶级私有制是建筑在阶级对立上面、建筑在一些人对另一些人的剥削上面的生产和产品占有的最后而又最完备的表现。从这个意义上说，共产党人可以用一句话把自己的理论概括起来：消灭私有制。"详见《马克思恩格斯选集》（第一卷），人民出版社 1960 年版，第 286 页。

③ 转引自王学东：《西欧社会民主主义的现状与发展趋势》，《教学与研究》1996 年第 4 期。

定作用的因素，社会主义的中心问题也不是所有制的变革问题。① 民主社会主义转而强调，在保持资本主义私有制的前提下，使公有制成为可以调节资本主义经济和发展经济民主的有效手段。二战结束后，欧洲民主社会主义政党纷纷上台执政，大力推行国有化政策，促进了战后西方国有经济的大发展。20 世纪 70 年代欧洲各国民主社会主义政党陆续下台成为在野党，尤其是随着 1991 年世界上第一个社会主义大国苏联的解体，民主社会主义政党为适应波动的政治经济形势，重新审视长期以来坚持的"计划经济和国有化"原则，纷纷调整理论思想和政策，放弃了国有化的目标。英国工党领袖托尼·布莱尔极力推动修改工党党章，终于在新条款中抽掉了原有的社会主义的生产关系内容，将社会主义的目标定位于混合经济、民主和社会公正。1981 年法国社会党领袖密特朗上台执政，其经济政策的核心就是保留私有制，扩大国有化和计划经济，但到他的第二个任期时，却主动放弃了国有化做法，经济政策的重点开始逐渐转向就业、社会保险和工资、住房等方面。

通过上述众多经济学派和政治学派的理论主张及其政党组织的实践可以确定，国家干预经济和西方国有经济的发展问题一直是西方经济学界和政界讨论的中心问题。自 20 世纪 70 年代末起英国撒切尔政府和美国里根政府陆续掀起了将国有经济在西方资本主义国家中大规模的私有化改革浪潮，减少国有经济在资本主义市场经济中的比重和规模，并大刀阔斧地对国有经济进行内部调整改革，之后国有经济在西方资本主义国家的发展一直萎靡不振。但 2008 年美国次贷危机引发全球金融危机，欧洲一些资本主义国家甚至面临全面崩盘的困境，为了应对危机，发达资本主义各国再次先后通过部分国有化的方式直接注入资本挽救深陷危机之中的金融机构，这一举措被经济学家称为"柠檬社会主义"。

---

① 参见李宏：《另一种选择：欧洲民主社会主义研究》，法律出版社 2003 年版，第 52 页。

二、国内外研究现状

20 世纪上半叶，国有经济在西方主要资本主义国家伴随着各国的市场经济不断成熟而发展壮大，国有经济在主要资本主义国家经济中的规模和比重不断增大，二战结束后西方主要资本主义国家国有经济的发展达到高潮。到 70 年代末，国有经济普遍出现效率低下，亏损严重等现象，各国陆续进行了私有化改革，国有经济的发展陷入低谷。国有经济在西方资本主义国家一系列的发展和变革逐渐引起了外国学者们的高度关注，针对西方国有经济的相关研究不断增多。长期以来，国外学者较为重视西方各国国有经济的发展研究，并取得了大量的学术成果，其中的很多成果被陆续翻译成中文在国内出版发行。综合目前国内介绍的西方学者关于国有经济的相关研究来看，国外的学者对西方国有经济的研究和论述主要集中在两个方面。

一是在西方主要资本主义国家的经济史研究中国有经济的发展是各国资本主义经济发展过程的一个重要阶段，因此西方经济史研究学者较多地谈及西方国有经济的发展、变化及其结果等问题。意大利学者卡洛·M.奇波拉主编的《欧洲经济史》在分析 1920—1970 年欧洲各国每一阶段的经济政策时，曾经写到了欧洲各国的国有化运动和相关政策，他认为国有经济出现在西方各国经济中的原因是比较复杂的，比如书中写到法国在二战结束后出现的国有化运动时指出"国有化以道德和效率为名，符合于公共的利益。由于这样，它们不会得不到支持"。[①] 而实际上对于官方来说，"其目的是通过国有化将经济的基础部门从私人利益集团的控制中解脱出来"、"国有化是对被控与德国人勾

---

① ［意］卡洛·M.奇波拉：《欧洲经济史》（第六卷），徐璇等译，商务印书馆 1989 年版，第 70—71 页。

结的公司或实业家们报复的伪装形式"，总之，"国有化背后的动机并不常常像所说的那样坦率"。① 至于西方各国实行国有化政策的效果，书中认为政策实施的结果不如预期的好。在卡尔·哈达赫的《二十世纪德国经济史》和瓦莱里奥·卡斯特罗诺沃的《意大利经济史》等国别经济史中也曾经谈及德国和意大利的一些国有化政策及措施。这些经济史研究学者对西方各国在 20 世纪尤其是二战以后的国有化措施和经济政策等相关历史事实进行了描述和归纳，其重要贡献在于为人们提供详尽的某段时期西方主要资本主义国家发展国有经济的具体政策和措施，但却没有将整个西方主要资本主义国家国有经济的发展变化过程作为一个相对独立的主题来展开分析，对西方国有经济发展变化的根源、性质及其历史作用等重要问题都没有进行细致讨论和评价，因此使人们无法全面把握西方主要资本主义国家国有经济发展变革问题的全貌。

二是很多国外学者将研究的重点放在国有经济的效率效益问题方面。针对西方国有经济在 60、70 年代时期所表现出来的效率效益问题，西方学者尤为关注，并进行了广泛研究。他们分析造成国有企业的效率低下和实绩较差的各种原因，并就如何改善国有企业的经营实绩和效率提出了一些有效方法。归纳起来，西方理论界对国有经济的效率效益低下的原因具有代表性的解释主要包括以下几种：

以科斯为代表的产权经济学家认为国有企业的低效率源于其内在的产权形式。英国经济学家罗纳德·科斯被认为是新制度经济学派的鼻祖，提出了交易成本理论和产权理论，并形成了著名的科斯定理。科斯认为，资本主义市场经济存在交易成本，所谓交易成本，"是经济制度操作的成本，有别于生产成本，产权经济学中的交易成本相当于物理学

① 　[意]卡洛·M. 奇波拉：《欧洲经济史》(第六卷)，徐璇等译，商务印书馆 1989 年版，
　　第 71 页。

中的'摩擦'"。① 因为交易成本的存在，产权制度的设置是优化资源配置的基础，不同的产权制度会带来不同效益的资源配置。在产权明确的前提下，不需要政府干预市场的自由交易。也就是说，企业的效率取决于企业采取的产权形式，因为不同的产权形式会对企业产生不同的刺激作用，从而对企业人员产生不同的激励机制，而国有企业的产权特征决定了国有企业必然是低效率的。因此要想提高国有企业的生产效率，改变效益亏损的局面，必须改变国有企业的产权形式，将国有企业彻底转化为私有企业。

有些学者认为，国有企业效率低下，但所有制并不是国有企业效率低下的决定因素，尽管国有企业效率低下与所有制有关，但其他因素对国有企业的效率同样重要。1983年世界银行发布了题为《公有制工业企业成功的决定因素》的研究报告，以马姆德·阿里·阿尤布为代表的世界银行专家经过对世界13个国家和地区的国有企业的效率进行分析研究后认为，"那些与所有制本身没有什么紧密关系的因素是同样重要的"，其中有三个影响国有企业经营实绩和效率的与经营环境有关的因素，主要包括：（1）公有制企业所面对的竞争的程度；（2）公有制企业经营中财务自主和财务负责的程度；（3）以及管理自主权和管理责任制受保障的程度和方式。他们认为，"如果能够很好地把握这些因素，就可以大大地缩小公有制企业与私人企业在实绩上的差距"。② 在逐一对上述三种影响因素进行了详细分析之后，世界银行专家还提出了一些相应的解决办法。他们指出，可以通过引入股票交易、与私营企业合资、分解垄断公有制企业等措施来为公有制企业创造一个竞争的外部环境，使公有制企业在最大程度上受到竞争的压力。同时政府应当把决策和控

---

① 转引自张盟山：《科斯定理及其对我国产权改革的现实启示》，《经济导刊》2009年第1期。

② （世界银行）马姆德·阿里·阿尤布等：《公有制工业企业成功的决定因素》，中国财政经济出版社1987年版，第4页。

制职能限制在与其作为所有者相关的一些问题上，而不能过多地干涉企业的经营决策。如果政府不将公有制企业的权力和责任下放给企业的董事会和管理层，即使再好的管理组织结构也会发生混乱。而在企业内部的管理方面，应该尽可能地提高企业管理人员的管理素质和能力，并使企业保持良好的士气。

还有经济学家认为国有经济与私有经济的效率孰高孰低很难确定。[①] 美国著名经济学家约瑟夫·斯蒂格利兹在其代表作《政府经济学》中指出，虽然只有零星的证据表明公有企业比私有企业效率低一些，但大多数人认为这就是普遍事实。接着，他从企业动机和个人动机的角度分析了公有企业低效率的根源。他指出公有制企业作为一种团体组织，区别于私有企业的最主要的两条是"政府企业不必关心破产，通常不必考虑竞争"，[②] 公有企业很少受到来自竞争对手的压力，也不会受到破产的威胁。斯蒂格利兹认为，"破产的可能性是一个重要的警报器，它提供了私营企业如果经营不善会产生社会亏损的限度，他是淘汰低效率管理的自动调节器"。[③] 而公有企业却可以常常在赤字的状态下经营。在私营企业存在竞争对手的情况下，消费者能够根据自身需要进行选择，这为私有企业之间提供了相互比较的基础，从而建立了一个激励结构，促使私有企业为消费者提供最好的服务来满足他们的需求。从个人动机方面，公有企业雇员作为政府雇员所面对的激励结构也有别于私有企业，他们的工资待遇与企业的效益关系不大，也很少受到被解雇的威胁，企业内部奖惩不明，造成了公有制企业效率效益不如私有企业。

一部分西方学者对评估西方各国国有经济国有企业经营业绩的方式

---

① 参见罗红波、戎殿新：《西欧公有企业》，经济日报出版社 1994 年版，第 201 页。

② ［美］约瑟夫·斯蒂格利兹：《政府经济学》，曾强等译，春秋出版社 1988 年版，第 188 页。

③ ［美］约瑟夫·斯蒂格利兹：《政府经济学》，曾强等译，春秋出版社 1988 年版，第 188 页。

方法和国有经济的私有化改革等问题也进行了深入探索和研究。英国经济学家拉马兰·德哈姆在研究国有经济问题时提出了评估国有经济的绩效可以分为 A、B、C、D 四级层次，可以分别对国有企业的经理、企业自身、企业对社会以及与私有企业相比国有企业的比较优势等几个方面进行综合评估。① 通过这样的综合评估方法，就可以避免单纯依据财务收益指标对国有企业的片面评估，从而有效实现国家对国有企业的全面监督。美国学者斯蒂夫·H. 汉克在论述西方国有经济的私有化改革的原因时指出，"私有化改革的出现是出于两种原因：政府的财政负担越来越沉重；私有制市场的竞争纪律能够提高效率，以更低成本生产出更高质量的产品。"② 他认为西方国有经济出现的私有化趋势具有重要的政治意义，"私有化的这种效果已经促进了一种人民资本主义，其结果是出现了一个赞成私有制的强大政治派别，甚至在工党的选民中也颇有市场。"③ 德国的魏伯乐、美国奥兰·扬等几位学者在研究国有经济的私有化改革后提出了私有化的诸多局限。他们在《私有化的局限》一书中指出，公有企业私有化以后，经济效率可能会提高，但也会带来一些有害的后果，比如社会成本的增加和社会效益的减少、侵蚀整个社会的民主发展、造成社会动荡不安等。因此"私有化本身不是一个终点。私有化应被看作提高效率的手段而不是削减或破坏政府地位的途径"。④

　　因为国有经济与马克思主义之间存在着千丝万缕的联系，国内亦有部分学者对西方资本主义国家的国有经济进行了多角度研究，绝大多数的研究以经济学与管理学为视角将研究重点放在西方各国国有经济的经

---

① 参见高峰等：《发达资本主义国家的所有制研究》，清华大学出版社1998年版。

② [美] 斯蒂夫·H. 汉克：《私有化与发展》，中国社会科学出版社1989年版，第1页。

③ [美] 斯蒂夫·H. 汉克：《私有化与发展》，中国社会科学出版社1989年版，第1—2页。

④ [德] 魏伯乐等：《私有化的局限》，王小卫等译，上海人民出版社2006年版，第545页。

营管理模式和私有化改革方面，并且通过归纳总结西方国有经济管理与改革最终为中国国有企业的社会主义改革提出了不少的有益经验。厉以宁教授在谈到西方国家的国有经济时指出，国有企业的产生和存在是西方国家形势发展的必然趋势。厉以宁教授总结了西方国家建立国有企业的主要原因在于：一是发展经济，国有经济的基础部门如交通、能源等要由国家承担；二是调控经济，国家掌握关键行业的重要企业防止私人企业的垄断；三是引导经济，国家必须引导电子、航空、核工业等高新技术产业的发展；四是稳定经济，国家通过国有企业解决社会失业、刺激经济增长。[①] 从西方国有经济改革反观中国的国企改革，厉以宁教授认为中国的国有企业改革应该使国有企业逐步适应市场经济体制的发展，必须要坚持政企分开、自主经营、自负盈亏、出资者承担有限责任的基本方向。为此厉以宁教授较早地提出应该建立社会主义股份制企业，使股份企业在服从国家政策和法规的前提下，获得独立决策经营的权力，国家只能根据股权来影响企业的经济活动，从而在根本上改变政企不分的状况。国有企业要确立独立的法人地位，在经济活动中拥有独立的意志和独立的财产，才能及时灵活地应付市场竞争中的各种变化。"实行破产法，对因经营不善而亏损累的企业按破产法的规定处理，就是用法律的形式，让当事者承担损失。"[②] 国家对国有企业实行控股制管理，大型企业可以根据实力实行跨部门、跨地区管理，通过层层控股，建立子公司和孙公司，从而建立有效的社会主义国家国有企业的管理体系。

吴敬琏教授在研究西方国有经济的发展改革后，提出国企效率低下源于产权制度。因此，他在《改革：我们正在过大关》一书中指出，在计划经济体制下，中国国有企业的所有权和经营决策权都掌握在政府手

---

① 《厉以宁讲经济学：西方世界也有国有经济》，《解放日报》2008 年 9 月 21 日。

② 厉以宁：《经济体制改革的探索》，人民日报出版社 1987 年版，第 56 页。

中，企业负责人由政府派出，他们对政府负责，而不是对企业负责，形成了政企不分的状况。这种产权不明晰的情况下权、责、利的不一致正是国企效率低下的真正原因。因此中国国有企业改革的中心是产权改革。国有企业实现真正股份化的途径是国有股的流通。国有企业通过实现国有股的多元化向社会开放，一方面可以为企业发展募集更多的资金，另一方面股权多元化可以更好地监督企业的生产经营，在股权流通中提高企业效率及国有资产的使用效率。总之，吴敬琏教授提出，"实现真正的股份制是国有企业实现根本性突破的产权基础。只有在此基础之上，建立合理有效的公司治理机构，并打破行政性垄断，造就一个竞争的环境，国企才有出路，改革才能真正过大关。"[1]

中国民间学者曹思源在研究国有企业的低效率和低效益问题时提出，因为国有企业的所有者是国家，而不是具体的个人，国有企业所有者的非人格化，一方面决定了企业可以超越私人企业的利益局限，服从国家利益，另一方面企业盈亏与有关人员的物质利益联系不密切，决定了国有企业的经济驱动力较弱。西方资本主义国家的私有化改革从产权层面入手，原来的所有者国家政府全部或部分退出西方国有企业，从而有效改变了国有企业的内部经营管理，改进了生产效率和效益。如何使中国国有企业充分发挥优势避免劣势，曹思源先生认为"关键在于国有制的比重，即国有企业固定资产占全社会经营性固定资产的比例究竟有多高"，[2] 因为国有制比重过高，说明不适合国有化的企业搞了国有化，国有企业的优势就无法发挥出来，国有企业的劣势弱点却暴露无疑，造成了企业亏损面和亏损额的剧增。要想降低国有企业的比重，就要对企业通过"一卖二改"进行私有化改造，即通过出售和股份制的方式实现国有企业的私有化，才能使中国国有企业彻底摆脱全面亏损的局面。

---

①　吴敬琏：《吴敬琏谈三个问题》，见 http://www.whzx.gov.cn/web/ggrd/ggrd-14.html。

②　曹思源：《国企改革：绕不开的私有化》，知识产权出版社 2003 年版，第 63 页。

国内还有一些学者对西方国有经济发展和改革过程中的某个方面进行了全面细致地研究。罗红波的《西欧公有企业》一书将西欧国有经济的经营管理体制和私有化改革作为研究的重点展开论述。赵守日在《闯关：西方国有经济体制革命》一书中系统介绍了西方国有经济体制改革的理论依据、原因、具体实施步骤等内容。杨洁勉在《战后西欧的国有经济》对第二次世界大战之后西欧地区的英、法、德等资本主义国家的国有经济进行了介绍。与西方国家国有经济管理体制及改革的相关文章则更多，众多的国内学者将新加坡、北欧、西欧等地区的国有经济管理和改革进行了分类研究或综合比较，总结出了这些地区的国有经济管理与改革的显著特点，并提炼出了一些能为中国国有企业所用的经验和教训。顾宝炎主编的《国外的国有企业管理与改革》和周淑莲主编的《国有企业的管理与改革》等书将近些年来中国国内散见于各类学术期刊上的有关论文集结起来出版成册，书中论文主要涉及世界上许多发达国家和发展中国家国有经济的管理和改革。王金存的《破解难题：世界国有企业比较研究》和刘中桥的《中西方国有企业发展比较》都是针对世界各国或中西方国有经济的发展和改革过程的大量异同点进行比较鉴别，从而为中国国有企业的进一步发展和改革提出良好的建议。刘宝瑞的《日本国有铁路研究》一书另辟蹊径，以日本国有铁路为研究对象，逐步分析日本国有铁路的发展变革历程，从一个侧面折射出日本国有经济的发展和改革。除此之外，还有一些文献如伍柏麟的《西方国有经济研究》将西方国有经济的本质特点、理论依据、规模变动、产业分布等各个问题逐一进行分析和讨论，从中得出了一些具有普遍性和规律性的结论。此外，国内不少学者还形成了研究国外国有经济管理体制的诸多文献成果，为后来的西方国有经济相关研究奠定了良好的理论基础。

通过对众多学者研究西方国有经济的研究成果进行系统梳理可以看出，国内外学者都对世界各国国有企业的发展以及改革过程中的相关问题给予了相当关注，并且从多角度对西方各国国有企业的发展管理做了很多研究，这些研究成果大大丰富了关于西方国有经济发展及其改革的研究资料，为本书的写作提供了重要的信息和翔实的数据。但是目前对西方国有经济的研究大多是遵循经济学和管理学的分析方式展开的，当然国有经济问题本身是经济学和管理学研究的重要领域，但是仅仅从经济学和管理学的角度去分析还不足以使人们对西方国有经济的发展变革中各种因素的综合作用有一个全面透彻的认识。中国改革开放的总设计师邓小平同志也曾经说过："企业下放，政企分开是经济体制改革，也是政治体制改革。"①可见，国有经济的发展与改革既是一个重要的经济问题，也是一个重要的政治问题。在如何评价西方国有经济的历史地位和作用问题上，国内政治学界也存在一些认识上的片面倾向，即全盘否定和全盘肯定的误区，前者认为，"西方国有经济不过是资本主义国家在无奈之时的应急措施，私有化改革代表着西方国有经济发展的失败，表明西方国有经济注定会在资本主义经济中走向灭亡"，后者则认为"西方国有经济的发展是资本主义社会迈向社会主义方向的一大步，国有经济的发展必然会逐渐代替资本主义私有经济取得最终胜利"。可以说上述两种错误认识倾向都忽视了西方国有经济是一个不断发展变化的历史过程，割断了西方国有经济的每个发展阶段之间的历史联系，同时也忘记了西方国有经济与整个资本主义市场经济之间存在难以分割的联系。因此，本书试图在当前国内外学者对西方国有经济研究的基础上，从历史政治发展变迁的角度将国有经济在西方主要各国的发展变革置于各国政府积极干预经济和社会的历史大背景之下，通过更加详实的资料和更加新颖的数据对西方主要资本主义国家国有经济发展变革过程中的经济因素、政治因素和社会因素进行综合讨论，沿着各国国有经济发展变革的历史线索，对其每个发展阶段进行逐一分析和总结，从而对西方国有经济的历史地位和作用做出全面和更为合理地评价。

---

① 《邓小平文选》(第三卷)，人民出版社 1993 年版，第 192 页。

三、研究框架、意义与方法

（一）研究框架

本书的主旨是尽力地描绘出一条较为清晰的关于 20 世纪西方主要资本主义国家国有经济兴起、发展、改革、收缩的变迁轨迹，并试图对其各个阶段加以客观地分析和评价。全书由导言和六个章节内容组成。导言部分界定了本书的研究范围，系统梳理了关于西方国有经济积累下来的相关理论研究成果，提出本书研究的视角和意义。第一章追溯了国有经济是如何在 19 世纪末 20 世纪初社会、政治等多因素综合作用下在西方主要资本主义各国中兴起的。第二章意在探讨西方主要资本主义各国国有经济在两次大战之间的发展变化及其历史作用，分析了一战对西方资本主义经济、政治和社会的巨大冲击，论证了经济大危机的爆发如何促进了西方国有经济的大发展以及二战中各国如何巩固国有经济以支持战争。第三章主要讨论了二战结束后西方主要资本主义各国国有经济的繁荣。自第二次世界大战结束后到 20 世纪 70 年代是西方国有经济发展的黄金时期，近 30 年间西方各国陆续掀起了国有化运动，国有化运动的高涨是战后各种因素综合作用的结果。这一时期国有经济的发展表现出与以往不同的显著特点，并对西方资本主义向前发展发挥了至为重要的历史作用。第四章主要介绍始自 20 世纪 70 年代末的西方国有经济私有化浪潮，私有化浪潮标志着西方国有经济在资本主义各国进入了调整和收缩阶段。第五章论述了西方各国从本国实际出发对国有经济做出大规模改革，为使之更好地为整个资本主义国民经济服务，逐渐形成了各具本国特色的国有经济经营管理模式。第六章在总结前五章内容的基础上，对西方主要资本主义国家国有经济的相关核心问题进行再认识，并且回顾中国的国有经济改革基本历程，提出中国国有经济改革的主要问题，参照借鉴西方各国国有经济的发展改革，为中国国有经济的改革提出几点建议。本书最后在总结西方国有经济发展改革历程的基础上，联系当前的英美等欧美资本主义国家的金融大危机，简单探讨了西方国有经济的发展趋势。

（二）研究意义与方法

在当代，西方国有经济的发展及其改革已经成为一个不容忽视的具有重要价值的研究课题。从学术层面的角度，对西方国有经济的发展变化进行深入探讨，无疑会是人们理解和研究社会主义、资本主义理论与实践的一个不可缺少的重要内容，具有重要的学术意义。将西方国有经济的发展变迁作为本书的主要研究对象，还具有重要的现实意义，主要表现在以下两点：

第一，国有经济问题是中国社会主义经济体制改革过程中的核心问题之一。党的十八大以后，党中央提出了四个"全面"的发展方向，其中之一便是全面深化改革，回溯 1978 年以来的经济运行轨迹，改革开放所涉难题无数，最难的莫过于国有企业改革。当初的中国国有企业改革一路披荆斩棘，成就了一场跌宕起伏的变革。但关于国有企业的改革发展问题直到今天仍然是国内外学界和政界一直争论不休的核心问题之一。1994 年山东县级市诸城政府将大面积亏损的市属国企进行私有化，引发学界对国企产权的大讨论，北京大学中国经济研究中心两位教授林毅夫与张维迎展开论战；2004 年香港中文大学教授郎咸平与格林柯尔董事长顾雏军再次掀起关于国企改革的大辩论，吴敬琏、厉以宁、张维迎等国内众多知名经济学者和企业名家参与其中；2013 年博鳌亚洲论坛上，包括诺贝尔经济学奖得主埃德蒙·菲尔普斯、法国电力首席财务官 Thomas Piquemal、拉扎德银行董事 Jean-Louis Beffa 等都对中国国有企业的公司治理和竞争力赞赏有加，他们与坚定的改革派张维迎展开了一场"围攻"式辩论。[①] 可见，国有企业的发展与改革已经成为中国社会主义市场经济发展过程中的最大难题，关于中国国有经济改革的争论将随着改革开放的深入发展仍会继续下去。他山之石，可以攻玉。对于西方主要资本主义国家国有经济的发展改革研究将有助于我们发现西方国有企业改革过程中的教训和经验，为中国的国有企业改革提供有益的借鉴。

第二，目前在中国和西方学界围绕国有经济的相关研究较多，出版了大量的专著和文章，但是中外学术界关于国有企业的发展研究还存在一些分歧。因此有必要对关于国有经济的发展改革问题及其他相关问题研究上存在的差别和分歧进行系统梳理，并试图发现其中的核心问题以便加深对国有经济发展的理解，从而展开进一步的讨论。

根据西方主要资本主义各国国有经济这一研究对象的特点，本书写作过程中着重采取了以下研究方法：

第一，历史与现实相结合的方法。国有经济在西方主要资本主义国家从兴起到现在经历了一百多年漫长而曲折的发展过程，通过对西方主要各国国有经济的发展历程进行阶段划分和研究比较，展现了西方国有经济发展的基本脉络，在此基础上论述西方国有经济在各个阶段所发挥的历史作用，更加有助于合理地评价西方国有经济的成就和缺陷。

第二，抽象与具体相结合的方法。本书通过分析西方主要资本主义各国国有经济的丰富而具体的历史情况，归纳总结出西方国有经济发展过程中带有普遍性的东西。从而为中国社会主义市场经济中国有企业改革提供有益的启示。

第三，定量分析与定性分析相结合的方法。本书尽量运用翔实的数

---

① 冯禹丁：《国企产权改革争议 20 年》，《南方周末》2014—04—11，见 http://www.infzm.com/content/99700。

据资料，对西方主要资本主义国家国有经济在每个历史发展阶段的新变化和新特点进行说明。在对历史数据进行定量分析之后，再从定性的角度做出必要的理论概括与提升。

本书在探索 20 世纪西方国有经济发展变迁的过程中，还将西方国有经济每个阶段的变化和特点进行了纵向比较，并兼顾对西方主要资本主义各国的具体发展历史进行纵向比较，最后一章将中西方国有经济进行了整体比较，从而更加清晰地总结西方国有经济的成功发展经验，为中国国有经济的发展改革提供借鉴。

第一章

西方资本主义国有经济的兴起

19世纪20世纪之交，英、法、德、美等西方主要资本主义国家经济、社会和政治等各方面因素不断发展，彼此纵横交错、相互影响。以老牌资本主义国家为代表的西方资本主义国家国内经济危机频繁爆发，经济自由主义走向衰落；工人阶级力量不断增强，社会劳工运动开始崛起；世界范围内尤其欧洲地区的民族主义以新的形式兴起，在这些因素的共同作用下资本主义各国政府采取了诸多积极干预经济发展的措施。西方主要资本主义国家之间的经济竞争和矛盾最终导致了第一次世界大战的爆发，战争迫使各国政府采取全面管制经济的措施，为西方国有经济的兴起提供了契机。

第一节　世纪之交西方资本主义经济和社会条件

19世纪末20世纪初，英、法、美等西方主要资本主义国家开始由自由竞争阶段逐渐向垄断阶段过渡。在这一过渡时期，西方资本主义国家出现了科学技术的蓬勃发展、贸易保护主义的加强、社会劳工运动的大量涌现和各国民族主义的兴起等经济和社会特征。这些特征互相影响、互相作用，形成了19世纪末20世纪初独特的经济和社会背景，对西方资本主义国家后来的经济发展和社会发展产生了重要影响。

一、科学技术发展带动工业结构变化

1776年以蒸汽机的发明为标志的工业革命首先在英国兴起。之后，19世纪上半叶，法国、美国等国家也相继掀起了国内第一次工业革命的高潮，西方主要资本主义国家的工业进入了快速发展时期，蒸汽机被广泛使用，棉纺织业等工业部门逐渐实现机械化，铁路修建大规模展开，为后来的资本主义经济发展奠定了坚实的物质基础。

19世纪后期至20世纪初，以英、法、美等为代表的西方资本主义国家理论创新与科技创新取得了较大进步。在基础理论方面，这些进步主要包括：原子物理学这一崭新的科学领域获得了巨大进步，先是1896年贝克勒尔发现了放射性，接着居里夫人发现放射过程中原子的衰变现象；普朗克的量子论和爱因斯坦的相对论对于物理学家重新认识能量的概念具有重要意义；生物领域中优生学和遗传学的兴起，引起了对达尔文主义的怀疑和争论。在科学技术方面，主要的进步包括：汽车和飞机先后问世，并在一战中得到了各国政府的广泛应用；无线电通讯技术获得成功，并成为战争提供服务的军事技术；1913年亨利·福特发明了利用传送线和传输带连续组装产品的生产方法，这种生产流水线的发明大

大改进了工厂的生产效率，成为日后现代工业生产的一大特点。①

　　基础理论与科学技术的进步不仅带动了资本主义工业经济的发展，而且促使英、法、美等资本主义国家的工业产业结构发生了一些显著的变化。首先，能源方面，石油和电力工业逐渐取代煤和蒸汽机成为资本主义工业生产的新能源和新动力。19 世纪末 20 世纪初资本主义国家经济的发展过程中，对于煤炭等能源的消耗越来越多，以煤炭和蒸汽机为主导的旧能源和动力越来越无法满足各国工业经济发展的需要。据统计，1870 年英、法、德、美四个主要资本主义国家煤炭的产量总和为 18910 万吨，到 1913 年四国的煤产量就提高到了 112670 万吨。19 世纪后期，发电机、电灯等电力系统诞生的一系列发明很快得到了广泛应用，英、法、德等西方主要资本主义国家很快加大了对电力事业的建设。在 19 世纪 90 年代，德国加大了电力工业的投资建设，使国内电站的发电能力得到了很快提高，1894 年德国电站装机容量为 3.9 万千瓦，到 1913 年上升为 360 万千瓦，发电容量每年平均增长近 27%。意大利政府在 1895—1914 年第一次世界大战爆发前的一段时期里将国内大量投资用于电力的生产建设，其投资总额达到 10—12 亿里拉，占意大利工业投资总额的 4%，到 1914 年，意大利的国内发电能力达到 115 万千瓦，除去水力发电部分外，其余动力全部由电力提供。② 电力的发展和广泛使用为西方整个资本主义经济的快速前进提供了前提条件，列宁在谈及 19 世纪末的电力工业时认为，它是"最能代表最新技术成就和 19 世纪末 20 世纪初的资本主义的一个工业部门"。③

　　19 世纪后期，随着内燃机、汽车、飞机等陆续问世，与此相关的机械制造业和运输业等工业对于石油等能源的需求日益增加，石油工业

---

①　参见［英］C. L. 莫瓦特编：《新编剑桥世界近代史》，中国社会科学院世界历史研究所组译，中国社会科学出版社 1999 年版，第 138 页。

②　参见李世安：《欧美资本主义发展史》，中国人民大学出版社 2004 年版，第 161 页。

③　《列宁选集》（第 2 卷），人民出版社 1972 年版，第 788 页。

获得飞速发展。据统计，1860—1918 年，西方各国石油开采量由 6.7 万吨急剧上升至 5000 万吨。其中以美国的石油开采业最为发达，自从美国发现第一块油田后，采油量逐年大增，1900 年达到 6362 万桶，1910 年继续增长到 20960 万桶，采油量较 1900 年翻了三倍多。石油已经成为资本主义经济发展的重要新能源。

其次，原材料工业方面，钢铁工业异军突起。19 世纪上半叶的铁路运输和造船业的持续发展，带动了对钢铁等原材料的需求。加之 1856 年贝塞麦炼钢法、1864 年马丁生铁合金法和 1877 年托马斯炼钢法等新技术的发明创造，使西方主要资本主义工业国家的钢铁工业得到很快发展。西方主要资本主义国家在 19 世纪末 20 世纪初陆续进入了"钢铁时代"。德国的钢铁工业发展迅猛，"1900 年的成本比 1870 年下降 10%，1900 年德国钢铁的产量是 1880 年的 10 倍"，[①] 到 1913 年，德国的钢铁产量达到近 4000 万吨，其中钢产量为 1832 万吨，铁产量为 1931 万吨。美国国内铁路建设的大发展带动了钢铁工业的飞涨，1913 年美国的钢铁产量超过 6000 万吨，接近于英、法、德三国钢铁产量总和。进入 20 世纪，意大利国内的钢铁工业也逐步建立起来，1913 年意大利钢铁产量达到 93.3 万吨。

最后，交通运输业方面，造船业和铁路运输业持续发展，汽车和飞机等新兴工业带动公路、航空等运输发展。自第一次工业革命以来至汽车、飞机等新的交通工具诞生之前的很长时期里，海上运输和铁路运输是西方主要资本主义国家最主要的交通运输方式，是支撑资本主义经济发展的基础物质条件，欧美各国都非常重视本国的造船航运业和铁路行业的建设和发展。

在铁路运输方面，英国早在 19 世纪七八十年代就基本形成了国内的铁路网系统，铁路总长度 2 万多公里，之后铁路建设继续增长，到

---

① 李世安：《欧美资本主义发展史》，中国人民大学出版社 2004 年版，第 147 页。

1913 年，英国国内铁路总长度约为 3.3 万公里。美国在南北战争后加快了国内铁路建设的步伐，美国政府采取了赠予土地、直接贷款等经济干预政策，鼓励私人公司投资铁路建设，到 1913 年美国的铁路总长度达到 37.9 万公里，相当于当时全球铁路总长度的一半。德国、法国等国家的国内铁路线建设在 19 世纪末 20 世纪初也持续发展，到 1914 年，德国的铁路线长度为 6.2 万公里，法国的铁路线长度为 5.09 万公里。

在造船业等航运事业方面，各国也大力支持其发展。与其他主要资本主义国家相比，作为海岛国家的英国国内造船业非常发达，在 1892—1894 年英国商船占世界商船总吨位的 81.6%，之后继续保持蓬勃发展，每年英国生产船舶的总吨位达到 900 万吨，虽然在一战爆发前夕其他国家的造船产量有所增长，但英国在 19 世纪末 20 世纪初保持了世界造船业的霸主地位，它生产的船舶不仅满足本国的需要，还向意大利等国家出口大量商船。因为国内的河流众多，美国修建了许多运河，其航运业也非常兴旺。到 1913 年，美国的商船总吨位达到 680 多万吨。19 世纪末，经过"造船业的大发展，使得德国的轮船总吨位由 1871 年的 8.2 万吨上升到 1913 年的 510 万吨。"[1]1913 年意大利的造船吨位为 53.6 万吨，其余还要从英国、法国等国进口大量的商船。日本的造船业在 20 世纪初发展迅速，1914 年一战爆发时，日本造船业水平达到国际先进水平。

随着汽车的问世，汽车工业成为西方资本主义各国的重要新兴工业之一。美国的汽车工业于 1895 年开始起步发展，之后一直蓬勃兴旺，1913 年美国的汽车产量达到 50 多万辆，国内私人汽车数量达到 115 万辆。19 世纪 80 年代，法国加大了对道路、运河等交通基础设施的投资建设，国内的汽车工业也随之获得了较大发展，到 1913 年，法国的汽

---

① 宋则行、樊亢：《世界经济史》（第 2 卷），经济科学出版社 1989 年版，第 200 页。

车产量为 4.5 万辆。意大利的汽车工业在第一次大战爆发前的几年里也得到了快速发展，国内生产的汽车数量每年增加超过 15000 辆。

可以看出，1870—1914 年期间，科学技术的进步和革新，一方面大大提高了铁路、造船等传统基础工业的生产质量和效率，另一方面促使资本主义工业经济向电力、石油、汽车等新兴工业发展，从而极大地促进了整个资本主义经济的发展，为日后西方主要资本主义国家的经济和社会发展奠定了良好的基础。正是从这一时期开始，随着资本主义各国文化教育的广泛普及，社会民众的知识水平得到了显著提高，无论国家还是公众都越来越认识到科学技术的进步和革新对于整个社会发展的重要意义。

二、自由放任主义走向衰落

19 世纪末 20 世纪初，科学技术不断进步、资本主义经济飞快发展，但是这一时期西方主要资本主义国家的经济发展过程并非一帆风顺。据统计，自 1870 年至第一次世界大战爆发的四十年间，英、法、德、美等西方主要资本主义国家先后经历了 1873 年、1882 年、1890 年、1900 年、1907 年等数次规模较大的经济危机。[①] 在这一时期里，西方主要资本主义国家总是在经历了一段时期的经济繁荣之后，很快又陷入严重的经济危机的漩涡，其危机的特征主要表现为物价的急剧下跌和利润的下降。资本主义农业是数次经济危机中利润下降最为显著的行业。自 18 世纪 60 年代西方资本主义各国陆续经历了工业革命，实现了资本主义生产和技术的飞跃，大大促进了资本主义农业的生产效率，使农产品产量激增。随着铁路等运输部门的不断发展，为各国农产品走出国门提供了有利的条件，各国的农业产品溢满了整个世界市场，并最终引起了农

---

① 参见宋则行、樊亢：《世界经济史》(第 2 卷)，经济科学出版社 1989 年版，第 165 页。

产品价格的暴跌。同时欧洲有些地区发生了农业灾害，更使农业生产状况和各国农民的生活雪上加霜，甚至一度引发了资本主义国家的农民反叛运动。

西方主要资本主义各国的工商业同样面临严重的困境。一方面资本主义工商业因为工业技术的革新而迅速发展，生产能力大大提高，譬如在英、法等几个主要产铁国中，铁的产量在 1870—1890 年间由 1100 万吨增加到 2300 万吨，钢的产量由 50 万吨飙升到了 1100 万吨[①]；另一方面资本主义国家中的需求市场并没有随着生产的膨胀而快速扩大。资本主义工商业还负担着因技术更新引发的更新生产设备和厂房等额外的沉重的生产成本，他们需要快速的实现销售赚回本钱。所以主要资本主义各国中庞大的农业团体（这个时期除了英国农业仍然在资本主义各国中占有 40%—50% 的重要地位，在俄国等国家甚至占到 90% 左右）和众多的工商业团体纷纷要求国家政府在经济发展中予以保护，限制外国竞争对手进入本国市场，从而缓解国内的经济危机。

19 世纪 70 年代末，德国、意大利等国家率先实行保护性关税政策以保护本国经济的发展，除了英国以外其他各国纷纷效仿。德国自 19 世纪 70 年代末起连续提高关税水平；法国自 1881 年也开始实行保护性关税政策，1892 年对所有进口制成品征收的税率提高到 69%；美国随着国内托拉斯垄断组织的发展，也采取了保护关税政策，普通商品税率由 1873—1874 年的 38% 上升到 1887 年的 47.11%，1891 年进口毛织品的从价税高达 91%，金属品进口提高达 40%—80% 不等。[②] 事实表明，从 1890—1914 年间，各国实行保护贸易政策是普遍存在的事情，"在有些国家里，关税不仅被认为是对既得利益集团的让步，而且被认为是自主的标志，是建立没有自由贸易主义色彩的国家政治经济制度的必要

---

① 参见 ［英］艾瑞克·霍布斯鲍姆：《帝国的年代：1875—1914》，贾士蘅译，江苏人民出版社 1999 年版，第 30 页。

② 参见宋则行、樊亢：《世界经济史》（第二卷），经济科学出版社 1989 年版，第 68 页。

工具"。①

在所有主要的工业国家中，英国是唯一坚持实行自由贸易政策的国家，这是因为在19世纪七八十年代与其他资本主义国家相比，英国是工业产品的绝对输出国，也是"资金、'隐形的'金融和商业服务，以及运输服务的最大出口国"②，而且英国也没有人数众多的农民阶级。总之，由于英国的经济发展在当时的年代远远超出其他国家和地区的发展，因此英国仍然坚持经济贸易上实行自由放任主义。但是随着资本主义各国之间经济竞争日渐激烈，各国之间贸易摩擦逐渐增多，英国也逐渐不得不放弃了经济自由主义，转而采取贸易保护主义来维护本国经济利益。

在各国政府陆续采取贸易保护主义政策的同时，西方主要资本主义各国国内市场上开始出现大量的企业合并和市场垄断现象。随着交通设施的完善和生产技术的革新，各国众多企业希望扩大市场范围却遭遇到了更多的市场竞争者，因此这些企业试图通过企业之间兼并或联盟来增强自身的竞争力，进一步扩大生产规模，从而获得更多的规模效益。1893年美国经历了经济危机之后便掀起了大规模的企业兼并浪潮。"从1897年到1903年共发生了2864起兼并，其中仅1898—1903年高峰期就有1653家企业被兼并涉及资产金额63亿美元。仅1899年就有1200多家工矿企业被兼并，交易额达23亿美元"。③企业间的兼并涉及领域包括钢铁、石油、化学、食品、机械制造、合金等国内一系列的重要行业。通过这一时期的企业兼并联合，美国国内逐渐形成了一些超大规模的企业垄断组织。例如美孚石油公司是19世纪晚期美国最大的垄断组

---

① ［英］C. L. 莫瓦特编：《新编剑桥世界近代史》，中国社会科学院世界历史研究所组译，中国社会科学出版社1999年版，第61页。

② ［英］艾瑞克·霍布斯鲍姆：《帝国的年代：1875—1914》，贾士蘅译，江苏人民出版社1999年版，第37页。

③ 牟维：《论美国第一次企业兼并浪潮》，《理论前沿》2006年第18期。

织之一，控制了美国石油生产的 90%；1913 年，摩根集团控制着美国近 2/3 的铁路系统；1910 年美国钢铁公司掌握着美国国内 65% 的钢铁生产。洛克菲勒、杜邦、梅隆等几家著名财团逐渐成为美国国内最大的托拉斯组织。这些超大规模的企业财团开始成为美国工业的支柱性公司，成为市场上最强有力的垄断者。

在德国也产生了瓜分市场的卡特尔和辛迪加等垄断组织。1893 年建立的莱茵—威斯特伐利亚煤炭辛迪加，掌握了德国煤炭生产的半壁江山；1904 年建立的钢铁联营公司几乎控制着德国国内的整个钢铁行业；电气总公司和西门子公司两家企业垄断了德国的电气工业；汉堡—美利坚公司和北德意志航运公司垄断德国航运业等等。

19 世纪 70 年代的英国也不例外，国内陆续产生了众多的企业垄断组织。比如英国"1897 年在军火业和造船业出现了著名的阿姆斯特朗—惠特沃斯公司和维克斯—马克西姆公司，这些公司不仅生产军火，建造军舰，而且拥有自己的钢铁冶炼厂和其他有关的金属加工、机械制造等配套企业"。[①] 由于法国国内工业中存在大量的中小企业，因此法国工业垄断组织的发展要明显弱于其他主要资本主义国家。不过在 19 世纪末 20 世纪初法国的钢铁、电力、汽车、化工等行业的垄断组织也获得发展，像朗格维辛迪加就控制着法国国内的 14 家铸铁公司。还有日本在 19 世纪末同样形成了三井、三菱、住友、安田等著名的四大企业财团，它们控制着日本国内绝大多数的重工业生产乃至银行系统。

通过企业之间的联合和兼并，西方主要资本主义各国的大企业逐渐形成了一种结构严密、力量强大的企业组织体系。这种企业兼并联合的浪潮和形成的严密企业组织体系对原有的自由放任市场经济是一种强有力的打击，市场经济中的自由竞争开始被垄断所取代，产品市场价格被垄断价格所代替，中小企业失去了公平参与市场竞争的机会并大量破产

---

① 马世力：《世界史纲》（下），上海人民出版社 1999 年版，第 363 页。

倒闭，托拉斯等形式的众多垄断组织开始逐渐遭到社会公开谴责和各国政府的关注。1901年，美国记者艾达·塔贝尔揭露出"美孚石油公司限制实际需要的石油产量，造成求大于供来保持油价的不断上涨"，"勾结铁路不运输天然石油出口，迫使外国人购买他们提炼的油。他们深信，价格因此会非常容易地上升50%。""他们自己是买主和卖主，一切阴谋为了全面控制石油业。"① 因此，为了防止垄断对自由竞争的市场经济造成严重的影响，西方主要资本主义国家的政府开始加强对经济生活的干预，以维护自由竞争打击垄断。其中美国政府限制垄断的干预措施最为显著。19世纪末20世纪初，美国国内企业兼并热潮日益高涨，托拉斯组织不断出现并扰乱了市场竞争秩序，1890年美国哈里逊政府通过了谢尔曼反托拉斯法案，但此法案没能扼制托拉斯的发展热潮。1901年西奥多·罗斯福政府时期对国内托拉斯经济实行改革，加速对托拉斯的起诉；到威尔逊政府时期，"通过了联邦贸易法案和联邦储备法案。贸易法的重点是降低关税，有利于新的竞争。而联邦储备法案就是设立一个中央银行体制，使银行处于政府的控制之下。1914年又通过了克莱顿反托拉斯法，修改了谢尔曼反托拉斯法，以预防性代替了惩罚性。"②

由此可见，自19世纪晚期后，资本主义各国的经济发展联系日渐紧密，竞争日益激烈，在这种相互竞争、相互依存的世界经济格局中，大多数国家的政府越来越感觉到对国内外经济发展进行干预的必要性和急迫性。自此，经济上的自由放任主义开始式微渐衰，贸易保护主义和有计划地干预逐渐成为世界各国经济中常见的现象。

---

① 转引自高芳英：《美国经济结构的变动与进步运动》，《世界历史》1999年第4期。

② 高芳英：《美国经济结构的变动与进步运动》，《世界历史》1999年第4期。

三、社会劳工运动蓬勃发展

19 世纪末 20 世纪初西方主要资本主义国家不断采取措施加强经济和社会干预之际，各国国内出现了一股强有力的政治民主化趋势，这一趋势对资本主义各国的社会发展造成了重要影响。自 1870 年以后，法国、德国等资本主义各国建立了具有广大投票权基础的选举制度，英国、奥地利等其他欧洲国家也通过改革措施增加了选民人数，到 19 世纪末少数妇女也开始拥有部分投票权，这些措施扩大了资本主义各国的政治民主基础。政治民主化趋势的发展促进了社会劳工群众运动的兴起，普通劳工民众开始有组织地走上政治舞台，并且作为社会发展的一股重要力量逐渐发挥其重要作用。

19 世纪晚期，一方面资本主义城市化进程快速大规模地向前推进，农村的耕地开始变得稀少，农业劳工开始出现剩余，同时现代化的耕作技术也使现代农业生产率大大提高，得以以较少的农村劳动力就可以维持从前的规模；另一方面随着资本主义工商业的飞速发展，国内工业急需大量的技术工人和自由劳动力，因此农村中的剩余劳工大量涌入城市和工厂，加上城市中原有的工业劳动力，各国较大的城市中逐渐形成了数量庞大的工人阶级队伍。以德国为例，1875 年德国营造业工人数量为 50 万人左右，到 1907 年这一数量发展到近 170 万人，即从占总劳动力的 10%增加到将近 16%。[①] 工人阶级数量不断增加并逐渐形成一个群体，这使资本主义各国都感受到了这一巨大的社会变化。

尽管资本主义劳工阶级内部存在国籍、语言文化和宗教信仰等巨大差别，也存在从事类似矿工、面包师、屠夫、酿酒工等行业的种种差别，但是这些劳工人群却有着相同的处境，即一般都收入微薄、家庭贫

---

① 参见 ［英］艾瑞克·霍布斯鲍姆：《帝国的年代：1875—1914》，贾士蘅译，江苏人民出版社 1999 年版，第 140 页。

困，生活在当时社会的最底层，他们所居住的贫民区环境与富人所居住的郊区环境形成了鲜明比照。基于在现存处境中的相同性和对现实生活的不满，工人阶级开始有组织地与雇主阶级进行抗争，并联合农民（农业劳动阶级），形成了诸多以社会主义、革命工团主义、无政府主义等政治意识形态为指导的联合组织乃至政党组织。

19世纪90年代，在英国出现了有组织的全国性劳工冲突，20世纪初运输工人和矿业工人举行了全国性罢工，甚至一度造成国家经济瘫痪。德国工人阶级及其运动在19世纪晚期发展壮大，随着资本主义工商业的发展，德国工人的实际工资却不断下降，为此德国工人阶级逐渐联合起来举行了声势浩大的劳工罢工运动。1871年11月开姆尼茨机器制造业的8000工人罢工运动，1872年鲁尔河谷16000矿工为争取八小时工作日和提高工资举行罢工，罢工运动还得到了纽伦堡、莱比锡和柏林等地区工人的声援，这些地区的工人也在同年先后举行了罢工运动。[1]美国在1886年爆发了以芝加哥为中心的全国工人大罢工，并在1881年和1905年先后成立了"美国劳工联合会"和"世界产业工人联合会"等工人运动组织。1894年中日甲午战争后日本继续扩充军备发展经济，众多带有军工性质的金属机械等重工业部门得到政府大力扶植，国内的工人阶级队伍迅速成长起来，以铁路工人、印刷工人等为代表的工会组织率先组建，日本工人运动随之高涨，但遭到了日本政府的严厉压制。1901年5月20日片山潜、幸德秋水等领导成立日本最早的具有社会主义性质的政党日本社会民主党，开始不断组织领导日本的工人运动。一战爆发前，法国的劳工运动日益增多，1906年法国工人举行了1300多次罢工；1907年葡萄农举行示威游行；1909年巴黎邮电工人举行两次大罢工；1910年铁路工人举行罢工。[2]这一时期的意大利工

---

① 参见吴友法：《德国资本主义发展史》，武汉大学出版社2000年版，第162页。

② 参见乔明顺：《世界近代史》，北京大学出版社1993年版，第307—308页。

人运动也发展很快，工人阶级在工会的领导下进行了增加工资的斗争，并且取得了在一战前实际工资增长25%的成就。

社会劳工运动的成长壮大使资本主义各国政府越来越意识到劳工阶级的庞大力量，开始积极寻找良好对策。国家政府逐渐利用其政治、法律和行政干预，不断调解雇主阶级和工人阶级之间的矛盾。到一战前夕，各种行业的雇主阶级与工人组成的工会团体进行磋商和协议已经成为一种普遍的现象。

随着资本主义各国劳工阶级队伍的不断增加，各国国内社会主义运动开始蓬勃发展。德国首相俾斯麦为了遏制国内社会主义趋势的蔓延，率先在19世纪80年代提出法案，为预防疾病、工伤事故和年老丧失工作能力提供社会保险，后将保险扩大到农业劳动者等非产业工人阶层，从而建立一套较为全面的国家保险制度。1911年英国通过了国家保险法案，为工人提供疾病、医疗保险，并提供了部分工人的失业保险。奥地利、丹麦、挪威等国也纷纷效仿。"到1914年，除俄国和巴尔干各国外，所有欧洲国家都有了相当完善的工厂法和劳动法。"①

大部分欧洲国家在19世纪晚期还陆续建立了免费义务教育制度。英国在1881年普及了义务教育，1891年对初等教育也实行免费；法国在1881年实行了小学免费；其他欧洲国家也实行了类似的教育制度。到1914年，免费义务教育制度几乎惠及了所有的欧洲人。可以说，这一时期的资本主义各国社会福利事业的发展推动了各国"大政府"的崛起和壮大，并对各国今后的政治和经济发展产生了重要影响。

---

① ［英］C. L. 莫瓦特编：《新编剑桥世界近代史》，中国社会科学院世界历史研究所组译，中国社会科学出版社1999年版，第41页。

四、各国民族主义逐渐兴起

19 世纪末 20 世纪初，伴随着西方主要资本主义国家政治民主化趋势的扩大和劳工政党及其运动不断成长壮大，各国的民族主义逐渐重新兴起。在 19 世纪末以前的时期里，民族主义是随着 17、18 世纪近代民族国家的形成而逐渐兴起的，"一般人是将民族主义与自由激进主义运动混为一谈，与法国大革命的传统混为一谈"，这一时期的民族主义主要表现为谋求整个社会的解放，"可是，在 1880—1914 年间，民族主义却戏剧化地向前大大跃进，而其意识形态和政治内容也都发生了改变"。① 此时的民族主义更多地表现为在国家独立和民族自觉的前提下以实现对外征服为主的一种殖民扩张。

民族主义的表现形式发生变化与 19 世纪晚期的经济发展过程中各国政府加强经济干预的趋势是紧密联系在一起的。自 1870 年起，西方主要资本主义各国的经济发展确实进入了飞快发展时期，但在这一过程中也爆发了多次的经济危机，资本主义经济不时出现一定程度的衰退和萧条，各国的生产商急需找到大规模的销售市场，来解决产能过剩、产品积压的问题。主要各国政府一方面抬高关税实行贸易保护政策来加强对国内经济的干预和调节，保护本国的生产商和销售市场不受外商的过多侵犯；另一方面为了开发新的世界市场，西方主要资本主义各国以民族国家为单位加强了对海外市场的控制和干预，积极展开对海外地区的争夺扩张，争先恐后地将世界上的其他地区尤其是落后地区瓜分成许多殖民地，纳入各自的势力范围，充当本国资本主义经济生产中重要的原材料产地和销售市场，为本国经济的长期发展服务。列宁在论及 19 世纪末 20 世纪初的帝国主义国家扩张殖民地时指出："在殖民政策的无数

---

① ［英］艾瑞克·霍布斯鲍姆：《帝国的年代：1875—1914》，贾士蘅译，江苏人民出版社 1999 年版，第 177 页。

'旧的'动机以外，金融资本又增加了争夺原料来源、争夺资本输出、争夺'势力范围'……，以及争夺一半经济领土等等的动机。"[1]

英国是世界上最早建立殖民地的帝国，16世纪时就在印度等地建立了殖民地，之后一直没有停止对外进行殖民扩张的步伐。19世纪后期，英国在加快发展工业的同时，进一步加大了对外殖民地的掠夺，把食品和农业原料的生产转移到殖民地，将广大的海外殖民地作为英国的食品和农业原料产地。最终英国逐步从粮食出口国变为粮食进口国，1870—1910年的粮食自给率从79%降为35.6%，下降了一半多。除了英国以外，法、德、美等其他老牌资本主义国家在19世纪末20世纪初都纷纷掀起了殖民扩张的高潮。总体来看，这一时期西方几个主要资本主义国家所占领的殖民地和势力范围在原来的基础上增加了一半以上，殖民地总面积接近6500万平方公里。所以，这一时期的"民族主义"旗帜，对于西方各国瓜分世界和划分各自的殖民范围来讲有其经济上的重要意义。

不仅如此，19世纪晚期主要资本主义各国经济的快速发展和交通运输的快捷便利，不仅带动了各国国内人口由农村向城市的迁移，也带动了各国之间的移民数量的增加。英国为了解决国内农业劳动力过剩的问题，制定了本国的移民政策，积极鼓励国内人口向海外移民。德国是向国外移民人数较多的国家，据统计1851—1860年德国向国外的移民数量为107.5万人，1881—1900年向海外移民的数量达到132.4万人。[2]同时国外向德国的移民数量也不断增加，1910年国外向德国的移民数量达到88万人。意大利从1880年起向国外的移民数量不断增加，在1901—1913年达到每年平均60万人的水平。[3]从19世纪后期至20世纪前十年的时间里，美国的人口大量增加，其中移民人口的增加是造成美国人口

① 《列宁选集》第2卷，人民出版社1972年版，第841页。
② 参见李世安：《欧美资本主义发展史》，中国人民大学出版社2004年版，第145页。
③ 参见李世安：《欧美资本主义发展史》，中国人民大学出版社2004年版，第160页。

激增的重要因素，据统计在此期间欧洲地区向美国的移民人数约为3000万。由于各国的民族文化、语言、宗教信仰等存在很多差别，因此国家间人口的迁移必然会引发不同民族甚至国家之间的矛盾摩擦。自19世纪70年代起，世界民族主义运动频繁爆发，欧洲大陆上保加利亚、挪威、阿尔巴尼亚等国陆续爆发民族独立运动。更为重要的是，随着西方资本主义各国民族主义的发展，各国民众逐渐地认同"民族主义"的信念，民族主义的问题不断扩大膨胀，最终成为第一次世界大战的导火索。

通过上述分析看来，自1870年至第一次世界大战爆发前的时期里，以英、法等国家为代表的资本主义各国经济和社会发展变化是非常独特的。这一独特的发展变化是当时各国国内经济、政治、文化和社会等多种因素综合作用的结果，其中既包括工业经济的巨大发展、社会福利事业的形成，也包括劳工运动和社会主义政党的出现，上述种种因素相互结合、相互影响，共同形成了19世纪末20世纪初非常特殊的经济和社会特点，并在今后资本主义各国的历史发展中延续着它的"余温"。

第二节　西方资本主义国有经济的发展及其特征

正如导言部分所提及的，自西方资本主义国有经济诞生至19世纪晚期之前的漫长时期里，在英、法、美等主要资本主义国家里国有化运动和国有企业的发展异常缓慢。15—16世纪，随着资本主义工商业的发展，城市开始逐渐形成和出现。进入17—18世纪，经济的繁荣发展促使资本主义国家城市化的进程不断加快，英、法等西方老牌资本主义国家政府出资建立了一些相应的市政公司，来解决城市供水、排污、公共交通、卫生等城市公共基础设施方面的问题，来加强城市的建设和管理，为资本主义工商业的进一步发展奠定必备的条件。也就是说，19世纪末之前的西方主要资本主义国家的国有企业仅仅局限于供水、公共交通等生产生活性的基础设施领域。然而，19世纪末20世纪初是西方资本主义国有经济发展的一个重要转折时期，这一时期西方主要资本主义国家纷纷采取国有化措施，将国有化的范围由最初的基础设施领域延伸至基础工业领域，扩大了国有化的规模，使各国的国有企业得到了迅速发展。

一、资本主义国有经济的初期发展

19世纪后期，在西方资本主义各国之间经济联系日益密切的发展过程中，主要资本主义国家之间贸易摩擦逐渐增多，国家间商业竞争日渐激烈。为此，各国纷纷采取措施来保护本国的工商业发展，一方面建立了一系列的关税壁垒来阻挡外国商人和企业进入本国市场；另一方面对铁路、采矿等基础行业实行国有化，加强国家对这些行业的投资、管理和建设，提高企业的竞争力。于是，19世纪后期英、法、德等西方主要资本主义国家的国有经济都有了明显发展。

19世纪至20世纪之交时期，以资本主义后期之秀的德国实行国有化措施最为显著。由于历史的原因，1870年德国才完成国家统一，而此时的英、法、美等主要资本主义国家已相继完成了第一次工业化革命，因此为了快速地追赶其他资本主义国家，以俾斯麦为首相的德国政府选择了一条与英、法等国自由资本主义工业化明显不同的特殊工业化道路。统一后的德国在其资本主义经济由自由竞争阶段向垄断阶段过渡的过程中，采取了国家投资、国家采购和国家补贴等形式，大大加强国家对经济的干预调节，并实行了大规模的国有化政策。德国政府首先从国内的众多私有公司中收购了许多铁路线路，在全德国的6万多公里的铁路线路中，德国政府将37000多公里的铁路收归国有。"1879—1904年德国政府拥有的铁路占全国铁路的比重从28.5%猛增到93.8%。"[①] 与

---

① ［苏］布哈林：《世界经济与帝国主义》，人民出版社1983年版，第50页。

此同时，国有化向采矿、制盐、电信、森林、金融领域延伸。德国政府力求在国家主导下优先着重发展重工业，"在战争前夕，德国政府拥有44 个最大的矿山企业，12 个大钢铁企业，拥有全国约 1/4 的发电设备，1／5 的制盐生产，近 15% 的煤炭生产。"[①] 德国政府通过对社会经济发展的高度干预实现了国内资本迅速高度集中和垄断，从而在这种特殊工业化模式下促使"一战"期间的德国很快建立起相对完备的战时计划经济，为参与第一次世界大战奠定了物质基础。

法国政府在 1870 年对火柴和烟草行业实行国有化，随后政府积极为国内部分工商业提供贷款并出资 50 亿法郎，加大了对公路、铁路和港口等公共工程的投资建设。据估计，法国政府在 1879—1904 年期间修建了的铁路达 3 万公里左右、公路达 20 万公里，还有很多重要的港口和运河。为了满足战争军事的需要，法国政府对国内工农业生产和贸易活动进行直接干预，优先发展军工生产。1914 年，法国政府对酒精行业实行国家垄断经营，同时新建了大量工厂，进口大量新的机器设备，督促工业企业努力提高生产效率，加紧生产军工产品，到 1915 年春，法国已有近 2.5 万个大小工厂为战争服务。

英国国内在 19 世纪末至一战爆发前的时期掀起了第一次国有化运动的高潮。英国政府于 1908 年建立了伦敦港务局，这是英国第一家经营性的国有企业。[②] 一战爆发前夕，英国对国内的铁路、港口等公共设施和一批重要企业都实行了国营或收归国有，并建立了大量的国有军工企业为战争提供保障。

日本政府在 19 世纪末 20 世纪初也加强了国家投资，兴办了一批国有企业来促进国内经济的发展。自 1868 年日本政府推行"明治维新"改革以来，国内社会经济有了较快发展，1872 年日本政府开始出资修

---

① ［苏］布哈林：《世界经济与帝国主义》，人民出版社 1983 年版，第 50 页。

② 参见王金存：《破解难题——世界国有企业比较研究》，华东师范大学出版社 1999 年版，第 7 页。

建铁路，1894年国有铁路线路已达3402公里；到19世纪80年代，日本政府已拥有3家造船厂、5家军械厂、10处矿山和52家纺织、水泥、玻璃、火柴、酿酒等工厂；除此之外日本政府还大力发展带有军事性质的工业企业，1914年日本政府兴办的军事工厂达到842家。[①] 到一战爆发前夕，日本国内的国有经济发展范围涉及金融、工矿业、交通运输业和军事工业等重要工业行业。

美国虽然不像德、英、法、日等国那样由政府直接投资修建铁路，但美国政府在19世纪后期同样加强了对国内铁路网络建设的干预。美国在南北战争之后积极推动东西部铁路建设，采取向私人铁路修建公司赠予土地、免征进口税、抵押贷款等优惠政策，掀起了美国铁路建设的狂潮。美国政府还直接投资修建了国内公路和港口等交通基础设施，并且承担起钢铁、军工、邮政、造船等工业的建设工程。

意大利政府也在19世纪末20世纪初加强了国家对经济生产生活的干预，1905年对铁路实行国有化，同时承担起造船、钢铁、电力、化学等工业的建设和发展任务。

如前文所言，自19世纪晚期至第一次世界大战爆发之前，西方主要资本主义国家虽屡遭经济危机的侵袭，但总体上来看，这些国家的资本主义经济还是呈现快速增长的趋势。一战爆发后，西方主要资本主义各国经济增长的发展趋势被战争打断，无论以英、法、俄为代表的协约国一方，还是以德、奥匈为代表的同盟国一方，均希望在战争中"快速给对方致命一击"，但是这一幻想落空了。随着战争的推进延续，参战各国的市场经济结构被扭曲了，因为战争要求各国国内企业包括所有的私有企业都不能自主地决定生产的计划与目标，而是首先要为国家的军事战争服务以解决战争中物资短缺的压力，因此德、英、法等资本主义各国政府纷纷实行了战时管制经济。

---

① 参见宋则行、樊亢：《世界经济史》(第二卷)，经济科学出版社1989年版，第70页。

　　1914 年德国政府在战争中设立了军用物资部，负责处理物资储备、代用品生产和计划分配工业原料的问题，同时设立了一些战时经济技术机构，其下拥有五金和化学品等 59 个股份制的军需公司，对金属、石油、棉花、皮革等一些重要物资实行国家垄断管理。德国政府还设立了战时工业委员会，负责募集战争经费和军事生产等事宜。此外，为了应对战争中的生活必需供应问题，德国政府先后建立起中央饲料局、中央马铃薯局、动植物油脂管理局、战时粮食局、帝国谷物局、帝国服装局等机构，把人们基本的日常消费需求统一纳入了政府计划管理范围，建立起较为完备的计划经济。此时的德国经济俨然变成一个在政府集中领导下的组织严密的整体。正如负责战时德国经济计划工作的拉特瑙所说的那样，"战争的最后结局在于德国经济的胜负""如果结局——通过组织——是胜利，那么任务就将是在和平时期像在战时一样继续从私人经济向集体经济前进。"[①] 法国为了应付战争则在全国各地出资兴建了大量的军工企业，并加大对化学、制药等工业的投入，同时设立军需部，从最初仅对军需生产供应实行管制逐渐扩大到对民需产品的生产也实行管制。美国政府也在一战期间成立了海军顾问局和工业准备委员会，加强国内经济管制，并先后创办了数家国有企业，并将铁路、邮电、航运等行业实行了国家垄断经营。

二、主要各国国有经济的发展特征

　　自 19 世纪晚期至一战结束的几十年历史中，独特的经济和社会历史条件使资本主义各国经济的发展几经波折，并最终爆发了第一次大规模的世界性战争。这一时期，西方主要资本主义各国国有经济兴起的背

---

① ［英］C. L. 莫瓦特编：《新编剑桥世界近代史》，中国社会科学出版社 1999 年版，第 66 页。

景发生了改变，即由 19 世纪 70 年代以前各国政府对经济生活不干涉的态度转变为各国政府开始重视和加强对经济生活的干预与宏观调控，这可以看作 19 世纪末 20 世纪初西方各国国有经济的发展特征之一。与西方各国国有经济的诞生阶段相比，在 19 世纪 20 世纪之交国有经济的兴起阶段，国家干预对促进经济发展尤其是国有经济的发展所发挥的积极作用十分显著。19 世纪七八十年代，西方主要资本主义各国国内出现的农业和工商业危机使经济陷入一片萧条之中。为了应对经济危机，各国奉行经济保护主义政策，这一政策措施没有阻碍各国国内经济向前发展，相反地，却使各国政府以国内市场为主要目标，出资建立了一些国有性质的企业，同时加强了铁路、公路和港口等公共基础设施的建设，为本国经济发展奠定了良好的物质基础。各国政府积极干预经济的行为引发了经济上实行集中生产和计划管理的连锁反应，带动了资本主义各国国内工商业的快速发展，很快便从 19 世纪七八十年代的经济萧条中摆脱出来，并在 90 年代进入了经济繁荣的发展阶段。

在西方主要资本主义国家中，国家干预经济和国有经济发展最为迅速的应属德国。19 世纪后期，普鲁士经过了普奥战争、普法战争等在 1870 年才统一了德国，统一后的德国重视生产技术的改造与创新，积极学习别国的生产管理经验，国内经济有了较快发展，但同时在快速工业化过程中也出现了各种社会矛盾，既包括劳工与企业主之间的矛盾，也包括容克地主贵族与自由资产阶级之间的矛盾。为了缓和这些矛盾，德国首相俾斯麦采取了一系列有利于经济发展和社会稳定的有力措施，其中影响最深的就是创建了由国家政府管理的社会保障制度。俾斯麦提出，解决社会问题是国家的重要责任，因此在他担任首相期间，德国政府相继颁布了《劳工疾病保险法》《劳工意外灾难保险法》《劳工伤残及老年保险法》三项关于社会保障的法律，并设立了帝国保险局作为裁决监督机构。德皇威廉二世上台后，进一步关注社会保障法律的健全，继续颁布了一系列劳工保险立法。德国社会保险制度的确立与实施缓和了社会阶级矛盾，与英法等国相比，德国工人暴动明显减少，国内社会秩序运行稳定，为进一步的工业化提供了长达20多年的良好发展环境，德国国力迅速提升，并在19世纪末20世纪初成为欧洲和世界强国行列中的重要一员。"1870—1880年，德国的工业生产增长率为4.1%，在开始实施社会保险的1880—1890年，工业生产率上升到6.4%，1890—1900年为6.1%，1900—1913年继续维持在4.2%的较高水平。到20世纪初为止的30年间，德国的工业生产总值增长了4.6倍，英国仅仅增长了1.3倍，法国增长了1.6倍。"[①] 德国国内人民的生活水平也得到了很大提高，人口开始迅速增长。在战争中，德国也同样采取了战时计划化的经济体制，有效地集合了本国的人力物力财力，最大限度地满足了战争的需要。关于战争中的德国国有经济组织发展措施上文已经有所论述，此处不再赘述。

19世纪后期，美国资本主义经济的飞速发展，同样得益于美国政府对经济的干预和管理。其中美国对国内铁路建设的干预最为显著。正如上文所述，美国政府为了鼓励私人投资修建东西部铁路，实行了赠予土地、免税等优惠政策，同时政府制定了《反托拉斯法》、《州际贸易法》（1887年）、《赫伯恩法令》（1906年）、《孟恩—埃尔金斯法令》（1910年）等法律法规来加强干预铁路运输的发展，并成立了州际贸易委员会和商务特别法庭来管理铁路运输事业。铁路运输的大发展不仅促进了美国东西部经济交流合作、巩固了国家的统一，而且带动了包括建筑、冶金、钢铁、木材等相关工业的飞速发展，对美国整个资本主义经济的繁荣发挥了非常重要的作用。英、法、意、日等其他主要资本主义国家在19世纪末20世纪初同样地加强了政府对国家经济的管理和调节，使本国资本主义经济获得了显著增长。

---

① 桂莉：《简论德意志第二帝国社会保障制度》，《武汉大学学报》（人文科学版）2005年第5期。

19世纪末期，资本主义国有经济在兴起阶段的另一个突出特征表现为国有经济与战争的紧密结合。伴随着西方主要资本主义国家经济保护主义的发展和干预经济的倾向逐渐加大，国有经济在这一阶段不仅数量明显增多，涉及领域渐广，由过去只涉足供水、供电和交通运输等公共基础设施领域逐渐扩展到了军工、化学、冶金、矿产等工业领域。在第一次世界大战期间，西方主要资本主义各国都实行了有计划的战时经济管理体制，使国有经济与世界性战争紧密结合在一起，将大部分可以为战争服务的如机械、化工、棉织品、采矿、铁路等重要工业部门纳入战时管制，实行国家垄断经营和管理，从而使国有经济完全融入了战争之中，及时为战争进行生产和调配，随着战争的爆发而迅速发展，最后随着战争的结束又快速地被关闭遣散或者私有化。

一战结束后，西方各国政府纷纷主动放弃战争期间采取的干预管制经济政策，继续坚持自由主义的市场经济体制，大量的国有企业重新转为私人经营，英、美等国在战后对一战期间本国的国有企业进行了大规模的清理。但是战争时期参战各国所实行的经济计划结构以及采取的一些国有化措施并非彻彻底底地消失了，事实上战争特殊时期的干预计划式经济管理方式对今后西方主要资本主义国家的经济发展产生了深远的影响。

纵观19世纪末20世纪初的资本主义历史发展时期，可以看出，随着资本主义国家工业化进程的不断推进，西方主要资本主义各国之间的经济竞争越来越激烈，各国内部的社会矛盾问题逐渐凸显，因此要求国家政府加强其经济调节职能和社会调节职能，如何快速提高本国经济实力成为这一时期资本主义各国政府的首要任务。在国有经济的兴起阶段，西方主要资本主义国家的自由放任主义经济虽然开始走向衰弱，但市场经济的自由竞争原则及其建立起的相应秩序仍然是资本主义经济发展最主要的方式。作为国家干预和调节经济发展的一种手段，国有经济虽然在西方主要资本主义国家由自由竞争向垄断发展的过程中获得了一定程度的发展，但各国国有经济的发展更多地与战争结合在一起，国有经济仅仅作为各国政府在战争特殊时期采取的重要应急措施，战争时期的国有经济发展为各国完成战争任务提供了重要保障。因此可以说，这一时期主要资本主义国家的国有经济虽然与各国国内私有经济的发展相比力量还很弱小，但却完成了历史阶段赋予它的既定任务——促进经济发展和满足战争的需要。更为重要的是，"经济计划化结构"开始引起了各国政府和经济学家们的思考与关注，应该说从"经济计划化"到后来的资本主义国有化运动是一个不断发展而必然出现的过程。

第二章

危机与战争中的西方国有经济

　　上一章主要探讨了国有经济在 19 世纪末 20 世纪初特殊的经济和社会条件下是如何在西方主要资本主义国家中兴起的，但这一阶段的国有经济在西方主要资本主义国家中更多的表现为一种应对战争的临时性措施。随着第一次世界大战的结束，英、美为代表的西方主要资本主义各国经济、政治和社会条件发生了很多变化，世界的政治力量也发生了很大改变，西方国有经济未能从一战前的"星星之火"呈现出在资本主义国家的燎原之势，甚至逐渐偃旗息鼓。但是，1929—1933 年的经济大危机以及随后爆发的第二次世界大战为西方各主要资本主义国家的国有经济创造了又一个快速发展的契机。鉴于 1918—1945 年两次大战之间近三十年的历史过程内容繁杂，本章将主要围绕危机和战争年代中西方主要资本主义各国国有经济的发展背景、发展过程及其特点等问题展开讨论，力求使这一历史时期国有经济的历史脉络得以清晰梳理。

第一节　一战的"遗产"及其影响

1918年第一次世界大战正式结束，但是在大部分欧洲国家，尤其是法、德等主要参战国的战争的噩梦并没有随着战事的结束而迅速消散。一战的爆发使欧洲各国的经济和社会乃至世界范围的经济、政治等都发生了很多变化，这些变化成为一战非常重要的"遗产"，并对西方资本主义国家经济和社会的发展产生了深远的影响。

一、人力、物力等资源的极大损耗

1914—1918年第一次世界大战在欧洲爆发。在这场人类历史的空前浩劫中，英、法、德、俄、奥、意、美等诸多大国悉数卷入战争，这场战争对各参战国甚至整个世界都造成了人力、物力、财力等巨大的资源损失。战争造成的资源巨大损耗首先表现在人力资源方面，第一次世界大战中前后卷入战争的国家共有33个，人口总数量达到15亿人，约占当时世界人口的3/4。[①] 自19世纪晚期至一战爆发前的历史时期，欧洲各国的人口不断呈现上升趋势，每年的人口增长数量徘徊在230万人左右，战争的爆发打断了人口增长趋势，欧洲人口在战争期间基本上每年都要减少近200万人。据统计，在除俄国以外的欧洲各国，因为战争造成直接或间接死亡的人口数量约为2000万到2200万人，占整个欧洲总人口的7%，而俄国因为战争死亡的人数约为2800万人，占俄国总人口的18%。[②] 战争中还有1500万人左右受重伤。此外，战争的爆发使传染病、饥饿等灾害日益肆虐，死于饥饿和疾病的人数约有1000万

①　参见乔明顺：《世界近代史》，北京大学出版社1993年版，第425页。
②　转引自 [英] C. L. 莫瓦特：《新编剑桥世界近代史》，中国社会科学院世界历史研究所组译，中国社会科学出版社1999年版，第72页。

人，战争造成无家可归的流浪者在欧洲各国不计其数。

战争还造成了西方各国物力和财力的极大损耗。为了准备战争，欧洲各主要参战国全力动员和集中了本国的粮食、棉织品、化工原料、军火等大量民用和军用物资，为战争提供充足的物质基础。与此同时，英、法等国还加紧向其殖民地进行剥削和掠夺，战争期间英国每年从殖民地获得各种商品价值约为 1.2 亿英镑，法国向其殖民地强行借款 11.13 亿法郎，确保战争的进行。据统计，欧洲各交战国直接用于战争的军费高达 2000 亿美元，间接支出约 1500 亿美元。① 一战结束后，欧洲的主战场上数以千计的城市变成大片废墟，乡村的土地大面积荒芜，大批的工厂、民宅被炸毁，铁路、桥梁被损坏而无法使用，粮食、日用品等物资奇缺，国内经济萧条、物价飙升。总之，第一次世界大战，使世界各国的"直接经济损失达到 1863 亿美元"，② 如果"纯粹从经济的角度估计，由于战争的结果，欧洲的工业发展倒退了 8 年。"③

从长远的影响来看，一战对西方主要资本主义国家人力和物力的巨大损耗使西方各国在战后很长时期内才得以恢复。第一次世界大战造成了英、法、德等西方主要国家的社会生产劳动力大量减少。英国在一战中耗资 112 亿英镑，出动了近 900 万人参战，其中英国本土人口占了 2/3，结果在战争中人口损失惨重，同时英国商船因为战争也损失了一半以上。在法国，死于战争的人口达 370 万人，由于法国农村地区人口较多，法国政府广征农民入伍参战，结果战争使农村原有的青壮年劳动力损失很多，农田村庄损失了近 90 亿法郎。与英、法等国相比，德国因为第一次世界大战的爆发及签署的战后合约其国内损失更加严重。德

---

① 参见乔明顺：《世界近代史》，北京大学出版社 1993 年版，第 425 页。

② 马世力：《世界史纲》（下册），上海人民出版社 1999 年版，第 492 页。

③ ［英］C. L. 莫瓦特：《新编剑桥世界近代史》，中国社会科学院世界历史研究所组译，中国社会科学出版社 1999 年版，第 72 页。

国在欧洲大陆丧失了 13.0%的领土，10%的人口，15%的耕地。① 战争期间人口的损失加之出生不足，使西方各国在 20 世纪 30 年代达到年龄的劳动力数量比正常情况下少了一半左右。战争还造成了不计其数的无法参加劳动的伤残者，这也增加了日后西方主要各国政府的沉重财政负担。物力财力的损失使西方各国在战后的经济复兴阶段缺乏了雄厚的物质基础和外部条件，在这样的情况下，西方主要资本主义各国的战后经济发展十分缓慢，在一定程度上促成了 20 世纪 30 年代资本主义经济大危机的爆发。

二、经济产业结构失衡和生产增长缓慢

上一章中曾经提及，随着战争的爆发和延续，欧洲各参战国家纷纷将原有的经济体制被迫转为战时经济体制，加强了战时对经济的管制为战争服务。德国在战争中对金属、石油、棉花、皮革等一些重要物资实行国家垄断管理，同时加强了对化工、军火等行业的建设。法国为了应付战争则在全国各地出资兴建了大量的军工企业，并加大对化学、制药等工业的投入。可以说，战争使战前西方各国和平时期的市场经济结构被彻底扭曲了，也直接导致了战后西方各国的国民经济产业结构严重失调。以英国为例，战争期间英国铁路等交通运输系统受到严重破坏，使战后的国内公共交通等基础设施行业急需重新发展。因为战争的需要，英国的造船业在战争中却得到了过多的支持与发展，为了给发展过快的造船工业提供足够的原材料，钢铁、机械加工等部门也在战争中大大提高生产能力，乃至在战后这些行业产能颇为过剩，而国内其他非战争急需的行业则发展十分薄弱。战后随着科学技术的发展和生产方法的革

---

① 参见 [联邦德国] 卡尔·哈达赫：《二十世纪德国经济史》，杨绪译，商务印书馆 1984 年版，第 18 页。

新，英国国内许多行业的工业设备已经陈旧过时，使行业生产成本大大增加，进一步加重了传统行业的发展滞后性。当然，战后西方主要资本主义各国的经济中也出现了新兴工业部门的发展，但是相对力量比较薄弱，还不足以强大到带动整个资本主义国民经济的向前发展。

战后资本主义经济产业结构的不合理使英、法、德等西方主要各国都不约而同地出现了一定程度的经济衰退和社会危机。在战后经济衰退的过程中，主要工业国家的工农业生产大幅度下降，国内物价飞涨，通货膨胀非常严重，中欧和东欧的一些国家甚至纷纷筑起高额关税壁垒来缓解经济衰退所带来的恶果。德国作为战争中的战败国，战后需要支付给英法等战胜国大量的赔款，同时政府需要巨额资金来消除国内出现的战争恶果，为此德国政府不得不通过制造通货膨胀、扩大财政赤字等措施来解决，最后导致了有史以来最为严重的通货膨胀。统计显示，从战争开始到大约五年半以后，德国马克比战前贬值了 1/10，以后的两年半里再次贬值了 1/10，到 1923 年 10 月，每隔 8 到 11 天就贬值 1/10。[①]与此同时，德国国内失业常备军大量存在，每年平均达到 150—200 万人左右。第一次世界大战使英国工业生产指数迅速下降了近 20% 左右，很多的原材料严重依赖对外贸易的进口，在战后 20 年代失业人数居高不下，一直不低于 100 万人，最高时突破 250 万人。法国的工农业生产下降更为明显，战争的爆发使法国的煤碳产量从战前的 4000 多万吨下降为 2500 多万吨，钢铁产量从战前的 700 多万吨下降为 200 万吨左右，工业生产指数直到 1919 年才恢复到战前的一半水平，而且战后法郎严重贬值，公众的工资实际购买力缩水近 4/5。

尽管由于西方各国国内经济发展水平、政治文化传统等方面存在较大不同，战争对西方资本主义各国的经济影响程度也不一样，战后西方

---

① 参见［联邦德国］卡尔·哈达赫：《二十世纪德国经济史》，杨绪译，商务印书馆1984 年版，第 21 页。

各国的经济发展状况出现一些明显差异，但从总体上说，西方各国在战后近二十年的时间里经济虽然经历过短暂的经济繁荣，但经济更多的是呈现出发展十分缓慢的迹象，这种迹象甚至一直持续到二战爆发前夕。表2—1显示的是欧洲各国在1920—1939年国民总产值的变化，从表中的数据可以看出，近二十年时间欧洲各国的经济增长较为缓慢，只有德国在1939年的国民总产值出现了快速增长，这主要是因为希特勒政府执政后明显加强了中央管制，疯狂地进行扩军备战。

表2—1　1920—1939年国民总产值指数（1920年为100）

年份	法国	德国	意大利	瑞典	联合王国
1920	100	100	100	100	100
1925	134	126	120	107	109
1930	149	147	124	131	117
1935	138	158	137	134	128
1939	154	232	159	168	141

资料来源：转引自［意］卡洛·M.奇波拉：《欧洲经济史》（第五册上卷），商务印书馆1988年版，第120页。引自安格斯·麦迪逊：《1913—1970年欧洲的经济政策与成果》，方坦纳：《欧洲经济史》，表22。

不过，在受到第一次世界大战严重影响的西方主要资本主义国家中，不包括美国和日本。美国作为世界大战的受益者，战后其经济以前所未有的速度向前发展，并迅速成为世界上最大的债权国和资本输出国；日本也成为第一次世界大战的获利者，在战争中获益颇多。下文将对美国和日本在一战中的经济获益进行详述，此处不再赘言。

三、工会和工人阶级的数量及重要性增长

19世纪末20世纪初，西方各主要资本主义国家国内陆续出现了政

治民主化的发展趋势。这种趋势的发展促进了劳工群众运动的兴起，普通劳工民众开始走上政治舞台，并且作为社会发展的一股重要力量发挥其强大的作用。一战中，随着战争中社会和经济损失不断扩大，西方各国民众厌战情绪日益严重，各参战国国内自 1915 年以后陆续掀起了大规模的工人罢工运动。英国在 1915—1916 年有 48.8 万人参加罢工。[①] 1916 年德国有 42.4 万工人参加罢工，"1917 年德国的罢工人数达到 146 万人"，"1918 年 1 月 28 日至 2 月 4 日，柏林爆发了 50 万工人参加的、开战以来规模最大的政治罢工，要求立即实现无兼并和无赔偿的和平。这次罢工迅速发展到全国各地，人数超过 100 万。"[②]

战争结束后，英、法、德等各主要参战国都面临着战后重建的种种问题，严重的通货膨胀使工人工资名义上的增加化为泡影，工人失业的严重问题日甚一日。以英国为例，在第一次世界大战期间，通过税收和发行公债的办法，将巨额战争经费强行转嫁到国内普通民众身上。同时，战争期间英国工人的实际工资下降了近 25%，失业人数不断上升，据资料显示，"1920 年 12 月失业人数达 85.8 万人，1921 年 3 月则为 166.4 万人。到 1921 年 5 月，这个数字达到了 250 万人，……直到 1939 年，从未低于 100 万人。"[③] 同时，发生在俄国的无产阶级社会主义革命为西方各国的工人阶级提供了榜样，他们日益渴望社会变革，纷纷加入工会组织开始奋起与上层阶级做抗争。工会作为工人组织成为当时各行业公认的与政府或雇主阶级进行谈判、签订工资协议的唯一代表，同时也成为调节各国政府与工人阶级之间关系的缓冲器，有利于劳资关系的改善，在西方各国政治舞台上的重要性逐渐增长。

英国的工会组织历史悠久且力量较为强大，19 世纪末期以后，英

---

① 参见乔明顺：《世界近代史》，北京大学出版社 1993 年版，第 421 页。

② 吴友法：《德国资本主义发展史》，武汉大学出版社 2000 年版，第 245 页。

③ [英] C. L. 莫瓦特：《新编剑桥世界近代史》，中国社会科学院世界历史研究所组译，中国社会科学出版社 1999 年版，第 691 页。

国工会越来越感到需要有一个自己的政党在议会内代表工人阶级说话，更好地保护工人阶级的利益。此时英国国内的工党恰好诞生。英国工党成立之后始终坚持反对私有财产制度，1918 年英国工党又确立了"实现生产资料公有制"的目标。随着一战期间及战后工会和工党领袖之间逐渐接触和熟悉，英国工会最终与工党联合，工会成为工党的人力和财政主要来源。英国工党必须保持与工会的密切联系，极力博取工会的好感，吸引更多的工会成员加入工党组织，使工会成为工党的重要组成部分。① 随着英国工会的发展壮大，工会在 1920 年会员达到 830 万人，为英国工党于 1924 年第一次上台执政发挥了重要作用。

自 19 世纪后期，美国的工会发展态势非常迅猛。1899 年美国工会成员数量为 611，000 人，到 1911 年工会成员数量迅速增加到 2，343，400 人，工会在十几年的时间里成员人数增长了近四倍。随着工会人数增多，美国工会在社会生活中的作用也越来越重要。根据材料显示，"1881 年至 1886 年之间的罢工，大约一半不是由工会组织的，或者没有得到工会的援助。以 1886 年为例，这一年全国发生了 1432 次罢工，参加工人总数达到 407，000 人，其中由工会组织的罢工占 53.3%。1887 年以后的 7 年里，这种形势以更加迅猛的速度发展，每年的罢工都在 1000 次以上，2/3 的罢工是由工会自觉发起的。"② 法国的工会组织在一战结束后也得到较大发展，1920 年工会成员发展为 200 万人。

随着战后西方主要资本主义各国工会组织的壮大，为了维护自身的阶级利益，各国工人阶级都举行了多次罢工。其中声势最大的罢工运动是 1926 年英国煤炭工人引发的总罢工运动。煤炭工业作为英国的传统工业，在战后出口急剧下降，大量煤炭工人失业，其发展长期处于危机

---

① 参见刘成：《理想与现实——英国工党与公有制》，江苏人民出版社 2003 年版，第 13—15 页。

② 转引自刘丽华、何军：《科学管理运动兴起原因新探——从劳资互动关系看科学管理运动的兴起》，《沈阳师范大学学报》（社会科学版）2005 年第 1 期。

之中。1926 年 4 月 30 日，英国煤矿工人因为降薪开始举行罢工，随即得到全国交通运输、煤气、电力、印刷、建筑等各行业工人的支持，但罢工遭到了英国保守党政府的坚决镇压，此次工人罢工最终归于失败。在德国，战争及其战后的巨额赔款不仅使德国陷入了严重的经济危机，而且频频出现政治危机，德国各行业工人在战后纷纷举行大规模的罢工运动。1923 年 8 月，德国柏林工人举行总罢工运动，继而推翻了当时的古诺政府，10 月汉堡工人再次举行规模巨大的起义，为此德国政府加强了对工人阶级运动的镇压。一战结束后的德国工人运动最终在政府的强力镇压下遭遇失败。法国、意大利等其他主要工业国家战后工人阶级运动同样出现了蓬勃发展态势，沉重打击了各国的资产阶级政府。

大致说来，一战结束后至 1929 年经济大危机的爆发，由于英国、法国等西方主要资本主义各国大都发生了战后的经济衰退和危机，出现了生产下降、物价飞涨等严重问题，造成了各国国内工人工资过低和就业状况的不稳定，从而使资本主义各国工人阶级的罢工运动此起彼伏，整体劳资关系一直处于紧张焦灼状态。虽然战后的工人阶级及其工会组织在斗争运动中存在犹豫不决、内部分裂等现象，并且在西方主要资本主义各国政府的镇压下工人阶级运动最终大都遭到了挫败，但是有组织的工人阶级革命斗争却给当时统治政府以沉重的打击。这使人们可以清楚地看到一战结束后的工人阶级更加注重集体组织的力量，工会作为工人阶级的代表其力量和重要性都有了明显增长。

四、世界经济、政治力量对比发生变化

第一次世界大战的爆发使西方各主要资本主义国家的经济和社会遭受了重创，各种资源损耗巨大。大战结束后，英国、法国、德国等欧洲主要参战国深受战争之苦，国内种种经济问题和社会问题凸显，通货膨胀日益严重，失业率居高不下，国际债权债务严重失衡，劳资关系紧

张，社会陷入一片混乱状态。然而，与上述几国形成鲜明比照的是，美国和日本却成为第一次世界大战的获利国家，从战争中获益匪浅。

一战中，美国以中立地位将大量军火武器先后卖给欧洲交战国双方，获得了巨额利润，同时趁欧洲热战正酣、无暇顾及海外争夺而迅速控制了拉丁美洲的市场，积累了大量财富。战争后期，美国转变成为协约国一方的军火和军用物资的供给基地，并提供了 200 亿美元的战争贷款。除了战争军事物资之外，美国在战争期间还向英、法等国出口了大量的粮食、棉花、肉类等生活产品，据估计美国在 1914 年至 1917 年期间共向其他参战国出口了近 70 亿美元的商品。战争结束之后，正当欧洲各国经历战后重建的困难时期，美国国内科学技术的快速发展，生产和管理方法不断更新，汽车、电力等新兴部门蓬勃发展，经济增长突飞猛进，进出口贸易急剧增加，出口贸易额超过进口贸易额的一倍多。在国内经济快步发展的同时，美国向战后欧洲各国提供大量的贷款和海外投资，促进欧洲各国的战后重建和恢复。"美国的国外投资从 1913 年的大约 20 亿美元增加到 1930 年的 150 亿美元，其中 30% 投放在欧洲。"[①]特别是德国，作为战败国战后急需大量资金用于支付赔款和战债，在美国"道威斯计划"和"杨格计划"的援助下，大量的美国贷款输入德国。"美国给德国 20 家大银行和 103 家最大的工业公司贷过款，并积极收买德国企业的股票，因而美国的资本深深地渗入了德国的银行、电气、石油、汽车、有色金属等部门和行业，实现了对这些部门的不同程度的控制。在德国，1/4 的财富由美国为主的外国掌握。"[②]英法等协约国也得到了美国的大量贷款，英国欠美国的债务多达 40 多亿美元，国内经济发展严重依赖美国的援助，最终使美国取代了英国的统治地位，美国由一战前的债务国转变为一战后世界上最大的债权国和资本输出国，纽约

---

① [英] C. L. 莫瓦特：《新编剑桥世界近代史》，中国社会科学院世界历史研究所组译，中国社会科学出版社 1999 年版，第 74 页。

② 吴友法：《德国资本主义发展史》，武汉大学出版社 2000 年版，第 282 页。

取代伦敦成为国际金融的中心。可见，战后美国在国际舞台上的地位逐渐升高，而英、法等昔日的世界强国在国际上的重要地位已经远远不如1914年以前。

日本是第一次世界大战中的另一个获利者。一战爆发前，日本经济正处于低迷发展时期，国内工农业生产不景气，国家财政状况捉襟见肘，企业界和银行界不时出现破产的现象，进出口贸易逆差严重。战争爆发后，随着英、法、德、俄等国家之间战争越来约激烈，参战各国对棉纺织品、生丝、船舶等各种军用物资和日用百货物品的需求激增，来自欧洲地区的贸易订单大量增加，带动了日本国内工业经济的生产和发展，扭转了公司利润亏损的局面。1914—1919年，日本对外贸易较战前增长了四倍，实现国际收支顺差30多亿日元。不仅如此，日本还利用欧洲各国忙于战争无暇顾及太平洋地区的殖民地之机，加紧对太平洋地区殖民地和海外市场的掠夺，先后在中国和朝鲜等地建立了自己的殖民地统治，为日本资本主义经济的发展提供了良好条件。

除了西方主要资本主义国家的力量对比形式发生变化之外，世界其他地区的民族民主运动大量涌现。捷克斯洛伐克、匈牙利、南斯拉夫等东欧国家在一战后走上了国家民族独立发展的道路；俄国取得十月社会主义革命的胜利并建立了世界上第一个社会主义性质的国家，如此等等。这些民族解放独立运动和民主革命的新发展也在一定程度上影响了以英、法、德、美等为代表的西方资本主义国家之间政治经济力量的对比形势。

延续四年之久的第一次世界大战虽然结束了，但却为西方主要资本主义国甚至整个世界留下了许多短期内无法消除的影响。它使西方主要资本主义各国的国内经济社会生活发生了很多变化，同时也改变了世界上的经济政治力量对比形势。相对于一战的其他遗产而言，一战结束后，"具有最重大意义的总的发展趋势是，在加强中央政府的机器方面，政府的获得由于设立了新的部门而扩大了，而且实施了在1914年以前不可想象的控制措施"。① 在一战后至 1929 年经济大危机前夕的这段时期里，政府监督的范围不断扩大，包括工农业生产、交通运输、雇主利润、雇员工资、工作日长度，以及劳资纠纷等领域，相关的行政机构和管理人员也大大增加。英国的文职人员在 1914 年到 1923 年增加一倍之多，法国也在战后设置了一些新部门，管理人员有所增加。德国政府在战后的经济重建和恢复中发挥了重要作用。德国政府将电报电话等通讯事业和铁路等运输业的很大一部分置于自己的控制之下，同时建立了帝国银行为工商业发展提供贷款。1923 年德国政府组建了联合工业企业股份公司与普鲁士矿山和冶金股份公司两家国有企业。为了增长出口、节约企业成本，德国政府还在通货膨胀时期加强了国内企业的卡特尔化和集中化，分别于 1925 年和 1926 年建立了化学康采恩法本工业公司和联合钢铁公司。②

　　总体看来，虽然自战后至经济大危机之间的近十年时间里，西方主要资本主义各国的国有经济经过被遣散和清理完毕之后没有得到较大发展，但是正是在西方各国政府对一战后经济调节与社会发展加强调节干预的趋势下，国有经济在这些国家很快迎来了又一阶段的大发展。

第二节　危机和二战时期西方主要资本主义国家的国有经济

　　1929—1933 年西方主要资本主义国家爆发了有史以来最严重的经济大危机。为了摆脱这次大危机，各国政府采取了不同的改革措施和政策应对危机。美、英、法等西方国家大多通过加强政府对经济干预和社会改良来度过危机，而德国、意大利等国则在国家政府主导下陆续走上

---

① ［英］C. L. 莫瓦特：《新编剑桥世界近代史》，中国社会科学院世界历史研究所组译，中国社会科学出版社 1999 年版，第 277 页。

② 参见［联邦德国］卡尔·哈达赫：《二十世纪德国经济史》，杨绪译，商务印书馆1984 年版，第 35—37 页。

了法西斯军国主义道路。西方国有经济在资本主义经济大危机和战争的年代又一次获得强劲发展。

一、1929—1933 年经济大危机的爆发及其后果

　　1929 年 10 月 24 日，美国纽约股票交易所一开盘就出现大量股票被抛售，股价暴跌，人们纷纷涌进股票交易大厅抛售大量股票，美国股市迅疾崩溃，这一天历史上被称为"黑色星期四"，这标志着 1929—1933 年波及整个资本主义世界的经济大危机爆发。其实在 1929 年夏天，美国的经济就开始出现衰退，持续增长了七年之久的工业生产开始下降，建筑业的快速发展出现衰落，其他高额利润行业的投资大量减少。到了 10 月，美国股市发生崩溃，大大加重了经济危机的程度，股市的灾难殃及了美国银行业，银行出现疯狂挤兑现象，众多银行纷纷倒闭，并于 1933 年出现了银行业的全面危机，美国国民的投资信心和信贷系统瓦解，整个国民经济濒临绝境。据统计，美国在这场持续四年之久的经济大危机中，"86000 家企业破产，5500 家银行倒闭，全国金融界陷入窒息状态，千百万美国人多年的辛苦积蓄付诸东流，GNP 由危机爆发时的 1044 亿美元急降至 1933 年的 742 亿美元，失业人数由不足 150 万猛升到 1700 万以上，占整个劳动大军的四分之一还多，整体经济水平倒退至 1913 年。"[①]

　　始自美国的经济危机很快席卷了整个资本主义世界，英、法等资本主义国家陆续陷入经济大萧条之中。美国的经济危机使英国经济迅速受到影响，英国的出口贸易大幅度下降，贸易赤字增加，1931 年英国政府不得不宣布英镑贬值。经济危机在英国造成的主要后果是，社

---

① 《历史回顾：1929 年经济大萧条》，《危机经济学》，http://baike.baidu.com/view/2133376. htm。

会失业人员迅速增加，大约有 300 万人在危机中失去工作，"失业率由大萧条前的 10% 迅速上升到 1931—1933 年期间的平均 21% 左右"。[①]严重的失业问题引发了大规模的工人罢工运动，英国陷入动荡不安的局势中。

德国支付战争赔款主要依赖于美国的资本流入和资金援助，因此美国的经济危机直接影响到德国经济。危机期间，大量的外国贷款从德国抽走，出现了国内外债权人挤兑德国银行的浪潮，德国银行面临倒闭的威胁，为此德国政府不得不宣布两天的银行休假日。德国的农业部门也受到危机的重大打击，农产品价格大幅下跌，农户个人收入锐减，很多农户被迫出卖自己的土地，据统计危机爆发期间农民出卖的土地面积达到 36 万公顷。尽管当政的魏玛共和国政府加强了对农业的保护措施，德国的农户和贵族庄园的破产数量还是日益增加。此外，1930 年上台执政的德国布吕宁政府采取了通货紧缩和增加税收的政策应对危机，结果导致德国国内市场上的投资和需求不断萎缩，工资水平明显下降，德国国内的经济活动大幅减少，大批工人失业。据史料显示，在德国 "1929 年 9 月危机前夕，失业人数为 132 万，1930 年 9 月上升到 300 万，1931 年 9 月增加到 435 万，1932 年 9 月达到 510 万，1933 年则超过 600 万。"[②]

同英、德等国的经济命运相似，法国受此次经济大危机的影响国家经济陷入一片凄凉景象。危机期间，法国国内消费大大减少；农产品等消费品生产过剩，价格大幅下跌；工业产量下降，其中钢铁产量巨幅下降，降幅达 70%；大量银行、工业企业和大型运输公司走向破产，失

---

① [意] 卡洛·M. 奇波拉：《欧洲经济史》（第六卷上），王小卫等译，商务印书馆 1991 年版，第 108 页。

② [英] 艾伦·布洛克：《大独裁者希特勒——暴政研究》，北京出版社 1986 年版，第 142 页。

业人数快速增加。① 法国的经济危机持续时间较长，直到第二次世界大战爆发，法国经济都没能恢复到危机前的发展水平。

意大利、日本等国也都在经济大危机的影响下国内经济出现大波动。在意大利，1929—1933 年的经济危机使农产品价格暴跌，农业生产明显滑坡，整个制造业出现萧条，其中最严重的是纺织业。到1931—1932 年意大利的经济危机进一步加重，大量企业破产，各种短期的投资被取消，证券市场崩溃，物价直线下降，结果 1929—1933 年间意大利的外贸从 356 亿里拉降至 130 亿里拉，失业人数达到 120 万人。② 日本在世界性经济危机的冲击下，经济受到沉重打击。日本工业和农业总产值都下降了近四成，工人失业、企业破产、职员减薪的现象屡见不鲜。日本国内军国主义势力乘机崛起，国家社会党、血盟团、爱国社等法西斯组织大量涌现，使日本社会陷入动荡不安。

总之，1929—1933 年的经济大危机，给西方主要资本主义各国的经济和社会造成了很大影响，这些国家几乎无一幸免地出现国内经济萧条、失业人数增加、工业生产下降等经济后果。西方主要资本主义国家在此次经济危机中的工业生产总值较危机前的工业生产最高产值均下降了很多，其中"美国为 46.2%、德国为 40.6%、英国为 23.8%、法国为 32.9%、意大利为 33.1%、日本为 32%，整个资本主义世界的工业下降了 44%，国际贸易下降了 65%，全世界失业人数达 5000 万"。③ 此次经济危机造成的更为严重后果是，为了应对国内的经济危机，各国政府在采取相应措施缓解国内危机的过程中逐渐形成了两种倾向：一种是以英、法、美等国为代表通过各种改革措施来维护资本主义经济，另一种

---

① ［意］卡洛·M. 奇波拉：《欧洲经济史》（第六卷上），王小卫等译，商务印书馆1991 年版，第 66 页。

② 参见 ［意］瓦莱里奥·卡斯特罗诺沃：《意大利经济史：从统一到今天》，沈珩译，商务印书馆 2000 年版，第 311—312 页。

③ 吴友法：《德国资本主义发展史》，武汉大学出版社 2000 年版，第 300 页。

是以德、意、日为代表通过实行法西斯主义逐渐走向军国主义和战争。

二、改革的不同对策与国有经济的新发展

20 世纪 30 年代的经济大萧条沉重打击了西方主要资本主义各国的发展，各国政府纷纷采取大量措施来挽救国内经济。虽然各国采取的措施差别很大，但总体趋势是不断加大国家政府的经济干预程度，特别是成立和组建了大规模的国有企业。

（一）英、法、美等国的改革对策及其国有经济的发展

在西方资本主义国家陆续出台应对危机的政策措施中，最具代表性的是美国总统富兰克林·罗斯福为了克服危机实行了诸多的经济改革措施有效遏制了经济危机的蔓延，史称"罗斯福新政"。其实在罗斯福上台执政前，当时的美国总统胡佛就采取了一些加强政府对经济干预的措施，比如重建了金融公司及其附属机构区域农业信贷公司等，但胡佛总统没能及时遏制住危机的蔓延。1933 年经济危机日益严重，美国银行业陷入瘫痪，全国几乎没有一家银行营业，富兰克林·罗斯福于国家危难之际宣誓就任总统。罗斯福总统上台之后，针对国内危机状况先从处理银行危机入手开始了著名的"百日新政"。罗斯福新政的主要内容包括如下几项内容。

一是整顿和复兴银行业，1933 年 3 月 9 日，罗斯福要求国会通过了《紧急银行法》，决定对银行实行颁发许可证制度，对有偿付能力的银行尽快实行复业。一周后近 15000 家银行恢复营业，还成立了联邦储蓄公司，提出由政府负责 5000 美元以下存款的安全，以此增加人民储蓄热情，同时还降低借贷利息，支持中小企业和农民等从银行贷款，鼓励创造更多的就业机会。二是通过了全国工业复兴法案复兴工业，制定了啤酒法使啤酒生产和销售合法化，为政府增加大量税收；颁布劳工关

系法案，规定劳工的最长劳动时间和最低工资，保护劳动者的经济利益。三是调整改革农业，"通过农业法案以提高农民的购买力，减轻农业抵押的压力并增加银行发放的农业贷款额政策"；[①] 用补贴和重税的办法对农业生产进行调节。四是成立国有公司，比如著名的田纳西河流域管理局，这一机构实行国家所有制经营管理，其主要职责是"适当利用、保护生产并开发田纳西河流域盆地及其邻近土地的自然资源"[②]。此外，还陆续成立包括房屋所有者信贷机构、生产信贷公司、商品信贷公司以及保险领域的联邦存款保险公司、联邦作物保险公司等国有企业。加大公共工程的投资建设，以工赈灾，据统计，"1933—1940 年联邦政府一级支出各项公共工程费用和直接救济款共达 178.68 亿美元"，美国政府"先后吸纳了 150 万青年，开辟 740 万英亩国有林区和 20 万英亩国有公园，兴建大量游览设施"。[③] 五是通过了联邦紧急救济法，提供救济灾款，实施救济计划。

除了上述改革内容，罗斯福新政的内容还包括节约政府开支、改革铁路等措施，可以说新政措施几乎涉及美国社会经济生活的各个方面。美国的罗斯福新政大大加强了政府对国民经济和社会的干预和调节，美国联邦政府的权力明显增强，新政在应对危机上取得了巨大成效。"从1935 年开始，美国几乎所有的经济指标都稳步回升，国民生产总值从1933 年的 742 亿美元又增至 1939 年的 2049 亿美元，失业人数从 1700万下降至 800 万。"[④]

为了重新恢复和发展遭受重创的经济，英国政府积极实行了经济干预主义政策，对国内的经济进行广泛调整。首先，英国政府在实行新的

①　[美] 詹姆斯·麦格雷戈·伯恩斯：《罗斯福传》，商务印书馆 1992 年版，第 231 页。
②　[美] 詹姆斯·麦格雷戈·伯恩斯：《罗斯福传》，商务印书馆 1992 年版，第 232 页。
③　刘孝新：《对罗斯福新政的认识与思考》，《学习月刊》2009 年第 5 期。
④　《历史回顾：1929 年经济大萧条》，《危机经济学》，http://baike.baidu.com/view/2133376.
　　htm。

生产工艺和技术的基础上，推行产业合理化运动，促进传统工业设备技术的更新和新兴工业的发展，不断调整国内经济产业结构。其次，英国放弃了一贯坚持的自由贸易政策，维护和巩固国内市场的发展，使英国的产品更加注重在国内市场上的销售和服务。再次，在危机爆发后的整个 30 年代，英国政府还积极鼓励国内的工业卡特尔化，直接参与和推进了纺织、采煤、冶金、造船等行业的垄断联合，1933 年对伦敦客运实行国有化，并将邮政、电报电话等公共服务业收归国有。最后，通过了失业法，增加政府的公共支出，扩大失业救济的范围。

法国的经济危机持续时间长，危机一直持续到第二次世界大战前夕。为了应对危机，法国政府制定并推行了大量的国有化政策。法国政府对大型运输公司和工业企业中对国民经济必不可少的部门进行干预，建立了混合公司使之恢复经营。与此同时，法国政府还成立一批行政机构性质的混合经济组织，如全国氮气工业局、国营阿尔萨斯碳酸钾矿业公司等。国内通货紧缩的政策引起了工人的失业人数持续增加，工人对此强烈不满，1936 年 4 月由法国社会党、激进社会党和共和党组成的反法西斯人民阵线政府开始上台执政。为了尽快摆脱经济危机的困扰，人民阵线政府实行了大规模的国有化政策，1937 年政府率先对法兰西银行以加强监督的名义进行改革，将法兰西银行实行部分国有化，由国家全面管理；接着通过强制手段将国内的施耐德军火厂、雷诺坦克工厂等军火工业收归国有；然后政府成立了国有铁路公司将国内的铁路全部置于政府的控制和管理之下，还对飞机航空业实行了部分国有化。

（二）法西斯国家的应对政策与国有经济的发展

德、意、日等法西斯国家应对危机的改革过程是和其战前的备战过程结合在一起的。在应对经济危机的改革过程中，法西斯国家根据各自国内的国情采取许多措施建立起了相应的法西斯经济体制。

在 1929—1933 年的经济危机中，魏玛共和国时期的德国政府在经济危机中采取了通货紧缩和严格限制外汇的政策，并且一方面投资兴建了一些企业，另一方面通过购买公司股票的方式高价收购了一部分濒临破产的私营银行和私人企业，从而使国家直接参与经营的企业数量明显增长。"1929—1933年政府购买的各种公司的股票有：钢铁托拉斯12500万马克的股票，德意志银行35%的股票，德累斯顿银行91%的股票，私人商业银行78%的股票，萨克森全德信贷公司70%的股票，北德信贷银行60%的股票，'汉堡美洲轮船公司'和希'北德劳合'大航运垄断组织的相当大一部分股票。"[1]魏玛共和国政府希望通过上述一系列经济措施能够尽快促进德国经济的复苏，但是却收效甚微，最终被迫下台。

1933年希特勒法西斯政府上台执政，纳粹政府一上台就宣布在德国实行伟大的四年计划来拯救德国的工人和农民以及消除失业，同时任命金融专家沙赫特掌管国家经济大权。沙赫特在总结前几任魏玛共和国政府经验教训的基础上，主张采取放松财政、紧缩货币的经济政策来加强政府对国家经济的控制和调节。因此，希特勒法西斯政府在执政伊始一方面不断扩大政府开支，加大国家对公共工程的投资建设并积极展开德国的扩军备战计划，创造大量的就业机会；另一方面加强对物价和工资的控制，实行低工资和低消费，控制外汇，防止国内发生严重的通货膨胀。据统计，纳粹德国在1933—1934年用于兴办公共工程的开支共约50马克，其中最多的投资流向公路建设尤其是高速公路的建设，约为16.1亿马克，还有修建住宅和公共建筑约有7亿马克、整治河道和桥梁3.5亿马克等等。[2] 政府的军费开支自希特勒法西斯政府上台执政后更是增长迅猛，从1933年15亿马克飞涨到1939年600亿马克。通过一系列经济措施，深陷危机中的德国经济很快得到改善，失业人数

---

[1]　转引自吴友法：《德国资本主义发展史》，武汉大学出版社2000年版，第303页。

[2]　参见朱庭光：《法西斯体制研究》，上海人民出版社1995年版，第209页。

从 1932 年 557 万人下降到 1936 年 159 万人，工业生产指数从 1932 年仅有 1928 年的 59%上升到 1936 年的 107%。[1] 到 1936 年，由于希特勒和沙赫特之间出现矛盾，由赫尔曼·戈林负责第二个四年计划的制定和实施。戈林根据四年计划成立了总管理局，下设 6 个司，分别主管代用材料生产、原料分配、劳动力使用、农业生产、价格制定、外汇业务等。[2] 其实早在 1933 年 7 月希特勒政府就特设了德国经济总委员会专门负责对全国经济的控制和管理，并且将全国经济分为 6 个部类、44 个经济组、350 个专业组、640 个专业小组，所有企业必须参加上述机构，从而形成了对全国各行各业生产发展的控制网络。[3] 从第二个四年计划的内容和管辖范围来看，将原有的经济总委员会转变为总管理局，进一步明确了中央机构管理全国经济的职能和范围，并将管理重点转向建立保障发展军备生产和原料自给自足的国有企业，从而使德国经济更好地实现向全面的战争经济过渡。

在德国向战争经济全面过渡的过程中，除了希特勒政府建立了一大批国有企业，将铁路、发电厂和炼铝厂等企业收归国有，1937 年还成立了国营赫尔曼·戈林采矿钢铁冶炼股份公司，并部分地掌控国内煤炭开采和机械制造业，该公司控制着资产达到 60 亿马克资本的企业共 100 多家。1939 年德国法西斯政府用于国有企业建设的资金达到 248 亿马克，国有经济的大力发展促进了德国经济向战争经济的过渡。纳粹政府还充分发展农业部门，成立了"德国粮食总会"负责管理和监督全国农、林、渔、制糖和酿酒等行业的生产，力图使农业部门能够在未来战争中完全实现自给自足。与此同时，希特勒政府继续加紧扩装军备，不断增加军费开支，为下一步发动世界战争做好各项准备。

---

[1]　参见朱庭光：《法西斯体制研究》，上海人民出版社 1995 年版，第 181 页。

[2]　参见朱庭光：《法西斯体制研究》，上海人民出版社 1995 年版，第 183 页。

[3]　参见吴友法：《德国资本主义发展史》，武汉大学出版社 2000 年版，第 400 页。

在意大利，墨索里尼政权于一战结束后的 1922 年便掌握国家政权。墨索里尼政府一上台就反对自由主义经济，主张"通过调整国家职能使国家成为各生产行业的对话者来试验新颖的从上而下的经济和行政组织形式"，[①]加强了国家对经济的控制。1929—1933 年的经济危机，意大利的银行信贷机构和大部分工业企业备受打击，国家经济异常困难。为此，墨索里尼政府采取了国家直接干预工业活动、经营信贷和投资信贷的方式来缓解危机的后果。政府首先关闭了一些无关紧要的小企业，向国内大企业提供基金，帮助其降低生产成本，增加产品竞争能力，并积极鼓励支持各个工业部门的集中和联合；同时意大利政府还大力整顿银行体系，开始向各大银行提供补贴。1931 年法西斯政权出资 5.15 亿里拉建立了意大利动产协会，试图通过此机构控制意大利的金融市场，拯救困境中的大公司企业。该协会一边向困境中的钢铁企业提供总额为 3.4 亿里拉的巨额抵押贷款，一边撮合信贷银行和其他机构出资建立半官方控股的意大利金融公司，并清理其所控制的企业。

继意大利动产协会之后，1933 年墨索里尼政府成立了工业复兴公司即伊里集团，负责为值得帮助的企业提供国家资金以弥补亏空和债务，同时购进各银行的工业债券和财产进行管理。1935 年经济略有好转后，伊里集团还对钢铁、造船、冶金、军火、能源等基础工业进行了广泛投资，控制了其中一大批企业。[②] 总体来看，伊里公司体系基本包括以下几个主要部分[③]：一是机械控股投资公司，控制着意大利全国机械生产的 42% 以上；二是钢铁控股投资公司，其中伊里公司出资 50.6%，并控制下属 4 个次级控股公司，它们的钢、铁和矿石产量

①　[意] 瓦莱里奥·卡斯特罗诺沃：《意大利经济史》，沈珩译，商务印书馆 2000 年版，第 272 页。

②　参见 [意] 瓦莱里奥·卡斯特罗诺沃：《意大利经济史》，沈珩译，商务印书馆 2000 年版，第 316—318 页。

③　参见朱庭光：《法西斯体制研究》，上海人民出版社 1995 年版，第 403—404 页。

分别在全国总产量中占到 45%、77% 和 67%；三是海运控股投资公司，控制着全国海运业务的绝大多数；四是电力控股投资公司，控制着意大利电力生产的 70% 左右；五是电报电话控股投资公司，控制着意大利的通讯业务的一半以上；六是军工生产和造船等控股公司，控制军工产品的 58% 和造船量的 80%。可见，意大利法西斯政权通过伊里集团控制着国内钢铁、造船、电力等关系国民经济发展命脉的众多行业。

日本政府在应对 30 年代经济危机的过程中，一方面采取了大量措施加强国家对经济的控制和干预，另一方面加紧扩军备战，为发动战争做好充分准备，建立起独具特色的统制经济。日本政府首先推动国内企业实行卡特尔化，由过去听任各企业自行改善生产经营转为实行卡特尔统制，政府对卡特尔企业的流通、配给和劳务领域进行管理。1938 年日本政府进行战争动员时，宣布限制企业红利，进而加强了对企业的财务和利润分配领域的统制。为了更好地实行统制经济，为战争进行国家总动员，日本政府在 1937 年成立了企划院。企划院工作的重点一方面在于每年对粮食、原材料和石油等重要物资的供应和分配制定物资动员计划，另一方面还要对重工业和化工等与战争关系紧密的行业制定生产力扩充计划，从而提高军需产业的生产能力为战争奠定基础。为了进一步实现对私人企业的控制和管理，日本法西斯政府还提出了"民有国营"的经济政策。所谓"民有国营"是指利用日本民间私有企业的资本，使资本的经营权置于官方的直接或间接控制之下，具有公共的性质。"实际上，民有国营是以官僚为主导，官僚与垄断资本家相结合，控制各部门企业经营的大权。"[①]1939 年，日本政府组织国内多数电力企业以设备入股的方式合并成立日本发配电株式会社，成为国内第一家民有国营的株式会社，它垄断了全国发电能力的绝大部分。日本国内的帝国矿业开

---

① 朱庭光：《法西斯体制研究》，上海人民出版社 1995 年版，第 638 页。

发、帝国石油、日本米谷、日本煤炭、日本肥料等株式会社，也属于公私合营企业，其中绝大多数是以日本政府出资为主，即国有企业，这些国有企业几乎垄断了日本国内的大部分重要行业的生产和经营，为日本法西斯政府发动战争奠定了物质基础。

三、二战时期的资本主义国有经济

1939 年，法西斯国家率先发动战争，第二次世界大战爆发。在这次大战中，西方主要资本主义各国陆续卷入其中。为了取得战争的胜利，法西斯主义国家和西方参战各国基本上都实行了战时管制经济，对整个国民经济进行全面控制，国有经济再次作为最有效的战时经济形式出现在战争年代。

（一）英、法、美等国的战时国有经济

英国在二战爆发后就立刻重新实行了在第一次世界大战期间的全部措施，政府在战争期间被授予广泛权力，成立了新的政府专门机构，负责管理和分配全国的军事物资和民用物资，对全国的经济生活进行严格控制。为了避免人、财、物的浪费，英国政府在战争中对食物和生活必需品等方面都实行了配给制，同时对全国的工资标准和工作条件进行管制，尽可能保证人民生活条件的均等。全力支持机械制造、化工、棉纺、军工等工业企业的生产和发展，对非战争和生活必需品的生产经营则加重税负，限制其发展。法国也增加国家干预的措施加强对整个经济的控制。法国政府对全国的物价和工资进行了冻结，控制了对外贸易，并成立了专门的政府部门，负责分配生产原料和制定生产标准。美国在第二次世界大战实行期间建立了一大批国有企业用以应付战争的需要。这些国有企业大都与军事国防关系密切，主要包括冶金、原子能、合成橡胶、热力和火力发电、锯木、石油管道、军工等产业，二战期间美国

政府直接投资制造业的比重由一战前的 6.2% 激增到 69.2%。[1] 到 1945 年时，美国所有国有企业资产总额达到 17 亿美元。[2]

（二）法西斯国家的战时国有经济

德国希特勒纳粹政府在二战爆发后，集中了全国的人力、物力、财力等全部资源进行了统一管制和分配。同时，纳粹政府在战争中一方面继续加大国内军火、化工燃料等国有军需部门的投资管理，另一方面还通过掠夺波兰、奥地利等被占领国的资源和财富扩充和建立德国的战时国有经济。德国战时经济的设计者赫尔曼·戈林直接建立并控制着以自己名字命名的国家康采恩，戈林康采恩通过参与制控制着近百家的子公司和孙公司，涉及的部门范围包括矿冶、化学、机械制造、内河航运、建筑等众多行业。戈林康采恩在战争期间通过占有他国财富使资本额不断上升，到 1943 年资本额达到 60 亿马克。

二战爆发后，日本政府在战前统制经济的基础上，进一步加紧对全国经济的控制和掌握。1940 年日本政府颁布《重要产业团体令》，要求各重要产业部门分别设立统制会，统制会的统制章程以及所有干部任免必须经过政府批准。根据政府的要求，日本国内共组成了包括钢铁、煤炭、金融和船舶等各重要工业部门在内的二十多个统制会，每个统制会管辖着众多的会社，因此日本政府通过统制会实现了对国内经济的操纵和控制。战争期间，日本政府还进一步加大"民有国营"政策的实施力度，采取颁发企业经营许可证、实行指令性生产计划、强令合并整顿企业对企业实行军事管理等多种方式，使大量企业几乎沦为政府的附属机构，完全听命于政府的操纵。除此之外，日本法西斯政府还依据特殊的法律成立了特殊会社、经营财团和金库等特殊法人。"营团、金库

---

[1]　参见赵振东：《美国国有经济管理的经验借鉴》，http://www.yzdj.net/News/Show.asp?id=1295。

[2]　罗红波、戎殿新：《西欧公有企业》，经济日报出版社 1994 年版，第 180 页。

和大多数特殊会社以国家资本为主，是国营企业或吸收民间资本的国营企业。"①二战爆发前后，日本法西斯政府共建立了这类国营企业约30多个。

如前所述，意大利法西斯政府在二战爆发前就建立了庞大的国有伊里集团。为了给第二次世界战争的爆发做好准备，除了伊里公司外，意大利法西斯政府还出资建立了一些国有企业，如全国纸张纤维公司、阿尼克石油提炼公司和国家纺织公司等。

伴随着第一次世界大战的结束，西方主要资本主义各国在经历了战后经济缓慢增长的阶段之后，遭遇了20世纪30年代的经济大危机。这场大危机席卷了整个西方资本主义世界，使主要资本主义国家的经济出现集体大衰退现象，西方各国不得不进一步加强国家政府对经济和社会生活的管理和干预。随着30年代经济大危机的阴云逐渐散去，西方各国正处于危机过后的政治经济发展喘息之隙，紧随其后地爆发了第二次世界大战。二战时期，西方主要资本主义国家不得不再次实施了一战时期的经济管制措施，并大大加强本国国有经济的投资和建设。

总体来说，两次世界大战期间，西方主要国家的国有经济首先经历了一战后的短暂发展收缩和停滞，然后很快进入了快速发展时期。危机年代和战争年代的国有经济在西方主要资本主义国家得到了又一次的强劲发展，无论是英、法、美等国，还是德、意、日等法西斯主义国家的国有经济数量都有了明显增加，国有经济在应对经济危机和战争时所发挥的重要作用也越来越受到西方各国政府的重视。不过，值得注意的是，国有经济在这一阶段的性质还只是西方各国在遇到经济危机和战争时采取的一种特殊经济形式，其发展仍然是西方主要资本主义国家在遭遇危机和战争的特殊年代里做出的万般无奈的一种选择。

---

① 朱庭光：《法西斯体制研究》，上海人民出版社1995年版，第661页。

第三章

二战后西方资本主义国有经济的大繁荣

第二次世界大战结束后，西方主要资本主义各国经济社会发展遭受重创、一片萧条，各国政府肩负着尽快恢复生产和促进经济复苏的历史重任。为了实现上述目标，各国政府纷纷通过直接投资、国有化和国家参股等途径大大加强本国国有企业投资建设和经营管理。为此，西方主要资本主义各国的国有经济进入了其发展历程中的繁荣高涨时期，国有经济的规模和数量显著增加，国有资本逐渐成为资本主义国家社会总资本的重要组成部分，并且国有经济在西方主要资本主义国家整体国民经济的恢复和发展过程中发挥了不可替代的历史作用。

第一节　战后西方国有经济繁荣的历史条件

随着德国、日本等法西斯国家先后宣布无条件投降，第二次世界大战结束。德、意、日、英、法等主要参战国都遭受了战争造成的巨大损失。战后西方主要资本主义各国百废待兴，在这一历史时期，各国政府不约而同地选择积极发展国有经济的路线促进本国经济发展，是有其特殊的历史背景和历史原因的。通过分析这些特殊的历史背景和原因，可以使我们更加深入地了解西方国有经济所发挥的重要历史作用。

一、西方国有经济大繁荣的历史背景

西方主要资本主义国家的国有经济在二战结束后进入了繁荣发展时期，并于 20 世纪的 60、70 年代达到高潮。当时特殊的社会历史背景为西方国有经济的高速发展创造了有利的外部环境。

（一）凯恩斯主义受到重视

1929—1933 年西方主要资本主义国家遭遇了有史以来最为严重的一次经济危机，资本主义经济发展受到沉重打击，美、英等国陆续采取了许多改革措施，加强了国家政府在经济和社会领域中的干预调节功能，以便应对危机中的经济困境。美、英、法等国政府采取的国有化等加强宏观经济干预的改革措施先后取得了明显成效，不但使各国经济走出了 20 世纪 30 年代经济大危机的泥沼，而且还使各国政府认识到仅仅依靠过去传统的自由经济和自由贸易理论已经无法帮助本国政府摆脱经济危机的困扰。因此，各国政府急需一套新的经济理论作为理论指导，并提供克服经济危机的有效方法和对策。

1936 年，英国经济学家约翰·梅纳德·凯恩斯发表了代表作《就

业、利息和货币通论》一书，将国家宏观调节和干预经济的理论加以系统化，标志着西方宏观经济学的诞生。在该书中，凯恩斯摒弃了原先自己一直信奉的自由贸易理论，进而强调贸易差额对国家国民收入的影响，认为实行保护政策有利于带来贸易顺差，因此必将有助于提高整个国家的投资水平和扩大就业，从而促进经济实现繁荣。凯恩斯从投资乘数原理出发，详细阐述了其对贸易差额与国民经济盛衰的作用。所谓投资的乘数原理是指，如果某个部门增加了新的投资，那么这部分新的投资不仅会增加本部门的收入，而且还会通过连锁反应使其他相关部门的收入增加，从而引起其他相关部门追加新投资获得新收入，最终使整个国民经济收入总量增长若干倍。凯恩斯提出应该尽力促进一国产品的出口，实现贸易顺差，这样能够增加本国的国民收入，增强国家的投资能力，进一步发挥投资乘数的作用。凯恩斯主义的理论核心在于主张国家积极干预经济生活，它认为资本主义国家之所以出现经济危机和失业是因为市场有效需求不足，主要包括投资需求不足和消费需求不足。造成市场有效需求不足的原因主要是因为存在三条基本心理规律，即边际消费倾向规律、资本边际效率递减规律和流动偏好规律。在凯恩斯看来，人们的消费会随着收入的增加而增长，但其增长的比例会小于储蓄的比例，从而造成市场上的消费需求不足，导致生产过剩和失业的增加；资本家因为惧怕更多的投资无法带来更多的利润，而对投资的兴趣逐渐减低，从而造成投资需求的不足，导致国民收入的下降和对原料、消费品的需求下降；货币的流动具有很强的灵活性，人们都会保存一定的货币，当银行利率保持在一定水平时，会促使人们保存更多的货币，导致消费不足。[①] 凯恩斯认为，市场有效需求不足如果仅仅依靠自由市场经济自身调节，则无法使生产资料得到最大限度地利用，因此必须由国家进行干预和调节。为此，凯恩斯主义理论主张，在社会有效需求不足的

---

① 参见李世安：《欧美资本主义发展史》，中国人民大学出版社2004年版，第226页。

情况下，为了刺激社会的投资需求和消费，政府应该采取扩张性的财政和货币政策，加大直接投资，扩大公共支出，增加市场上的货币供应量，刺激市场需求，拉动经济复苏。

凯恩斯的经济理论突出强调了政府的经济职能、强调政府对经济的调节和干预，在西方主要资本主义各国不断加强国家宏观调控的历史趋势下，在 20 世纪 30 年代末得到了西方各国政府的认可和接受，凯恩斯本人也日益得到英国政府的重用。1940 年凯恩斯就职英国财政部担任顾问一职，参与制定英国战时的各项财政金融政策，并提出了编制国民收入统计的建议，英国政府接受了凯恩斯的建议，这些编制的统计资料成为英国制定经济政策的必要的依据。1944 年 7 月，凯恩斯代表英国政府出席布雷顿森林会议，并成为国际货币基金组织和国际复兴与开发银行（世界银行）的英国理事，1946 年 3 月被任命为世界银行第一任总裁。可以说，从第二次世界大战结束起，凯恩斯主义理论取代了过去崇尚自由放任主义的经济理论，并逐渐发展成为二战以后西方资本主义世界的主流经济学。在凯恩斯主义经济理论的指导下，西方主要资本主义各国逐渐克服了 20 世纪 30 年代的经济大危机所造成的严重影响，并在战争结束后很快摆脱了战争的阴影走上了经济飞速发展的道路。正是在二战后凯恩斯主义经济理论被欧美主要资本主义各国政府广泛接受的时代背景下，主要资本主义国家都大大增强了政府在经济领域中的调节职能，为这一阶段国有经济的繁荣发展创造了良好的社会舆论环境。

（二）科技革命蓬勃高涨

第二次世界大战结束后，西方资本主义国家出现了以原子能、电子计算机和空间技术的广泛应用为主要标志的第三次科技革命的高潮，第三次科技革命是人类文明史上继蒸汽技术革命和电力技术革命之后科技领域里的又一次重大飞跃，涉及信息、新能源、新材料、生物遗传和航空航天等诸多科学领域。与18世纪60年代的第一次工业革命和19世纪70年代的第二次工业革命相比，二战结束后的第三次科技革命具有自己显著的特点，其特点主要包括以下几点：

首先，科学技术转化为直接生产力的速度越来越快，能够更加快速地推动社会生产力的发展。"第三次科技革命中的技术大多在10年内就投入应用，从发现雷达原理到制造出雷达用了10年，原子能的利用从开发到应用为6年，晶体管4年，移动电话4年，激光从发现到应用不足2年。"①

其次，科学与技术各个领域彼此互相紧密结合，相互渗透、互相促进。二战后，随着现代科技的发展，一方面学术研究的不断深入使学科越分越细，另一方面科学研究朝着综合性方向发展，学科之间联系日益密切。学科之间的界限被打破，形成了一些新兴边缘学科，比如在自然科学与社会科学之间出现了诸如未来学、行为科学、管理科学、创造心理学等边缘性的新兴学科。不仅如此，自然科学与社会科学之间还出现了相互渗透、互相交融的发展趋势，比如自然科学领域中系统论、信息论等一些理论的研究方法已在社会科学领域被采纳应用，这对拓宽人们研究的领域和提高科研水平具有重要意义。

最后，西方主要资本主义各国政府的重视和投入为科学技术的发展提供了有力保障。战后西方发达国家垄断资本主义获得很大发展，各国垄断集团实力大大加强，越来越多的垄断集团走出国门，发展成为国际化的巨型跨国公司。为了增强产品的竞争力，各国政府都非常重视科学研究和不断开发新产品，并且运用政权的力量组织规模大、耗资大、利润低而风险大的尖端科研项目以及基础研究项目，从而促进了科学事业的发展。

---

① 《第三次科技革命对世界经济的影响》，中国经济网，2007年5月11日，http://civ.ce.cn/zt/sjgc/yaowen1/200705/11/t20070511_11323670_2.shtml。

二战期间，美国为赢得战争的胜利，曾拨出巨款用于生产最新式武器，航空、无线电、火箭、原子能等军事科研和军事工业因此有了较大的发展，其中美国在研制原子弹时，曾经调集了15万多名科技工作人员，组织了近50万人为这一科研项目服务，前后共耗资约22亿美元。[①]战后，美国企业研究开发经费中来自于政府的经费所占比重在20世纪50年代曾经连续多年高达50%以上，1959年达到58.6%的最高点，而后随着企业实力的提高逐渐下降，但政府投入企业的绝对额仍然每年保持在200亿美元以上。[②]

战后初期，面对日本国内经济千疮百孔的混乱局面，日本政府采取了"技术立国"的发展政策。以日本的计算机产业为例，战后日本政府意识到计算机生产的重要性，以允许IBM子公司在日本从事计算机生产为条件，在1960年与美国IBM公司签署了专利使用合同和技术援助合同，此举帮助国内的电气、日立等数家公司与IBM公司建立了合作关系，促进了国内计算机产业的开发。不仅如此，日本政府进一步要求相关企业联合参加计算机项目的研究开发，并为其提供补助金，还成立了日本电子计算机株式会社，由日本开发银行提供贷款。日本政府对计算机产业的投入和扶植，使国内的计算机产业得到了快速发展，奠定了与IBM等国外巨型公司的竞争基础。[③]

战后德国也非常重视科学技术的研究工作，20世纪60年代科学研究与开发经费总量在德国GDP中所占的比重达到1.15%。"联邦德国研究与开发经费占GDP的比重1965年时为1.65%，1975年增加到2.38%，1984年增加到2.81%。"[④]

---

① 《战后技术革命的背景》，《当代世界史》，http://jpkc.ecnu.edu.cn/sjs/weblesson/2/01.htm#2。

② 郑柯：《发达国家科技投入演变特点》，《镇江日报》2006年12月6日。

③ 参见［日］桥本寿郎等：《现代日本经济》，上海财经大学出版社2001年版，第75页。

④ 冒荣、曲名峰等：《西方七国近年来的科研投入情况》，《科技导报》2000年第7期。

　　第三次科技革命的高潮使整个西方资本主义经济发生了很大变革。这些变革主要表现在：第一，科学技术的广泛应用极大地促进了西方主要资本主义国家社会生产力水平的不断发展。据统计，"西方国家的工业生产年平均增长率在两次大战期间是 1.7%，而在 1950—1972 年高达 6.1%。1953—1973 年的世界工业总产量相当于 1800 年以来一个半世纪的工业总产量的总和。其中，科技进步的因素引起的产值在发达国家的国民生产总值中所占比重起初为 5%—10%，20 世纪 70 年代增长至 60%。"[①] 资本主义生产力的发展促使生产社会化程度大大提高，整个社会的生产过程分工日益细化和专业化，各个生产部门之间的联系日益紧密，跨行业、跨部门的合作逐渐增多，但各个行业的发展并不均衡，传统工业的生产设备一般比较陈旧，技术比较落后，这就需要国家加强宏观调控，并加大对传统工业部门的投资和改造，从而保持各部门、各行业能够均衡协调地发展。第二，科技革命的高涨促使各种新型生产技术、新工艺设计和新材料能源等大量涌现，新兴工业部门不断建立。类似原子能、宇宙航天等工业在内的新兴工业部门的建立往往需要大量的人力、物力和财力，这样的投资单纯依赖于私有经济的发展是无法实现的，因此对于这类投资和风险巨大的新兴工业，需要国家来承担建设和发展的重任。"第二次世界大战后美国政府在科学技术研究方面的财政拨款迅速增加，1954—1976 年，国家用于科学技术研究的投资占全国科技研究费用的 2/3，其中对尖端科学技术研究的投资占 80%—90%。"[②] 尤其在原子能、航空航天等许多新兴的工业部门美国联邦政府进行大量的投资，据统计资料显示，从 1945 年至 1970 年期间，为了发展国内原子能工业，美国政府对这一工业部门的投资总额达到 175 亿美元；美国政府对宇航工业

---

① 《第三次科技革命对世界经济的影响》，中国经济网，2007 年 5 月 11 日，http://civ.ce.cn/zt/sjgc/yaowen1/200705/11/t20070511_11323670_2.shtml。

② 晓理：《从国外经验看中国的国有资产管理体制改革》，《企业党建》2005 年第 4 期。

的投资金额从 60 年代末起每年投入 50 多亿美元。第三，科技革命带动资本主义经济的快速发展，西方各国的城市规模急剧扩大，原有的城市供水、供电、通信、交通等基础设施建设规模已经远远不能满足城市经济发展的要求，这也需要国家加强基础设施和公共服务事业的建设和发展。

可见，第二次世界大战以后，在以电子信息、生物技术和新材料为支柱的第三次科技革命高潮中，一系列高新技术取得重大突破和飞速发展，并且被快速应用到经济发展和社会生活的各个领域，成为推动现代生产力发展、取得社会进步的决定性力量。不仅如此，由于第三次科技革命使西方主要资本主义国家社会生产力得到了极大发展，使其资本主义经济中的生产社会化程度有了很大提高，使原有的私人垄断组织形式越来越不能满足生产力高速发展的需求，从而迫切需要西方主要资本主义国家对经济展开全面的干预和调节。

（三）国际竞争激烈程度加剧

如前所述，第二次世界大战使英、法、德等欧洲主要资本主义各国的人力、物力、财力受到巨大损耗，对各国的资本主义经济造成了沉重的打击，使欧洲各国经济实力明显下跌。而美国不仅因为国家领土远离战争发源地而免遭破坏，而且再次利用战争之机大发横财，通过向其他参战国出售军火武器等途径获取了巨额利润。战争结束后，美国一跃成为世界政治经济的霸主。据统计资料显示，"1947—1948 年，美国的人口仅占世界总人口的 6.5%，却拥有世界钢产量的 55%，石油产量的 70%，谷物产量的 33%，棉花产量的 50%，国民生产总值的 40%，以及资本主义世界工业总产值的 55%，出口贸易额的 33%，黄金储备的 75%。1947—1953 年，美国国民生产总值年均递增 3.9%，工业生产总值年均递增 6.6%。美国是战后初期最大的外贸出口国、黄金储备国和债权国，是战后世界金融中心和第一经济大国。"① 相比之下，战后欧洲各国的经济实力已经难以与美国相抗衡，欧洲企业在国际市场上日益受到美国大公司企业的排挤。英国首相威尔逊在1969年11月的讲话中曾经指出，"如果听任美国工商业在我们西欧国家的关键工业部门称王称霸的话，那么，西欧和英国都不会有光明的前途。决定西欧工业发展方向和速度的将不是我们而是他们了。"因此，英、法、德、日等主要资本主义国家为了尽快恢复本国经济的发展，进而在日益激烈的国际竞争中占据优势地位，一方面大力修复本国的国内市场，加大国家投资兴建大型工业企业，并且加强对国内经济的干预和控制；另一方面大力发展科学技术，积极发展国外市场，以求尽力增强本国在国际上的经济实力。1967年英国政府将国内14家钢铁公司合并为英国钢铁公司，垄断了国内钢铁生产的90%；1971年法国政府成立了当时西欧最大的有色金属、合金钢材及化工产品集团库尔曼公司；由英国和意大利的企业联合组成了邓禄普皮雷利公司，是资本主义世界第三大橡胶公司。

　　经过英、法、德等欧洲主要各国政府的积极努力，各国的经济发展很快有了很大起色。在20世纪50年代，欧洲主要各国和日本的国内生产总值年均增长率分别为：英国为2.6%、法国为4.8%、联邦德国为6.1%、日本为7.2%；在20世纪60年代，上述指标各国分别为：英国为3%、法国为5.7%、联邦德国为5%、日本为11.3%。② 随着战后西方资本主义各国经济的恢复和生产水平的提高以及经济国际化的发展，各国之间及各企业间的经济竞争必然会变得更加激烈。与此同时，战后的民族独立运动高涨导致老牌资本主义国家的殖民体系土崩瓦解，无疑会使西方主要资本主义各国争夺原料市场与销售市场等方面的国际竞争日趋白热化。

---

① 《战后技术革命的背景》，《当代世界史》，http://jpkc.ecnu.edu.cn/sjs/weblesson/2/01.htm#2。

② 参见李世安：《欧美资本主义发展史》，中国人民大学出版社2004年版，第248页。

二、西方国有经济大繁荣的历史因素

促成西方主要资本主义国家国有经济繁荣发展的因素是多方面的。综合起来分析，可以归纳为以下几方面的因素。

（一）战争方面因素

欧洲是两次世界大战的战争发源地和主战场，对于西方主要资本主义国家尤其是欧洲主要国家来说，战争是促使其国有经济快速向前发展的重要推动力。正如上文所述，一战前夕，西方主要资本主义各国采取一些措施加强对国民经济的控制和干预，为战争做好各项准备。一战爆发后，英、法、德等参战各国根据战争的需要将各国的军工企业、银行、化工、钢铁、能源等领域的企业收归国有，由政府及相关机构统一经营管理。尽管一战结束后，西方主要资本主义国家的国有经济很快被重新私有化，但国有经济在战争期间所发挥的重要作用使国有经济与战争结下了"不解之缘"。同样地，二战爆发前夕，西方主要各国国内再次掀起了国有化的高潮，加强对本国经济的控制和干预。英、法等国政府将机械制造业、能源、运输业、冶金等重要部门收归国有，并加大对国内军工企业的扶持和资助。德国希特勒政府上台执政后，为了从经济上为发动蓄谋已久的战争做好准备，在国内"推行了强制辛迪加的政策，将许多企业收为国有，同时也建立了许多新的国有企业"。[①]战争爆发之后，希特勒政府最大限度地集中和动员全国的人力、物力和财力，建立了许多利于战争的国有企业，其中最多的是军备工业，1944 年军备工业的产量在整个工业总产量所占比重达到了 40%，同时建立许多直接管制经济的战时机构来监督和管理国

---

① 魏磊：《英、法、西德、瑞典四国对国有企业管理的比较》，《理论前沿》1988 年第42 期。

有企业的生产，以求迅速赢得战争的胜利。这些为了战争而兴建的国有企业对战后西方主要资本主义国家国有经济的快速发展产生了重要影响。

（二）经济方面因素

第二次世界大战的爆发使西方资本主义各国尤其是欧洲各国经济受到严重打击。这场规模巨大的世界战争波及到欧洲、亚洲、美洲和非洲等广大地区，将世界上60多个国家相继拖入战争的深渊，对世界各国的经济发展和生产生活造成了异常巨大的损耗。据统计，在这次人类历史浩劫中，"军民伤亡总数达1亿人，军费耗资1.1万亿多美元，直接物资损失超过4万亿美元。"① 作为第二次世界大战的主要发动者，德国在战争中死伤军队官兵高达600万人，50多万普通国民死于战争中的突袭或空袭行动，德国国内城市及其公路、桥梁、铁路等各种公共基础设施变为一片废墟，成千上万的人流离失所，终日生活在饥寒交迫之中。日本作为法西斯战败国一方，二战对其造成了沉重打击。据统计，日本的国家财富在战争中共损失642亿日元，其中损失最为惨重的是建筑物，高达222亿日元，因炮袭等造成的直接损失为170亿日元，其中住宅、商铺、工厂在建筑物损失中所占比例高达70%，除此之外还包括工业机械、船舶等损失326亿日元等。从上述统计数据中足见战争对日本国内的打击之大。② 法国虽在战争结束属于战胜国，但二战使法国死伤人数超过了120万人，600万人流浪街头，战争损害了近200万座建筑物和200多万英亩土地，国内大片土地荒芜，整个法国陷入了动荡不安的局势之中。英、意等其他参战国也都因为战争蒙受了巨大的经济损失，各国在战后都面临着快速恢复本国

---

① 吴友法：《德国资本主义发展史》，武汉大学出版社2000年版，第399页。

② 参见[日]桥本寿郎等：《现代日本经济》，上海财经大学出版社2001年版，第31页。

经济发展的重任。

为了尽快走出战争的阴影，西方主要资本主义各国政府除了积极鼓励私有经济的投资发展外都一致选择了大力兴建国有经济的手段来振兴本国经济。为此，战后英、法、意等国家陆续在国内掀起了大规模的国有化浪潮。1945 年，英国政府随着工党的上台执政在国内掀起了大规模的国有化热潮，将供电系统、运输业、电信、煤气、煤炭加工等国民经济的基础设施和基础工业陆续实行国有化，之后英国国有化浪潮向钢铁等基础工业进一步扩张，大规模的国有化运动使英国的国有化企业占整个工业的 20％，国有企业的雇员从战前 1938 年的 95万人迅速上升到 1955 年的 350 万人，国有企业的固定资本投资占全国总投资的比重由 1938 年的 1.5％上升到 1955 年的 20％。[①] 20 世纪70 年代英国政府再掀国有化浪潮，将计算机、石油等行业的相关公司收为国有，并且出资建立了英国石油公司、英国造船公司等国有大型企业。

二战几乎将法国经济推到了崩溃的边缘，为此法国戴高乐政府于 1944 年底开始对国内经济进行了大规模国有化改革，先后将煤炭、电力、煤气、铁路和民航等部门收归国有，后又将法兰西银行、四大存款银行（包括兴业银行、里昂信贷银行、国民工商银行和巴黎国民银行）、各主要保险公司等大垄断金融集团实行国有化，使法国的国有经济迅速繁荣发展起来。

意大利政府在战后也通过大力发展国有经济来促进本国经济的恢复和发展。意大利政府设立专门的国家参与部统一管理本国的国有经济，同时在邮电、通信、铁路、森林、烟草、制盐等行业和涉及供电、供水等公共卫生和设施领域建立了国家自治公司，实行国有经营和管理。

与上述欧洲的主要资本主义国家相比，美国和日本的情况比较特

---

① 转引自杨洁勉：《战后西欧的国有经济》，上海外语教育出版社 1988 年版，第 55 页。

殊，两个都没有出现战后国有经济的大规模发展。这主要是因为，美国远离战场，其国内经济未受到较大破坏，因此在战后的一段时期美国政府对本国国有经济进行了限制和收缩，而日本在战后则主要由美国实施占领和重建，因此也没有出现大规模的国有经济发展过程。不过，国有经济在其他主要资本主义国家蓬勃发展的趋势并没有受到美国和日本特殊状况的影响，一方面国有经济的产业分布范围由过去的公共事业和基础设施领域蔓延到银行、电力、通讯、能源和制造等更多的极为重要甚至新兴经济领域；另一方面英、法、意等国家关于国有经济的投资不断加大，国有资本已经成为西方主要资本主义国家的社会总资本中的重要组成部分。英国政府在战前对国有经济固定资本的投资占整个社会总资本的比重为1.5%，50年代这一比重迅速增长到了20%，之后的20世纪60、70年代英国每年国有经济的投资约占国内固定资本的比重基本保持在20%左右。法国政府在1959—1976年期间对国有经济的固定资本总投资额从137.5亿法郎上升到487.86亿法郎，年均增长率为7.7%，到1979年法国政府对国有经济固定投资的投资达到7800亿法郎，占全国固定资本总投资的29.3%，之后继续加大国有经济的投资，在1982年法国的国有经济总固定资本投资达到近13000亿法郎，占全国所有固定资本投资总额的34.4%。① 意大利政府在1981年对国有经济的固定资本投资也高达12000多亿里拉，占国内总固定投资的近一半。从上文的叙述和分析可以看出，美国和日本限制和收缩国有经济发展的政策并没有影响到英、法等国家采取大力发展国有经济的措施来促进经济复兴。

①　转引自罗红波、戎殿新：《西欧公有企业》，经济日报出版社1994年版，根据第27页表格整理。

（三）政治方面因素

　　战争结束后，在英、法、意等西方主要资本主义国家中，工党、社会民主党等带有社会主义性质的左翼政党获得执政机会并开始在政治舞台上大显身手，他们积极推行社会主义性质的经济政策，这是促使战后西方国有经济快速发展的重要政治因素。战后，西欧社会民主党为了争取选民和稳定社会，打着社会主义的旗帜，积极推行国有化的经济政策。英国工党在其纲领性章程中提出，在实行生产资料公有制和完善公共管理监督的基础上，保证劳动生产者得到公平分配。在 1945 年至 1957 年英国工党连续执政的十二年中，英国工党领袖艾德礼首相大力实施国有化政策，相继颁布了《煤炭法》《电力法》《运输法》等法律将电力、运输业、电信等国民经济的基础设施和基础工业实行了国有化。1967 年至 1979 年，英国工党再次上台执政，威尔逊政府将国有化范围继续扩展。英国工党政府积极推行的国有化政策对于战后英国经济的恢复和发展发挥了重要作用。法国社会党也在战后执政期间颁布了诸多的国有化法律，将本国很多重要的经济部门实行国有化。80 年代初，法国社会党领袖密特朗上台执政，这是法国社会党继战前 1936—1937 年的人民阵线政府之后的又一次组织政府执政。前文已经提及，在人民阵线政府的短期执政期间曾经采取了国有化政策对国内的银行、军火工业、铁路、航空等部门实行国有化或部分国有化。密特朗政府在市场经济的基础上实行扩大国有化的改革，法国成为西方资本主义国家中国有化程度最高的国家。在意大利，1952 年召开的意大利社会民主党全国代表大会通过了社会民主党的行动纲领，纲领提出要在可能范围内"用实行社会化与国有化的办法来反对垄断资本的地位和垄断状况"。[①] 可见，工党、社会民主党等政党上台执政后，积极实施国有化政策对促

---

① 　转引自杨洁勉：《战后西欧的国有经济》，上海外语教育出版社 1988 年版，第 7 页。

进国有经济的繁荣起到了较大作用。除了英、法等主要资本主义国家外，其他资本主义国家也出现了社会主义性质的政党上台执政实行国有化政策的情况。据统计，1945—1985年期间社会民主党曾经在英国、法国、意大利、奥地利、比利时、丹麦、芬兰、德国、希腊、荷兰、冰岛、爱尔兰、卢森堡、挪威、葡萄牙、西班牙、瑞典、瑞士等18个欧洲国家中的选举中得票率达到30%左右，成为这些国家政党中的第二大党，不仅如此，社会民主党还曾经在英、法、意、瑞典、瑞士、挪威、奥地利等国家执政时间超过15年，尤其是瑞典的社会民主党战后只有在1976—1982年的6年时间在野。[1] 瑞典社会民主党在上台执政期间，一方面接管了执政之前已经建立的国有经济；另一方面奉行全面的社会福利政策，建立了比较完善的社会福利设施和保险制度，为此，瑞典社会民主党建立了一些国有企业来保障本国福利事业的发展。

此外，在政治因素方面，"苏联模式的计划经济是推动西方国家走向有宏观调控的市场经济的因素之一。"[2] 苏联模式的计划经济体制其根本特征就是在高度国有化的所有制结构的基础上，由国家运用行政手段实现对国民经济的统一领导和管理，国家通过指令性计划来实现对国民经济发展各个环节的控制和监督。因此，在这种高度集中的计划经济体制，苏联国家政府对国内的工商业企业以及农业等都实行了国家所有的形式，从而完全排斥了市场机制在经济运行中的作用。苏联模式的计划经济实行曾经在战前避免危机和战争中克敌制胜方面发挥了重要作用。二战前的30年代资本主义经济爆发了大危机，此时的苏联正处于按照制定的五年规划有计划地发展社会主义经济的过程中，计划经济使苏联在20世纪30年代没有出现国内大失业现象，避免了经济大危机的发

---

[1]   参见杨洁勉：《战后西欧的国有经济》，上海外语教育出版社1988年版，第10页。

[2]   薛汉伟、王建民：《制度设计与变迁——从马克思到中国的市场取向改革》，山东大学出版社2003年版，第200页。

生。美国总统罗斯福正是在借鉴了苏联经济的某些做法，实行了新政，最早走上了有宏观调控的市场经济。[①] 二战爆发后，苏联的计划经济使国内人力、物力、财力都能在短时间内迅速集中并有效发挥作用，从而为战胜德国法西斯主义取得最后的胜利提供了保障。1947 年历史学家卡尔曾经写到："毫无疑问，'如果我们现在都成了计划者'，这主要是有意识或是无意识地受苏联实践及其成就影响的结果。"[②] 可见，社会主义国家苏联通过加强国有经济发展带动经济增长的做法，为英、美等西方主要资本主义国家在战后迅速恢复生产和发展经济提供了可供借鉴的经验。

通过以上的分析和讨论可以看出，尽管西方主要资本主义各国有着不同的国情，但是在战后特殊的历史背景下，由于战争、经济和政治方面的诸多因素综合作用，西方主要资本主义国家大都选择了大力发展国有经济以带动经济复苏，从而使战后国有经济的繁荣发展成为西方主要资本主义各国经济的最重要特征之一。

第二节　西方资本主义国有经济的形成途径

随着西方主要资本主义国家国有经济的不断发展，国有经济在各国的国民经济中逐渐形成一定的规模并发挥积极作用。总体来看，战后西方主要资本主义国家国有经济的形成途径主要有国家直接投资、对私有企业实行国有化、国家参股等几种方式。

[①] 参见薛汉伟、王建民：《制度设计与变迁——从马克思到中国的市场取向改革》，山东大学出版社 2003 年版，第 200 页。

[②] 转引自薛汉伟、王建民：《制度设计与变迁——从马克思到中国的市场取向改革》，山东大学出版社 2003 年版，第 200 页。

一、国家直接投资

国家直接投资是指国家从政府财政收入中专门拨出资金来投资建立新的企业。政府直接投资是西方资本主义国有经济形成的一种重要方式。随着生产社会化的不断发展，资本主义各国之间的经济关系越来越密切，进出口贸易越来越频繁，这对西方各国的基础设施建设提出了更多要求，但是类似机场、港口、铁路等基础设施和基础工业的建设耗资巨大，建设周期较长，还要承担一定的风险，因此私人经济不愿进行投资建设，这就需要国家出资加强国内基础设施和基础工业的建设，为本国市场经济和私营企业的发展创造良好的基础条件。此外，科技革命的兴起带动了新兴产业的发展，原子能、宇航、电子信息等新兴产业日渐繁荣，在这些新兴的产业中对技术的研发和创新能力要求较高，私人企业难以有足够的资金和实力来经营这些产业，因此也需要政府出资兴建新兴行业，既可以为私营企业规避投资风险，更重要的是有助于提升国家的综合国力。

如前所述，意大利政府在二战之前为了尽快摆脱危机的困扰出资建立了国内第一家国有企业伊里公司，其经营范围包括钢铁、机械、造船、电力、电报电话、军工等工业部门。之后，政府在1953年直接投资成立了全国碳化氢公司，即埃尼国有股份公司，这是继伊里公司之后的国内第二大国有企业，埃尼公司主要负责开发与经营管理石油和天然气等工业部门。1962年意大利政府投资成立了埃菲姆国有股份公司，其经营范围涉及采矿、冶金和纺织等工业部门。伊里公司、埃尼公司和埃菲姆公司成为意大利政府的三大控股公司，其所有权完全归国家所有。与此同时，意大利政府设立了国家参与部对上述三大国有股份公司进行经营管理，通过三大国有公司控制其下的子公司甚至孙公司，可以说意大利国内相对独立完整的国有经济体系基本是在意大利政府的投资建设下形成和发展起来的。国有经济的发展为日后意大利经济发展奇迹的实现奠定了重要基础。

联邦德国国内的基础设施几乎全是由国家投资经营，"国家投资经营着全国的铁路、邮电的99%，港口设施、供水企业的大约95%，以及电力、内河航运、城市运输和公路运输的大约80%。"[①]

法国政府为国内的基础公共设施建设投入了大量资金，其中法国政府在二战结束后直接投资组建了国有铁路公司，并对国有铁路公司的运输电气化和机车现代化进行了巨额投资，为法国国内其他工业部门的发展提供了便利的运输条件。

英国政府曾经在第二次国有化浪潮过程中，出资建立了国有有线电报和无线电报公司，在第三次国有化浪潮中，英国政府将石油公司收为国有后，又出资建立了英国石油公司、英国造船公司等国有大企业。

在美国，田纳西河流域管理局是由美国政府出资建立的最为著名的国有企业，还有一些房屋所有者信贷机构和联邦存款保险公司也是由美国联邦政府出资成立的。日本也有大量的国有企业是由国家政府直接投资建立的，其中最大的国有企业包括日本国有铁路公司、日本电报和电话公司等，据统计日本20世纪60年代政府投资占到国内投资总额的24%左右，70年代上升到约30%。当然，除了英、法等西方主要资本主义国家，其他资本主义国家也存在大量的国家投资组建国有企业的情况。如北欧国家挪威出资建立了国家石油公司来开发北海油田，之后又利用石油公司获得的收入投资其他国有企业，使20世纪70年代挪威国有经济在整个工业中的比重从18%上升到30%。[②]

---

① 伍柏麟、席迎春：《西方国有经济研究》，高等教育出版社1997年版，第71页。
② 参见杨洁勉：《战后西欧的国有经济》，上海外语教育出版社1988年版，第20页。

二、对私有企业实行国有化

所谓对私有企业实行国有化就是通过一定的方式将原有的私有企业转变为国有企业。具体的国有化方式主要表现为两种：第一种方式是收购，即政府向私营企业主交付一定的补偿金，赎买其企业使之转化为国家所有，二战后，英国、法国等国都是通过数次的国有化运动将国内的电力、石油、通讯、钢铁、煤炭等重要行业的企业公司转变为国有企业的。第二种方式是没收，这是西方主要资本主义各国对本国某些私营企业通敌行为的主要惩罚方式。例如，法国的雷诺汽车公司在第二次世界大战期间为纳粹德国提供了飞机发动机等部件，间接帮助了纳粹的侵略行动，二战结束后法国政府将雷诺汽车公司收归国有作为对其通敌行为的最终惩罚。类似的情况在德国、意大利等西方各国也普遍存在。国有化是西方资本主义国家国有经济形成的重要方式之一。西方各国往往通过一定的法律程序或者出高价购买等和平方式对私营企业进行国有化，这既可以避免引发国内社会的动荡，又可以使国有企业成为政府对国民经济进行宏观调控的重要手段。英、法等国就是通过国内的几次国有化浪潮，使国有企业在本国的国民经济中的比重迅速增加，从而推动了国民经济的进一步发展。

三、国家参股方式

国家参股方式，即公私合营方式，这种方式表现为国家与其他普通的股东一样，持有企业的部分股份参与到企业当中，不过在国家参股企业中，国家往往是最大的股东，从而掌握和支配着参股企业。国家参股的方式主要包括以下两种：一是国家直接购买或者通过控股企业购买私人企业的股份，参与到私人企业管理当中，从而使原来的单纯私营企业转变为公私合营企业，例如伊里公司是意大利国内最大的一家国家控股公司，意大利通过伊里公司购买私人企业的股票，使国有股份逐渐渗入到私营企业中，控制了国内许多重要行业和领域的发展；二是政府与私人企业直接合作投资建立新的企业，或者国家通过下属国有企业与私人企业相结合组建新的公私合营企业。在国家参股的公私合营企业里，由于其他股份相对比较分散，国家有时只需要掌握很少的股份就可以获得整个企业的决定权和控制权。这样国有经济中既可以引入私人经营管理体制，促进国有企业的生产效益，又可以大大节约国家的资金付出。因此国家参股方式逐渐受到西方主要资本主义国家的重视，成为西方各国国有经济体制改革的主要方式之一。

意大利是在国有经济管理中实行国家参股方式最为典型的国家。在意大利国家参股制国有经济管理模式中，意大利政府是所有国有企的所有者，它处于管理模式的最顶层，在政府之下的一层是意大利的国家参与部专门负责管理和监督有关国有企业的各项事宜，国家参与部之下的一层是国有伊里公司、埃菲姆公司等意大利国内最大的三家国有企业，这些国有企业在通过出资建立、购买其他公司股票等方式控制和掌握着下面的子公司和孙公司，三家国有控股公司主要负责管理国家拥有的企业股份，督促国家参与制企业执行政府指示，指导、协调企业的投资、经营和生产活动，意大利政府通过三大控股公司购买或出售企业股份、行使股权，确保国有资产的保值增值。正是通过这种层层参与控制的形式，使意大利建立起了较为完整的国有经济管理体制。据统计，意大利国家参股制国有企业的工业投资在全国工业投资总额中所占比重不断增加，1959年国有参股制的国有企业投资占总体投资总额的比重为20.1%，到1972年这一比重已经迅速增加到48.7%，翻了一倍还多。可以说，国家参股的公私合营企业是意大利国有经济的主要组成部分。

法国的国家参股制国有经济管理也较为发达。在法国的国家参股制国有经济管理体制中，法国政府是管理体制中的最高决策机构，处于政府的下一层是国内的各个大型国有控股公司，国有控股公司的下层是下属的各级子公司以及孙公司。也就是说，在法国的国家参股制国有经济管理模式中，缺少了类似意大利国家参与部这样的管理部门。二战结束后，法国的国家参股制国有经济也有了较大发展。战后初期法国政府建立了包括法兰西电力公司、法兰西煤矿公司、法兰西煤气公司和雷诺汽车公司等在内的众多国家参股制国有企业，然后通过这些国有控股公司掌握了大量的下属子公司和孙公司等，到20世纪40年代末，法国政府参股50%以上的国有企业达到105家。50、60年代，法国政府再次通过国家参股的形式建立了法国国内航空公司、法国海运金融公司、埃尔夫·阿基坦石油公司等数家大型国有公司，1971年法国政府与私营企业合作组建了公私混营的宇航工业公司，其中国家资本在公司资本总额的比重约为67%，私人资本所占比重约为33%。在1981—1982年法国的国有化浪潮中，法国政府除了对通用电气公司等几家企业实行完全国有外，还对其他一些企业实行了国家参股制形式，其中在北方联合炼铁公司和洛林炼钢公司中法国政府参股已达95%，在马特拉集团中法国国家参股51%，在罗尔—尤克拉夫制药公司中法国政府的股份占到40%，等等。①

在其他主要资本主义国家中国家参股制的形式也较为常见。联邦德国的国家参与企业有联合电气与矿业股份公司、大众汽车股份公司、萨尔茨吉他股份公司、联合工业企业股份公司、萨尔贝尔克股份公司、工业管理有限公司等国有企业。英国与意大利、德国、法国等国相比，虽然英国政府建立的国家参与制企业较少，但在私有化运动过程中通过出售部分国有公司股票也出现了大量的国家参与制企业。英国工党政府在1975年成立了一家政府参与机构国家企业局；在1979年英国政府将国有的国际计算机公司的股票卖掉25%；1980年将费兰蒂电子机械公司的股票卖掉50%；1984年英国政府将完全国有的英国电信公司50.2%

①　参见罗红波、戎殿新：《西欧公有企业》，经济日报出版社1994年版，第85—86页。

的股票和英默斯硅片制造公司 75% 的股票公开出售。与上述国家参与制国有企业的规模相比，美国和日本的国家参与制企业较少，但也存在国家参与制国有企业的现象。可见，随着西方各主要资本主义国家国有经济的发展，国家参股形式已经逐渐成为国有经济发展的一种重要形式。

第三节 战后西方主要国家国有经济的发展

纵观西方主要资本主义国家国有经济的发展历史，可以发现二战结束后西方国有经济的发展阶段是其发展历史中最为重要的时期。研究战后西方主要资本主义国家国有经济的发展进程及其特点，有助于人们更好地了解西方资本主义国有经济在二战后这一时期对各国经济的历史影响，从而对战后西方国有经济的历史作用及其效率问题做出较为合理地评价。

一、战后西方各国的国有化进程

二战结束后，凯恩斯的国家干预经济理论在西方各国得到充分肯定，为西方主要资本主义各国的国有经济发展提供了理论依据，国有企业在此期间得到了长足的发展。与之前国有经济的发展相比，这一阶段国有经济不仅没有因为战争和危机的结束而被私有化，反而呈现出持续增长的趋势，甚至在英、法等国掀起了数次的国有化浪潮。

（一）英国国有化浪潮

第二次世界大战的爆发使英国国内的经济遭受重创，国内政治发生了巨大变化，1945 年英国工党在选举中胜出，组建了以艾德礼为首相的工党执政内阁。艾德礼内阁上台执政后，推出了带有社会主义性质的国有化政策以求促进英国的经济复兴，这一政策的实施在英国国内掀起了第一次国有化高潮。艾德礼政府首先在 1945 年将英格兰银行收归国有，银行的行长、副行长等领导成员均有国家统一任命。英格兰银行取得中央银行资格，必须服从国家政府的命令。随后又颁布了《煤炭法》，将大量的煤炭加工企业国有化；颁布了《民用航空法》，成立了三个国有航空公司；通过了电报和无线电通讯业法律，成立了有线电报和无线电报公司。1947—1949 年又相继通过了《电力法》《运输法》《煤气法》等法律，将供电系统、运输业、电信、煤气、钢铁等国民经济的基础设施和基础工业部门陆续实行了国有化。艾德礼政府期间的国有化浪潮大大提高了英国的国有化程度，国有工业企业数量激增，"国有化企业基本上支配了英国的邮电、钢铁、燃料、电力和运输等基础结构部门，从而能掌握国家的经济命脉和左右经济的发展。"[①]之后，在英国保守党政府执政期间，除了对少数部门实行了非国有化之外，基本上保持了已有的国有经济发展现状。英国国内的第二次国有化浪潮出现在 1964—1968 年的英国工党威尔逊政府期间，这一次国有化浪潮向基础工业进一步扩张。1967 年 14 家钢铁企业被收归国有，1968 年成立国家货运公司，对公路运输实行全面国有化。进入 70 年代后，英国国内掀起了第三次国有化运动。在此次国有化运动中，英国政府首先收购了诸如国际计算机公司等电子公司，同时又把石油业的相关公司收为国有，并且出资建立了英国石油公司、英国造船公司等国有大企业。通过上述三次国有化浪潮，英国的国有企业在国民经济中的地位和作用得到了很大提高，国有企业占全部工业总产值的 1／3。"到 70 年代末，英国邮电、通讯、电力、煤气、煤炭、铁路、造船几乎 100％，航空、钢铁的 75％，汽车工业的 50％，石油工业的 25％，都

---

① 　杨洁勉：《战后西欧的国有经济》，上海外语教育出版社 1988 年版，第 55 页。

是国有的。"①

（二）法国国有化运动

如前所述，二战对法国的经济和社会生活的破坏异常严重。在战争中法国伤亡人数达到了120万人，流浪者达600万人，土地大面积荒芜，因此二战结束后，法国国内的社会秩序十分混乱，政治斗争起伏不定。在这样的社会历史背景下，为了使国家尽快从战争的阴影中走出来，实现经济的重建和复兴，并重新恢复法国在世界上的大国地位，戴高乐政府于1944年底开始对国内经济进行了大规模的国有化改革。其主要的国有化改革措施包括：一是陆续把煤炭、电力、煤气、铁路和民航等部门收归国有，组建了诺尔—加莱海峡国家煤炭公司、法国电力公司、法国天然气公司等全国性大公司对法国能源进行合理化生产和经营；1945年6月戴高乐政府发布命令，对航空运输业实行国有化，国家拥有各主要航空公司的股票所有权。与此同时，对在战争中与德国纳粹政府有过合作的私有企业进行没收，由国家统一经营管理。这种惩罚性的国有化措施使法国的雷诺汽车公司、罗诺工厂、法国染料公司等数家大型企业转变为国有经济。二是对那些直接影响国民经济发展方向的大垄断金融集团实行国有化，法兰西银行、四大存款银行（兴业银行、里昂信贷银行、国民工商银行和巴黎国民银行）和34家主要保险公司等陆续实行国有管理经营，②从而使法国政府控制了全国近一半的银行和保险业务。到1946年，法国能源、交通运输行业的重要企业和金融业均收归国有。战后法国的第二次国有化高潮出现在20世纪80年代初，当时的西方资本主义国家正忙于国有企业的私有化改革，法国社会党再次上台执政，密特朗政府在维持原有国有化改革的成果的基础上进一步扩大国有化的

---

① 王金存：《破解难题：世界国有企业比较研究》，华东师范大学出版社1999年版，第13页。

② 参见琴星：《走向21世纪的法国》，中原农民出版社1999年版，第367—368页。

改革深度和广度，先后对 12 家大型工业企业、两家金融集团和 36 家存款超过 10 亿法郎的银行实行国有化。在被国有化的大型企业中包括通用电气公司、罗尼普朗克集团、圣戈班—孟松桥集团等在内的 6 家大工业集团被完全国有化，其他大企业则实行国家强制性参股的形式由国家控制了多数股权，转变为法国国有经济。在此次国有化改革中，因为国家参股的这些大型企业拥有众多子公司，这些子公司随着母公司的国有化而成为国家参股公司，也就是说，通过国家参股大型企业的形式，使法国政府掌握了更多的国有经济，从而使法国国有化的范围大大扩大。据统计资料显示，截至 1982 年底，"法国国有企业的投资总额已占全国投资总额的 36%，净资产占全国企业净资产总额的 28%，出口额占全国出口额的23%。"[①] 此次国有化改革之后，法国成为西方资本主义国家中国有化程度最高的国家。

（三）意大利国有化政策

二战结束之初，意大利国内经济满目疮痍，战争使意大利的社会财富损失了近 1/3，国内运输系统几近瘫痪，工农业生产大大降低，社会秩序动荡不安。为此，意大利政府在战后也通过大力发展国有企业来促进本国经济的恢复和发展。前文已经提及的，在保留原有的国有伊里股份公司的基础上，意大利政府分别在 1953 年和 1962 年成立了埃尼和埃菲姆两大国有股份公司，同时设立国家参与部统一管理三大国有股份公司，从而控制三大股份公司之下的层层子公司和孙公司，逐渐形成了相对完整的国有经济管理体系。20 世纪 70 年代初，意大利政府加大在电子、宇航、核能等高技术工业领域的国有投资和建设，1971 年成立了工业管理和控股公司等国有公司，力图用公共资金帮助中小企业的发展。此外，意大利政府还在邮电、通信、铁路、森林、烟草、制盐等行

---

① 李梅等：《西方国有企业演进及其启示》，《经济论坛》2000 年第 24 期。

业和涉及供电、供水等公共卫生和设施领域建立了国家自治公司，将其纳入国家统一管理的体系之下。"到 1981 年，公共经济在国民经济各部门所占的比重大体是：在全国工业增加值中占 19.9%，在工业固定资本投资总额中占 39.1%，在工业雇员人数中占 16.6%；在全国工商业增加值中占 25.1%，在其固定资本投资总额中占 49.7%，在其雇员人数中占 26.8%；在全国电力、煤炭、自来水业的产值中占 95% 左右；在运输和通讯产值中占 70%—90%。"[①]

（四）联邦德国国有化发展情况

德国作为二战的发动者，在战争期间集中国力兴建了一大批的国有企业。战争结束后在盟军的联合占领下，原有的部分国有企业被解散，国内生产不足，外汇短缺，经济发展比较缓慢。自 1949 年联邦德国成立后，政府在保持原有的国有经济的同时，加大了国家对国有经济的投资，国有企业的数量不断增长。与其他国家相比，德国的国有经济比例不高、范围也较小。"在五十年代早期，国家在煤、焦炭、石油、生铁和钢的生产方面占总产量的 20% 以上，在汽车制造、铁矿砂、炼铅、锌方面大约为 50%，炼铝方面大约为 70%。"[②]60 年代部分国有企业转为私有经营，德国国有经济范围更加集中，主要分布在交通、通讯、原材料、银行、住宅建设和科研等部门。70 年代末 80 年代初，联邦德国政府除了几乎全部控制着国内的铁路、邮电、航空、电讯和港口等部门，还掌握着全国煤炭生产的 90% 以上、铝生产的 72%、电力的80%、生铁的 52%、锌的 44%、铅的 39%、小汽车和造船的 50%。[③]

---

①　转引自王金存：《破解难题：世界国有企业比较研究》，华东师范大学出版社 1999 年版，第 15 页。

②　[联邦德国] 卡尔·哈达赫：《二十世纪德国经济史》，商务印书馆 1984 年版，第 160 页。

③　参见吴友法等：《德国资本主义发展史》，武汉大学出版社 2000 年版，第 526 页。

据统计，1985年德国国有企业在公用事业和交通部门数量达到1904个，总产值占63.7%；银行业中国有企业达到668个，总产值占54.7%。①总起来看，尽管与英、法等欧洲国家相比，德国的国有经济成分较少，但国有经济依然是德国政府实现调节和干预经济发展的一种重要手段，在德国国民经济中占有重要地位。

（五）美国国有化发展情况

美国的国有企业发展情况与英、法、意等欧洲国家存在较大差异。与欧洲国家相比，一直以来美国的国有企业无论在规模还是数量上都明显少于英、法等其他老牌资本主义国家，国有企业在国民收入中的比重不超过2%。其中的主要原因是由于美国国内的私人垄断资本力量较西欧国家的私人资本力量要强大得多，因此不需要国家政府投入过多的国有资本来控制和调节整个国民经济的发展，而只需要美国政府通过税收、财政、金融等间接手段干预调节经济。但是这并不代表着美国的国有经济对国家经济的发展无关紧要。表3—1显示的是1929—1981年美国政府机构和国有企业在国民收入及雇佣人员中所占比例的情况。从表中可以清楚地看到，从1929—1981年美国政府机构和国有企业在国民收入中的比例一直维持在10%以上，在二战期间这一比例甚至上升到了18.7%，在政府机构和国有企业中从事生产的人员比例也在1929—1981年间逐年上升，到1981年达到16.0%。通过表中的数据可以说明，战后美国政府机构和国有企业的收入及其雇佣劳动力在整个国民收入及其全国生产企业雇佣人员中占有非常重要的比重。

---

① 参见罗红波、戎殿新：《西欧公有企业》，经济日报出版社1994年版，第138页。

表3—1　1929—1981年美国政府机构和国有企业在
国民收入及雇佣人员中所占比例

年份	在国民收入中所占比例			在从事生产的人员中所占比例		
	联邦政府	州和地方政府	合计	联邦政府	州和地方政府	合计
1981 年	3.8	8.7	12.5	2.8	13.2	16
1970 年	6.7	9.2	15.9	3.3	11.3	15.1
1960 年	6.2	7.6	13.8	3.3	8.8	12.1
1950 年	6.4	5.3	11.7	3.1	6.6	9.7
1940 年	7.6	10.1	18.7	1.8	5.7	7.5
1929 年	1.7	8.7	10.4	1.0	5.1	6.1

资料来源：[美] 保罗·R.格雷格里、罗伯特·C.斯图而特：《比较经济体制学》，上海三联书店1988年版，第217页。

（六）日本国有化发展情况

如前文所述，日本在二战爆发前为了做好充分的战争准备，建立起独具特色的统制经济，不仅加强了对国内经济的控制和掌握，而且由日本政府出资成立了帝国矿业开发、帝国石油、日本米谷、日本煤炭、日本肥料等国有企业。二战期间日本法西斯政府依据特殊的法律成立了以国家资本为主的特殊会社、经营财团和金库等特殊法人。二战刚刚结束的一段时期里，日本作为战败国一方，交由美国占领和管理，美国占领当局清理了日本的特殊会社、经营财团和金库等公私合营的国有企业，废除了日本国内的国有军工厂，还将一些国有企业廉价处理给私人经营。通过上述一系列措施，日本的国有经济力量在二战后明显减弱。但是随着后来日本国内资本主义经济的迅速发展，国有经济又获得了一定的发展。1949年6月1日，日本政府依法成立了日本国有铁路公社，之后又成立了日本专卖公社和日本电信电话公社，这三家公社成为当时日本国内最主要的国有企业。除此之外，日本政府在战后还在造币、邮政、印刷和酒类等行业实行国有国营，在供水、电气、煤气和医疗设施等方面实行地方政府经营。据统计，1949 年至 1986 年期间，日本全部国营、地方公营及公共企事业有 197,000 家，从业人员达到 514.6 万人，占全国企事业总数的 2.9%，就业人员的 9.5%，日本共有国有企业 116 家。[①]

总起来说，自 20 世纪二战结束至 70 年代末，国有经济在西方主要资本主义国家尤其是英国、法国和意大利等国得到了长足的发展。与战前的国有经济发展阶段相比，这一阶段的国有经济在西方各国国民经济中的比重和作用显著增加，国有化的范围明显扩大。总之，这一时期国有经济已经成为西方主要国家资本主义经济的重要组成部分。

二、各国国有经济的发展特点

通过梳理战后西方主要资本主义各国国有经济的发展进程，可以看出西方主要工业国家尤其是欧洲各国的国有经济在战后大都经历了一段飞速发展的"黄金时代"。在这段黄金时代中，西方主要资本主义国家国有经济的发展呈现出与以往时期不同的发展特点。这主要表现在：

第一，战后西方主要资本主义国家国有经济参与整个国民经济的范围明显扩大，在国民经济中的比重显著增加，国有企业的规模十分巨大。总体来看，西方主要资本主义各国经济的国有化有一个不断深化的过程。在第一次世界大战前期，国有经济在西方主要资本主义各国中的范围仅仅局限于铁路、军工厂和矿山等跟战争有关的行业；到了 20 世纪 30 年代经济大危机后，西方各国的国有化范围扩大到煤炭、

---

① 参见顾宝炎：《国外国有企业的管理与改革》，中国人事出版社 1999 年版，第 290—291 页。

邮政、煤气等最基础的工业部门。二战结束后国有经济的范围明显扩大，不仅基础工业部门的国有化范围不断扩大到电力、钢铁、电信等行业，而且对新兴工业部门加大国家投资，甚至也涉及到了一些竞争性行业。

西方主要国家国有企业在其整个发展过程中经历了几次的规模调整与变化。在19世纪后期以前，西方国有经济处于发展的初级阶段，数量很少，仅有的几家国有企业只是为了满足皇帝贵族的需要，因此基本上谈不到形成规模。19世纪后期至一战结束，西方各国贸易摩擦增多，为了争夺销售市场和原料供应地积极扩军备战，国有企业获得发展，数量增多，但这一阶段的国有企业主要是为了满足西方各国战争的需要，因此战争结束后，国有企业数量很快下降，西方各国又恢复到战前的私营经济占绝对地位的自由市场经济状态。西方各主要资本主义国家的国有企业真正形成一定规模是在1933年经济大危机以后，整个资本主义世界受到危机的沉重打击，英、法、美等国家纷纷采取国家干预的手段来摆脱经济危机的困扰，因此投资建立国有企业成为国家干预的重要方式。第二次世界大战以后，各国政府为了尽快恢复经济发展，加大了国内基础产业、公共设施方面的建设，重点投资一些新兴工业，并且将部分濒临破产的私营企业收归国有，旨在通过国有企业来带动整个国民经济的健康发展和良好运行。到1972年，西方主要老牌资本主义国家国有企业占本国总资产的比重分别是：英国为33%，法国为20%，联邦德国为30%，意大利为30%，奥地利为33%。[①]表3—2显示的是70年代末80年代初国有企业在西方资本主义各国国民经济中的发展规模和比重。从下表中可以看出，与其他西方各国相比，意大利在70年代末80年代初国有企业在国民经济中的比重最大。1979年意大利国有企业就业人数占社会就业劳动力的25.4%，国有企业占国内总产值的

---

① 赵守日：《闯关：西方国有经济体制革命》，广东经济出版社2000年版，第70页。

24.7%，对国有企业的投资占国内总投资的 47.1%，也就是说几乎一半的投资流向了国有企业，这在西方资本主义国家中是非常突出的。其次为法国，其相应的数字分别达到 10.5%、13.0% 和 30.5%。此外，在 80 年代初，美国与日本的国有企业经过改革和调整占本国资产总额的比重分别为 10% 和 35%。

战后西方主要资本主义国家的国有经济还有一个发展趋势就是国有企业的规模巨大，在世界巨型跨国公司中国有企业数量明显增加。

表 3—2　20 世纪 70 年代末 80 年代初西方各国国有经济占国民经济的比重

国家	占就业人口的%（1979 年）	占国内生产总值的%（1979）	占国内投资的%（1979 年）	占工业总产值的%（1982 年）
意大利	25.4	24.7	47.1	23.0
法　国	10.5	13.0（国民收入）	30.5	22.0
联邦德国	10.5	12.0（国民收入）	12.7	22.0
比利时	10.0	—	12.0	—
奥地利	9.0	11.0	14.0	29.0
爱尔兰	9.0	—	12.0	—
希　腊	8.6	8.1	11.4	
英　国	8.1	11.1	20.0	
荷　兰	5.8	—	11.0	—
瑞　典	5.0	8.0	16.0	26.0
发达国家平均（国营工业 1982 年）	18.2	7.7	14.5	22.5

注：意大利为 1978 年数据。

资料来源：转引自赵守日：《闯关：西方国有经济体制革命》，广东经济出版社 2000 年版，第70—71 页。Mahmood Ali Ayub and Sven Olaf Hegstad: Public Industrial Enterprises Deteminants of Performance. The World Bank, Washington D.C., U.S.A. p.67.

　　1980—1981 年间正是英国国有经济私有化改革进行得如火如荼之际，很多国有企业被英国撒切尔政府实行了私有化，即便如此，在英国按照资产、产值和雇佣人数排列的前十大企业中，国有企业仍然占有相当的比例。其中英国邮政公司的净资本为 74 亿 690 万英镑，净产值达到 46 亿 190 万英镑，雇佣人数为 411，000 人；英国电力局净资本达到 71 亿 790 万英镑，净产值为 61 亿 710 万英镑；英国国家煤炭局净资本为 23 亿 760 万英镑，净产值为 37 亿 400 万英镑，雇佣人员数量为300，000 人，还有英国煤气和天然气公司，其净资产和净产值分别为25 亿 76 万英镑和 35 亿 130 万英镑。

　　在法国，法国电力公司、法国电信公司等国有公司在世界上都是赫赫有名的跨国公司，比如法国电力公司是法国政府完全控股的国有企业，也是法国国内最大的国有企业之一，经营范围涉及核能、热能、水电和再生能源等方面，法国电力公司除了法国的母公司以外还拥有分布在全球二十多个国家的近百家子公司，在世界企业 500 强中排名第 102位，是具有世界级工业竞争力的大型国有跨国企业。20 世纪 80 年代，西欧最大的 100 家公司中，法国有 10 家国有企业位列其中；世界最大的 100 家银行中，法国有 8 家国有银行榜上有名，它们的资产全部都超过 2000 亿法郎。"法国最大的 20 家工商业公司中，国有公司占 13 家，其中五大国有工业集团中，佩西奈—尤吉内—库尔曼有色金属集团拥有资本 68.6 亿法郎，年营业额 338.5 亿法郎，垄断了法国的铅、镁产量的100％，铜的 70％，不锈钢的 45％，轴承的 70％；铅产量占欧洲第 1 位、世界第 4 位。罗纳—普郎克集团拥有资本 75.1 亿法郎，年营业额 337.8亿法郎，化工产品占法国第 1 位、世界第 9 位。圣戈班—蓬阿—穆尔集团拥有资本 81 亿法郎，年营业额 335.2 亿法郎，所产玻璃占法国第 1 位，世界第 2 位。"①

　　意大利的国有企业规模也很大，1982 年其国内最大的国有企业伊里公司拥有资产价值达到 300 亿美元，雇员超过 50 万人，产值为 130 亿美元，1990 年意大利伊里公司在世界大企业的排名中位列第 7 位。此外，从西方主要资本主义国家国有跨国公司整体发展来看，大型国有跨国公司的数量不断上升。根据资料显示，除美国以外，1965 年世界最大 200 家工业企业中有 19 个国有企业，其中只有 3 个是国有跨国公司；1975 年同一数据分别为 29 家和 9 家；而 1985 年这一数据上升至 38 家和 19 家。因此，可以明显地看出，西方国有跨国企业在近几十年有明显增加。

　　第二，西方主要国家国有经济在整个国民经济中的地位逐渐发生转变，由过去的临时性或应急性的经济手段转变成为西方国民经济中的重要组成部分。② 在一战前夕和大战过程中，西方国有经济正值兴起之时，战争成为推动国有经济向前发展的最主要动力，那时国有经济的地位只是西方主要资本主义各国为了应付战争而采取的一种战时经济，是特殊时期的特殊经济形式。20 世纪 30 年代到二战时期，西方主要资本主义各国的国有经济获得了很快发展，但国有经济的发展仍然是被限制在解决经济危机和战争爆发的主要框架内，发展国有经济实际上是各国政府为了应付危机和战争的无奈之举。直到二战结束，这种情况发生了转变。如前文所分析的那样，在战后凯恩斯主义盛行、科技革命大发展和国际竞争日益激烈等特殊的理论背景和社会背景下，西方主要资本主义国家政府主动选择了通过加大国有经济的投资和建设来促进本国经济的复兴和发展。国有经济在西方国民经济由原来饱受争议的临时性措施转变为西方主要资本主义国家政府调节和引导整个国民经济的重要工具，

---

① 宗寒：《西方国家发展国有经济说明了什么》，《江汉论坛》1999 年第 6 期。
② 参见王金存：《破解难题：世界国有企业比较研究》，华东师范大学出版社 1999 年版，第 17 页。

成为贯彻执行政府经济政策实现国家经济职能的主要阵地。随着国有经济的范围和比重在西方国家不断增多，国有经济和私有经济相互补充，从而促进整个国民经济的平衡协调发展。

第三，西方主要资本主义国家国有经济的发展与经济计划化体制紧密结合。二战后西方主要资本主义各国为了恢复和发展国民经济大都加强了对本国经济的干预，并根据本国实际国情制定了很多的经济发展计划，在发展国有经济的过程中将本国的经济计划付诸实施。法国是将国有化和经济计划紧密结合的最典型国家。从1946年起至密特朗政府执政时期，法国历届政府共制定了九个全国性经济计划。1947—1950年法国制定了战后第一个经济发展计划，又被成为莫内计划。这个计划确立了"使工业和农业产量超过1929年25%和显著提高生活水平"的目标，为此法国政府积极发展了煤炭、电力、钢铁等基础工业部门；1952—1957年法国政府制定了第二个经济计划，这次的发展目标确定为"保证充分就业和加速经济增长"，在这一目标的指导下，法国政府采取了加快科学技术的发展，提高工业生产能力等措施；1958—1961年第三个经济计划在法国确立，并制定了恢复国际收支平衡、提供生产效率等目标；1962—1967年的第四个法国计划只在提高国内低收入工作者、农民和老人的生活水平，并通过适当干预促进落后地区的发展；1967—1972年的第五个经济计划则制定了年增长率为5%的发展目标；之后法国又制定了几个发展计划。在法国的这些经济计划中，基本都详细制定了每个阶段的发展目标和实施步骤，引导着政府将主要的物力财力投放到经济发展最需要的地方去，这些经济计划真正成为了指导法国战后经济恢复和发展的行动指南，使法国战后的经济发展建设获得了稳步发展。联邦德国在坚持"社会市场经济"的前提下，在1967年通过了《经济稳定与增长促进法》，确立了经济稳定增长、充分就业和价格稳定等经济目标。于是从1967年德国政府开始制定五年发展计划和相应的财政经济计划，为今后经济发展提供一定的指导和参考，并为后期的经济发展奠定良好的基础。在二战结束后40年内，日本经济发展实行了9个经济发展计划，与之相呼应地，日本政府分别在1955—1987年之间在国内公路建设方面也实行了九个五年计划。① 意大利也在战后五六十年代编制了国内经济发展计划。

需要指出的是，一般来说，西方主要资本主义国家制定的经济计划基本都是指导型的计划，而不是强制性的经济发展计划。因此，为了促使政府计划的执行和实施，西方各国都将国有经济作为一种有效途径，与经济计划紧密结合。法国、意大利等国政府利用国有银行等信贷机构对计划发展的产业和部门投入更多的资金力量予以支持，保证了经济计划的顺利进行；同时各国国内国有经济发展所需要的巨额资金往往会在制定计划时予以充分考虑，从而使发展国有经济与经济发展计划互相合作共同促进本国经济发展。

第四节　西方资本主义国有经济的历史作用

通过上文对西方各主要资本主义国家国有经济发展进程和特点的总结可以看出，战后西方主要资本主义各国将国有经济作为国家政府干预和调节经济的重要方式，使国有经济获得前所未有的繁荣和发展。在二战后西方主要资本主义国家对本国经济干预和调节不断加强的趋势下，各国在20世纪50—70年代大都出现了社会安定、经济持续增长的现象，其中国有经济在整个资本主义国民经济中所发挥的积极作用功不可没。西方主要资本主义国家国有经济的历史作用主要表现在如下几个方面。

第一，国有企业是西方主要资本主义国家在市场经济中的利益代表，是国家干预经济的一种手段，发挥着宏观调控和平衡经济发展的作用。

---

① 参见刘迪瑞：《日本国有铁路改革研究》，人民出版社2006年版，第164页。

　　首先，国有经济总是发挥着为整个国民经济的发展提供基础服务的作用。这是西方国有经济最重要和最普遍的作用。西方国有经济肩负着兴建和经营投资大、利润低的一些基础性行业和公共服务设施，比如邮政、铁路、供水、供电等行业，这些行业关系到整个社会的国计民生，是国家发展的重要基础，需要投入大量的资金，而且利润很低，私人企业往往不愿投资，因此需要国有经济承担起这些行业的经营任务，为私营经济乃至整个国民经济的发展创造更好的外部条件和良好的经营环境。"联邦德国的基础设施几乎全归国家所有，国际投资经营着全国的铁路、邮电的99%，港口设施、供水企业的大约95%，以及电力、内河航运、城市运输和运输的大约80%"。[①] 德国政府通过国有经济大力发展本国基础设施，为整个国民经济的快速发展提供了保障，为德国战后创造经济奇迹奠定了物质基础。日本政府在二战后将大量的资金投向国内的交通运输业，主要包括通讯、国有铁路、和公路等基础设施方面的建设，1954—1957年、1958—1961年、1962—1965年日本政府在基础设施方面的财政投资和财政投融资构成比例分别为22.7%、25.2%、31.5%。"对基础设施建设的大笔投入不仅增强了运输机构的能力，而且还为民营企业的发展创造了外部经济环境，带动了民营部门的迅猛发展。"[②] 意大利是一个人口较多而资源相对贫乏的国家，为了推动本国的工业化进程，意大利政府在铁路、港口等部门建立了国有经济，即使出现巨额亏损，也坚持为社会提供廉价的运输。

　　其次，在西方主要资本主义国家中，国有经济可以利用自身的资本实力，充分发挥人才和技术优势，承担起国家在某些重要部门和关键领域的创新任务，充当新兴行业的开拓者，同时一些科研含量较高、生产周期较长、资金周转较慢的产业，往往也是以国有企业投资发展为主。

---

① 伍柏麟、席迎春：《西方国有经济研究》，高等教育出版社1997年版，第71页。

② [日]桥本寿郎等：《现代日本经济》，上海财经大学出版社2001年版，第68—69页。

在西方主要资本主义各国，国家投资建设了很多的新兴部门，比如一些电子产业、原子能工业和宇航工业等。这些产业与国家的军事国防关系紧密，需要掌握发达的现代科学技术，投资风险较大，因而单单凭借私人垄断集团的力量难以获得充分的发展。由国家投资兴办这些新兴产业和科研产业，一方面可以促进国家技术进步和国民经济的产业结构优化，促进国民经济的健康持续发展，从而增强国家的整体实力；另一方面可以为私人企业提供示范，避免私人企业投资经营的失败。

二战后法国面临国内产业结构失衡的严重问题，传统工业部门生产技术和设备老化落后，导致钢铁、机械、电力等工业产品竞争力很弱，而国内新兴产业私人投资不足，以致在电子、新材料、新能源等领域与美国、日本等国家差距明显增大。为了缩小与别国的差距，法国政府在核电能、计算机、飞机制造等部门实行国有经营，并取得了明显成效。"1988 年法国的计算机软件销售量居欧洲第一、世界第二。"[1]"其核电已占全法国发电量的81%，由于成本低、竞争力强，现在不但供应国内，而且还向邻国出口500 亿度。"[2] 此外，法国政府还投资高速火车的研发，现在的技术已经超过了日本和美国，在国际市场上颇具竞争力。

再次，国有经济在协调和平衡地区间经济发展的不平衡方面起着重要的作用。西方主要资本主义各国虽然总体来说比较发达，但是各国国内也存在地区间发展不平衡的问题，为此西方各国政府大都制定地区平衡发展的政策，并通过在欠发达地区投资兴建国有企业来带动当地经济的繁荣和发展。

在平衡地区发展问题上，意大利是个较为典型的例子。意大利国内以首都罗马为界限大致分为南方和北方两大地区，米兰、热那亚、弗罗伦撒、威尼斯、都灵等著名城市都位于北方地区，南方地区则包括阿布

---

① 冯晓琦等：《不是同根生，互相可借鉴——法国、意大利、瑞典的国有企业管理及启示》，《北京工商》1995 年第 1 期。

② 高尚全、杨启先：《中国国有企业改革》，济南出版社 1999 年版，第 350 页。

鲁佐、莫利塞、坎帕尼亚、普利亚、卡拉布里亚、巴西利卡塔大区，以及西西里岛和撒丁岛。由于中世纪时期的文艺复兴运动和城市经济的发展，意大利北部的城邦逐渐强大起来，成为意大利国内工业主要集中地，主要工业部门包括钢铁、汽车、造船、机械、化学、电子、纺织等意大利国内的重要行业。相比较北方地区而言，意大利的南方地区经济发展滞后，在经济发展水平与北方地区存在较大差距。二战结束后，意大利政府一方面专门设立南方发展基金，用于发展南方的农业和基础设施，另一方面，制定相关法令，促使国有企业加强对南方地区的投资。通过上述措施，使南方地区在食品加工、汽车、电子等工业部门都得到了一定程度的发展。1958—1973 年期间，在国有企业工业投资和总投资中，南方地区均占一半以上，它们在南方的雇员由 27,000 人增加到163,000 人（占其全部雇员的 30%）。在南方地区整个工业投资中，国家参与制企业所占比重由 1958—1969 年期间的 33.7% 上升到 1971 年的45.9%。[①] 可以说，战后意大利南方地区的工业发展是靠国有企业来带动的。

法国在战后积极制定了数个经济发展计划，其中第四和第五个经济计划都专门提及到运用国家政府的干预促进国内落后地区的发展的内容。计划规定了"法国西部实行工业化，规定那里的工业就业率要达到35%—40%，并通过改善交通和扩大工业种类促进北部和东部的发展。"[②] 在经济计划的指导下，法国政府加大了对国内落后地区的投资建设，并兴建了部分国有企业，带动了落后地区的工业发展和就业。

德国国内同样也存在地区发展平衡的问题。下萨克森州和萨尔州是联邦德国的边境地区，私有企业不愿在这些地区投资建厂，两地经济发展较为落后，联邦德国政府为了促进边境地区的经济发展，分别将大众

---

① 戎殿新：《意大利公有企业情况简介》，《经济研究参考资料》总第 1208 期。
② ［意］卡洛·M. 奇波拉：《欧洲经济史》（第六卷），商务印书馆 1991 年版，第 74 页。

汽车公司、萨尔茨吉特公司、萨尔煤矿公司及其大批子公司设在下萨克森州和萨尔州，对于带动当地的经济发挥了积极影响。

最后，国有企业在特殊历史时期还要充当倒闭的私人企业的收容所和疗养院。这是西方国家国有企业的发展过程中存在的普遍现象，尤其是在经济危机和战争结束等特定的历史阶段。

在 20 世纪 30 年代的经济危机时期和二战结束后的经济恢复期，西方各国私营企业大量倒闭，大量工人失业，政府为了克服危机和尽快恢复生产，往往会将一些重要行业里濒临破产的私人企业收归国有，等到企业恢复活力后再重新将其私有化推向市场。在西方发达国家这样的例子有很多，例如法国政府于 1978 年动用巨额资金营救了两家濒临破产的钢铁公司 Usinor 和 Salilor，国有雷诺公司收购雪铁龙下属的濒临破产的 Berlief 卡车厂；意大利政府 1971 年成立了工业管理和控股公司，主要用于救助濒临破产的私有企业，截至 1984 年，该国有控股公司总共救助了 120 多家私有企业。①

第二，国有经济除了在西方各主要资本主义国家承担经济宏观调控的作用以外，还肩负众多的社会目标。这主要表现在：

首先，通过建立本国的国有企业，保障国家的军事安全。在西方主要资本主义各国，军工企业往往是采取国有企业的形式而建立和存在的。其主要原因在于国有军工企业可以在战争期间保证国家军工物资的充分及时供应，无条件服从国家战争的需要。同时军工企业总是具有一定的机密性和专用性，尤其是在高科技军工企业还承担着科研创新的任务，因此由政府投资建立军工企业可以加强对军事工业的监督管理，更好地保障国家的军事安全。在西方资本主义国家中，美国的军工生产体系是比较特殊的。美国大量军工企业在战后被美国政府转让或租赁给私

---

① 参见王金存：《破解难题——世界国有企业比较研究》，华东师范大学出版社 1999 年版，第 60 页。

人经营，尽管如此，政府仍然借助贷款、订货等手段继续控制着多数军工企业。例如美国的波音公司除了向世界生产供应商业民用飞机外，还是美国最大的军工企业，是美国国防部的最大订货对象，为美国的国防建设提供军用飞机、各种航天和导弹产品。

其次，通过国有经济容纳一定的社会劳动力，维持就业，缓和社会矛盾。战争结束后，西方各主要国家的工会力量迅速扩大，代表工人阶级在就业问题与工资待遇问题和资产阶级相抗衡，因此维持一定数量的劳动力就业一直是西方国有经济发展的一个重要目的。政府一方面投资建立国有企业维持就业，另一方面救助濒临破产的私人企业，避免其出现大量失业，从而缓和社会阶级矛盾，维护整个社会的稳定。1974—1983 年之间英国国有经济所容纳的就业人数在整个国民经济就业人口中的比例始终保持在 7% 以上，1973 年英国国有经济的雇佣人数为 189 万人，占全国雇员总数的 7.5%，之后这一比例持续上升，1974 年为 7.9%，1975 年为 8.1%，1976 年为 8.0%，到 1977 年这一比例达到 8.4%，国有企业雇员人数为 208.9 万人，随着 70 年代末英国撒切尔政府的私有化运动拉开帷幕，英国国有企业的雇佣人数有所下降，但到 1983 年为止，英国国有企业所容纳的就业人口数量仍然达到 166.3 万人，占全国就业人口总数的 7.0%。[①] 根据法国国有企业的统计数字，在法国国有非农业经济部门中就业的劳动员工从 1963 年 137.2 万人增加到 1982 年 235.3 万人，占法国整个非农业经济部门的总就业人口总数的比重也由 10.4% 上升到 14.6%。[②] 在意大利 1978 年雇员超过 20 人的国有企业雇员总数为 127.9 万人，占意大利整个国民经济中总就业人口 25.4%，到 1981 年 20 人以上的国有企业雇员总数超过 130 万人，吸纳了本国总

---

① 　根据伍柏麟、席春迎：《西方国有经济研究》，高等教育出版社 1997 年版，第 109 页表格 4—4 的数据整理。

② 　参见［英］亨利·帕里斯：《西欧国有企业管理》，东北财经大学出版社 1991 年版，第 30 页。

就业人口 26.8%。在 1979—1982 年间联邦德国的国有经济所容纳的就业人口始终保持在 200 万人左右，在整个国民经济就业总人口中的比例超过了 8%。①

最后，从社会总体利益出发，对私有垄断集团进行有效限制或直接收归国有，维护整个社会的利益。私人垄断集团总是希望国家政策措施能够为它服务，而不希望被国家所限制。因此在生产经营的过程中私人垄断集团总是从自身企业的经济利益出发，进行生产，并试图控制价格，有时甚至会损害整个社会的利益。

美国在 1980 年解除了对国内航空工业的管制，不再对飞机票价和航线进行干预，结果航空运输业集中在少数几家大型航空运输公司手中，形成了行业垄断，机票价格上升了，而且航班次数和乘客增多带来了更多的事故风险。这些情况的发生使美国国内再次出现了对航空运输业实行管制的要求。②

在意大利没有制定反垄断法，国有企业在限制私有垄断集团方面发挥着重要作用。战后意大利的汽车市场尤其是微型、小型汽车市场一直被国内最大的私人集团菲亚特集团所垄断。意大利菲亚特集团成立于1899 年，是世界上第一个生产微型车的汽车生产厂家，在生产小型和微型汽车方面十分有名。菲亚特集团生产的 fiat600 微型汽车在 1955—1970 年的 15 年里，生产和销售超过 400 万辆。战后的 20 世纪 60 年代，菲亚特集团生产的 fiat124 和 fiat125 是欧洲最出色的家庭汽车之一，仅fiat124 的生产和销售达到 400 万辆，苏联、波兰等国家还引进了菲亚特集团两款汽车的生产线。可以说，意大利的家用汽车市场由菲亚特集团所垄断，微型和小型汽车的价格也主要由菲亚特集团控制。为了打破

① 参见［英］亨利·帕里斯：《西欧国有企业管理》，东北财经大学出版社 1991 年版，第 29 页。

② 参见［美］罗伯特·赖克：《国家的作用——21 世纪资本主义的前景》，上海译文出版社 1994 年版，第 189—190 页。

了由菲亚特一家公司独霸这一市场的局面，意大利政府出资由伊里国有控股公司在那不勒斯建立阿尔法—萨达汽车制造厂，这家国有企业主要生产经营中档价位小汽车，1967年与意大利国内最大的私人垄断集团菲亚特公司在汽车市场展开激烈争夺，最终使菲亚特私人垄断集团控制家庭汽车销售价格的情况得到了较大改观。战后，意大利国内最大的国有控股公司伊里公司和埃尼公司投资建立了水泥厂和化肥厂，也打破了过去水泥和化肥由私人垄断集团控制的局面。1971年意大利政府还成立了工业管理和控股公司，这家公司的主要任务是利用政府公共资金帮助国内的中小企业获得更大地发展，避免出现私有大集团垄断市场的局面。

20世纪40年代，英国的电力系统存在一些私有企业，约有500个电厂供电，仅伦敦就有17种直流电压和20种交流电压，300万居民使用各种不同的电压电流，给英国国民的生活造成很大不便，甚至居民都不能随便购买电器以免无法使用。为此，1945—1950年英国工党政府实行了电力国有化政策，把500个独立供电企业划归14个地区供电局，按最低成本建立地区供电网络，降低了供电成本，方便了居民的日常生活，维护了整个社会的利益。[①]

第二次世界大战结束后，特殊的历史条件为西方主要资本主义国家国有经济的繁荣发展提供了丰富的"土壤"，西方国有经济经历了自身发展的黄金时代。在这一阶段中，随着国有经济的比重和范围的不断增大，国有经济的地位与角色悄然发生改变，其对国民经济的积极作用也得到了良好地发挥。可以说，自国有经济与私有经济在西方资本主义国家发生碰撞和博弈以来，国有经济取得了前所未有的"胜利"。虽然不能完全忽视这一时期中私有经济的发展，但不能否认的是由于西方国有经济的飞速发展，战后的西方主要资本主义国家在经济和社会领域都取

---

① 参见宗寒：《西方国家发展国有经济说明了什么》，《江汉论坛》1999年第6期。

得了不小的成绩。

　　首先，几乎所有的西方主要资本主义国家在战后的时期都快速恢复了经济并出现了经济持续高速发展的趋势，在德国、意大利等国甚至出现了战后"经济奇迹"的情况。德国在二战后50年代至60年代中期的经济发展速度在其国家经济发展史上是最快的。"50年代增长最快的年份的增长率高达10%以上。经济稳步增长，波动较小。从1950年到1966年，联邦德国的国民生产总值实际增长两倍，平均每年增长达7.1%。"① 表3—3显示的是二战后50—70年代期间，西方主要资本主义国家的国内生产总值平均实际增长率和工业生产年平均增长率。从表3—3中可以看出，法国、联邦德国、意大利、英国等国在战后整个国民经济增长非常迅速，这在很大程度上是上述几国借助了国有化的措施进行了国民经济的改革，从而带动了私营经济的复兴，实现了整个经济的飞速增长。

　　其次，战后西方主要资本主义各国的国内阶级矛盾较为缓和，社会秩序稳定。战后初期，西方各国大都出现了生产凋敝、失业现象严重和恶性通货膨胀等经济问题。为此，大多数政府纷纷从加强经济干预、发展国有经济入手，勇敢地承担其维持充分就业的义务。英国的贝弗里奇报告提出保持高水平的稳定的就业率是政府的首要目标，并提出一套全面的社会福利方案。因此工党政府一上台通过大力推行国有化改革英国经济，来实现充分就业和福利保险的目标，先后在国内六大重要部门实行了国有化。"这些国有化的方式是工党政府对战后经济重建的重要的而又显著的贡献。"②

---

① 吴友法等：《德国资本主义发展史》，武汉大学出版社2000年版，第510页。

② ［意］卡洛·M. 奇波拉：《欧洲经济史》（第六卷），商务印书馆1991年版，第119页。

表3—3　1951—1973年西方主要资本主义国家的经济增长

国别	国内生产总值平均增长率	工业生产平均增长率
日本	9.6%	14.1%
联邦德国	6.3%	6.7%
法国	5.4%	5.9%
美国	3.85%	4.7%
英国	3.0%	3.0%
意大利	5.7%	7.3%

资料来源：根据琴星：《走向21世纪的法国》，中原农民出版社1999年版，第363页数据进行整理。

　　20世纪80年代，意大利的国有经济吸纳了本国就业人口的26.8%，法国的国有经济部门吸纳了全国就业劳动力总数的1/10。表3—4显示的是战后1950—1960年和1960—1970年两个阶段的西方各国的失业比例，从表3—4中可以看出，各国在1960—1970年的失业比例较前一时期明显下降，失业问题得到明显改善。可见正是国有经济的快速发展充分吸纳了社会上的大量劳动人口，失业严重的问题得到解决，阶级矛盾趋于缓和，为国民经济的发展创造了良好的社会环境。

表3—4　失业人数在劳动力中所占比例

	1950—1960年	1960—1970年
奥地利	3.9	1.9
比利时	4.0	2.2
丹麦	4.3	1.2
法国	1.3	1.4
德国	4.2	0.8
意大利	7.9	3.3

续表

	1950—1960 年	1960—1970 年
挪威	1.0	1.0
荷兰	1.9	1.1
瑞典	1.7	1.7
瑞士	0.2	0.0
英国	1.2	1.6
平均	2.9	1.5

资料来源：转引自［意］卡洛·M.奇波拉的：《欧洲经济史》（第五卷），商务印书馆1988年版，第72页。

最后，战后西方主要资本主义各国的人口数量不断上升，人民生活水平得到较大改善。这主要体现在西方各国的人均国民生产总值和工资收入等指标的变化上。战后初期，西方各国国内经济混乱，社会动荡不安，经济社会的不景气直接导致了国民人口出生率过低而死亡率较高，不利于整个国家长期的社会发展。西方国有经济的繁荣发展，使社会劳动力就业比例显著提高，人民生活有了较为稳定的来源，工资收入不断增加，家庭消费结构更加合理化。这种变化在意大利国内表现的特别突出。表3—5显示的是意大利在1940—1969年近三十年里人均收入水平的不断变化，从表中的数据可以看出意大利的人均国民收入明显增加，1969年较1950年的实际工资几乎翻了一倍，实际人均收入翻了一倍多，这说明国民生活水平有了较大改善，而这一时期正是意大利国有经济飞速发展的黄金时期。

表3—5 战后意大利的工资水平与人均收入水平（以 1913 年的指数为 100）

年份	实际工资	实际人均收入
1940 年	107.8	123.7
1945 年	26.7	62.4
1950 年	137.8	130.8
1955 年	147.7	166.0
1960 年	157.5	209.0
1965 年	213.0	259.7
1969 年	253.7	319.6

资料来源：根据［意］卡洛·M.奇波拉：《欧洲经济史》（第六卷），商务印书馆 1991 年版，第 235 页数据整理。

　　表3—6 显示的是西方主要资本主义国家在 1900 年、1950 年的国民生产总值和人均国民生产总值数值比较，以及 1950 年与战前 1936 年的比较。正如表3—6 中所显示的那样，除了日本在战后初期的几年里经济发展略显一定的滞后性以外，其他西方主要资本主义各国都在战后最初的几年就迅速恢复了国内的经济发展。战后经济的恢复和发展迅速带动了国内生产总值和人均国内生产总值大步提高，而战后初期正是英、法、德等西方主要资本主义各国的政府通过大量的干预措施来促进经济发展的阶段，应该说其中就包括加大政府投资建立部分国有经济的手段。

表3—6 西方主要资本主义国家的 GNP 和人均 GNP 的比较

	1900 年	1950 年	1950/1936 年
实际 GNP	10 亿美元	10 美元	%
日本	36	96	92.2

续表

实际 GNP	1900 年	1950 年	1950/1936 年
	10 亿美元	10 美元	%
美国	211	870	180.6
英国	86	167	127.1
联邦德国	69	162	116.3
法国	78	141	126.3
意大利	31	75	123.5
人均 GNP	1900 年（美元）	1950 年（美元）	1950/1936 年（%）
日本	810	1154	78.1
美国	2787	5737	152
英国	2089	3335	118.8
联邦德国	1235	3259	156.8
法国	2008	3366	126.5
意大利	943	1589	113.5

资料来源：[日] 冈崎哲二：《工业化的轨迹》（《20 世纪的日本 5》），读卖新闻社 1997 年版。转引自 [日] 桥本寿郎等：《现代日本经济》，上海财经大学出版社 2001 年版，第 31 页。

通过总结西方主要资本主义各国在战后大力发展国有经济所取得的成绩，可以看出国有经济的发展在战后的阶段里确实为资本主义市场经济的复兴发挥了重要作用。尽管无法将战后西方主要资本主义国家获得的所有经济发展和科技进步都归功于国有经济，但是不能否认的是，国有经济在战后成为西方资本主义私有经济的有益补充，并顺利完成了政府的预定目标——经济复兴、充分就业和社会稳定。单纯从这一点上来讲，可以说国有企业的效率和效益是好的，因为它完成了特殊历史时期赋予它的特殊使命。

第四章

西方资本主义国有经济私有化改革

二战结束后，国有经济一方面作为主要资本主义各国政府加强调节和干预国家经济的有效工具，对整个国民经济的复兴和建设发挥了积极作用，另一方面西方国有经济在自身发展的过程中也暴露出了一些明显的缺陷。为此，20世纪80年代以来，西方主要资本主义各国政府适时地放松了对经济事务的控制，并对本国国有经济的发展进行了大规模的改革和调整。

第一节　资本主义国有经济改革的原因与步骤

20 世纪 70 年代，西方各国的国有经济在经历了一段快速发展的黄金时期之后，逐渐暴露出效率低、效益差等弊端，政府干预和管制经济的政策受到越来越多的批评和质疑，这些问题开始引起了政府和社会的思考，并最终引发了西方主要资本主义国家国有经济改革的浪潮，也就是通常所说的"私有化运动"。

一、资本主义国有经济改革的原因

20 世纪 70 年代末 80 年代初，西方主要资本主义各国针对国有经济的问题和弊端进行了大刀阔斧地改革。具体分析起来，主要资本主义各国进行国有经济改革的原因主要包括以下几个方面：

第一，资本主义经济的"滞胀"使新自由主义经济理论渐受青睐，并逐渐成为西方国有经济改革的理论依据。如前文所述，自 20 世纪 30 年代起，凯恩斯主义理论在西方各国兴盛一时，英、法、美等主要资本主义各国政府大都依据凯恩斯理论倡导的经济政策采取了加强国家对经济的调节和干预的政策措施，各国的国有经济在这一阶段获得了长足发展，整个资本主义经济也取得了快速稳步的增长。但是自 70 年代起，西方主要资本主义各国开始出现经济发展停滞的现象，各国劳动生产率不断下降，高失业率和高通货膨胀率并存，一时间整个西方资本主义世界似乎均陷入了"滞胀"的泥潭。在资本主义经济的滞胀时期，"西方七个主要发达国家的 GNP 平均年增长率为 2.4%，失业率为 5.3%，消费物价指数年增长率为 9.4%。而在此之前的 1968—1972 年，该七国的平均增长率为 4.3%，平均失业率为 3.2%，物价平均上涨率为 4.8%。"[①] 下表 4—1 中显示的是 20 世纪 70 年代西方主要资本主义国家发生滞胀现象时的经济概况。从表中的数据可以清楚地看出，与 1963—1973 年的经济发展形势相比，美、英、法、德、意、日等西方主要资本主义国家在 1974—1979 年间无一例外地出现了国内经济年均生产率下滑，消费品价格大幅度提高，失业率明显上升。其中，在各国经济年均增长率方面，美国在 1974—1979 年间的年均生产率出现负增长，同期日本经济年均增长率下跌最快，下滑了 5.4 个百分点，其次是意大利下降了 4.0 个百分点。在消费品物价方面，英国和意大利通货膨胀最为严重，均超过 10%，美国为 5%，法国为 6%，德国为 1.1%，日本为 4%。与各国经济生产停滞和通货膨胀并存的还有各国的失业率不断上升，美国国内的失业率更是高达 6.7%。

表 4—1　20 世纪 70 年代西方发达国家"滞胀"发生时的经济概况

项目	期间（年）	年均生产率增长	消费品价格提高	失业率
美国	1963—1973	1.9	3.6	4.5
	1974—1979	—0.1	8.6	6.7
英国	1963—1973	3.0	5.3	3.0
	1974—1979	0.8	15.7	5.3
法国	1963—1973	4.6	4.7	2.0
	1974—1979	2.7	10.7	4.5
原联邦德国	1963—1973	4.6	3.6	0.8
	1974—1979	2.9	4.7	3.2

① 魏加宁：《反思美国 20 世纪 70 年代滞胀的成因与对策》，国研网，2008 年 4 月 3 日，http://www.drcnet.com.cn/DRCNet.Common.Web/DocViewSummary.aspx?docid=1678596&chnid=7&leafid=1&gourl=/DRCNet.Common.Web/DocView.aspx。

续表

项目	期间（年）	年均生产率增长	消费品价格提高	失业率
意大利	1963—1973	5.4	4.0	5.2
	1974—1979	1.4	16.1	6.6
日本	1963—1973	8.7	6.2	1.2
	1974—1979	3.3	10.2	1.9
加拿大	1963—1973	2.4	4.6	4.8
	1974—1979	0.1	9.2	7.2

注：失业率为 1965—1973 年数据。

资料来源：《新帕尔格雷夫经济学大辞典》（第四卷）第 507 页。

面对资本主义经济发展过程中出现的滞涨问题，西方主要各国政府都想方设法地采取相应经济政策进行应对。在美国，1977 年卡特政府执政后，首先实行了刺激经济增长的财政政策和货币政策来降低失业率，1977—1979 年卡特政府大规模地增加财政支出，其增长超过战后其他时期。但这些措施却直接导致了 1979 年第四季度通货膨胀率上升至 12.7％，美元不断贬值；生产率由提高 3.1％转为下降 2.1％。GNP 增长率从 4.9％降为 1.0％，失业率却一直在 6％—8％之间居高不下。[①] 卡特政府应对滞涨危机的失败导致了公众对民主党政府及其宏观经济政策失去信心，1981 年美国里根政府上台，随即对国内的宏观经济政策、社会福利政策以及政府管制政策等展开私有化改革。在英国，1979 年英国工党政府下台，以撒切尔夫人为首的保守党政府开始上台执政，对英国经济进行大刀阔斧地改革，着手治理"英国病"，其主要措施包括：尽量减少国家干预，重点发挥市场机制的作用，实行紧缩性的财政政

① 参见魏加宁：《反思美国 20 世纪 70 年代滞涨的成因与对策》，国研网，2008 年 4 月 3 日，http://www.drcnet.com.cn/DRCNet.Common.Web/DocViewSummary.aspx?docid=1678596&chnid=7&leafid=1&gourl=/DRCNet.Common.Web/DocView.aspx。

策，大力削减税收，整顿福利制度，取消对外汇的管制，推行私有化和货币主义政策。法国、意大利等国也大多经历了类似的改革治理过程。

在西方主要资本主义各国对本国经济不断展开改革治理的过程中，各国政府逐渐意识到原先信奉的凯恩斯主义理论并非包治百病的灵丹妙药，于是抛弃了凯恩斯主义开始寻找新的经济理论依据为发展资本主义经济服务，新自由主义经济学乘机兴起并逐渐获得西方各国政府的重视和青睐，其中比较有代表性的有供应经济学派和货币主义。供应学派主张由过去的减税刺激消费变为减税刺激投资，使市场保证供应自身创造的需求；货币主义则主张国家只需控制货币的总供应量即可，其余的事情完全交给市场机制自行调节。以供应学派和货币主义为代表的新自由主义经济学派都坚信市场机制在资源优化组合配置上仍然是最好的运作机制，他们强调自由竞争、自由生产经营的重要性，认为市场机制能够充分发挥它自身的调节功能，从而使经济资源得到有效利用。1979年玛格丽特·撒切尔出任英国首相后公开宣称"要实践新自由主义的纲领"，随即在80年代撒切尔政府开始实行私有化改革，私有化的范围不断扩大，包括监狱的管理和护照的发放在内的近乎所有的公共活动，都被列为私有化改革的对象。据估计，私有化改革期间，英国约有600亿英镑的国有资产被卖给或者转卖给私人投资者。英国政府公共事业部门管理人员从改革前的77万人锐减到90年代中期5万人。之后，美、法、德、意等国政府很快开始效仿英国，掀起了大规模的私有化改革。新自由主义经济学的繁荣为西方主要资本主义国家的政府进行国有企业的改革奠定了理论基础。

第二，科学技术的发展带来西方主要资本主义各国国民经济结构的变化是促使西方国有经济改革的基本动力。第二次世界大战后，随着人类发展历史上第三次科技革命浪潮的高涨，科学技术更新和转化为生产力的速度日益加快，西方主要资本主义各国经济很快向前推进，并经历了长达20年的战后经济高速发展时期，各国的社会生产力得到了大幅度的提高。科学技术的日新月异对西方主要资本主义国家的经济生活和社会生活领域带来了深远的影响。到 20 世纪 80 年代，西方主要资本主义各国的国民经济结构发生很大变化，开始呈现新的发展动向。英、美等国资本主义国民经济结构的变化主要体现在产业结构和社会资本结构两个方面。

在产业结构方面，新科技革命的飞速发展后，西方主要资本主义国家的国民经济中第一产业、第二产业在国民经济中的比重下降，而第三产业的比重上升。第一和第二产业的国民生产总值和就业人数比重进一步下降，特别是农业的比重下降，而包括服务业、商业、运输业、通讯业、信息服务业以及文化教育事业等部门的第三产业的产值和就业人数出现急剧上升的趋势。据统计，第三次科技革命之后，在西方主要发达工业国家的国民经济中，三大产业所占比重分别为第一产业占 3%、第二产业占 36%、第三产业占 39%，三大产业中的劳动力就业分布比重分别为第一产业占 5%、第二产业占 31%、第三产业占 64%。[①]

从单个国家来看，美国在 1970—1979 年之间国内从事农业人口由原来占人口总数的 5% 降至 3%，从事制造业人口由人口总数的 30% 下降至 13%；而从事服务和信息行业等第三产业的人口，由过去人口总数的 15% 迅速上升到 72%。根据日本经济统计数据显示，日本在战后的 1955—1970 年间农业在整个国民经济中的比重由过去的 19.2% 下跌至 5.9%，工业由 33.8% 升至 43.1%，第三产业由过去的 47% 上升至 50.9%。[②] 法国一直是个以农业为主的国家，其国内工业和第三产业等的发展总是滞后于英美等其他发达国家，但是随着新科技革命的蓬勃高涨，加之法国政府的积极干预调节经济发展，法国的产业结构也呈现由

---

① 黄安年：《新科技革命发展的世界影响和特点》（上），http://www.docin.com/p—550768.html。

② 参见［日］桥本寿郎等：《现代日本经济》，上海财经大学出版社 2001 年版，第 61页表 3.5（a）。

过去的农业占主导向第三产业占主导的发展趋势。在法国"1949年农业就业人口555.5万，占全国就业人口的29.1%；1960年农业就业人口402.9万，占全国就业人口的21.3%；1970年农业人口下降到274.9万，占全国就业人口的13.1%；其后农业就业人口继续减少，到1984年农业就业人口只有167.6万，占全国就业人口的比重仅为7.8%。"[1]联邦德国在同一时期经济产业结构呈现出同样的发展趋势，包括农林渔等在内的第一产业战后经历一段时期的快速增长后其在国民经济中所占的比重迅速下降，1950年所占比重为10.7%，到1980年下降至只占2.2%，农业就业人口占全国劳动力就业人口的比重也相应下降，由1950年的24.6%下降到1980年的5.5%。德国的第二产业在国民经济产值中的比重也经历了先上升后下降的过程。据材料统计，德国工业在战后60年代占整个国民经济总产值的53.2%，但70年代迅速下降，80年代这一比重降至44.8%，工业就业人数也从70年代的48.9%下降至80年代的40%，唯独第三产业在产值和比重方面始终保持增长的势头，从1950年的产值比重占39.6%上升至1985年的55.5%，其占全部就业人口的比重从1950年的32.5%上升至1980年的53.5%。[2]

在工业部门结构中也发生了新旧工业的分化。到20世纪80年代，西方主要资本主义国家的劳动和资本密集型的"大烟囱工业"逐步下降，技术知识密集型专业化、小型化的新兴工业迅速崛起。比如各种合金、稀有金属、核能和太阳能等新材料和新能源部门不断涌现，在很大程度上逐渐取代了过去的钢铁、煤炭等传统夕阳产业部门；汽车的普及和高速公路铁路的发展势必会打破老式铁路垄断交通系统的局面；电子计算机的兴起打破了原有的通信方式，等等。产业结构方面出现的上述变化需要西方主要资本主义国家及时调整好国内经济产业政策，改变过

---

[1]　《法国的产业结构、产业组织与产业政策》，http://sssszr.drivehq.com/020/9.htm。

[2]　参见吴友法：《德国资本主义发展史》，武汉大学出版社2000年版，第514—515页。

去以钢铁、采矿、纺织等传统工业为主导的产业结构，进一步对新兴工业部门加大支持力度以辅助其更好地发展。而与过去的产业结构相适应的是，原有的西方国有经济大多聚集在钢铁、煤炭、铁路、纺织等传统工业领域的分布格局，这些国有传统工业发展越来越缓慢甚至停滞，在工业结构中的比重日益下降。因此产业结构的新变化势必会引起西方主要资本主义国家国有经济的调整和改革。

随着科学技术的快速发展，各国的综合国力得到大大提升，金融体系日臻完善，社会资本结构也发生了重要变化。二战结束初期，西方主要资本主义各国国内经济遭受重创，民间资本也因战争严重受损，资金力量非常薄弱，因此必须要加大国有资本的投入，尤其是在公共基础设施部门和支柱性工业部门的投入，以促进战后国民经济的复苏，并为国内私有经济的发展奠定良好的物质基础。以法国为例，法国总统戴高乐面对战后法国国内混乱不堪的经济状况时谈到，"国家的活动有赖于煤炭、电力、煤气、石油，而且有一天要取决于原子核分裂，所以为了法国的经济达到发展所要求的水平，就必须最大规模的开发这些资源，这就需要只有国家才能胜任的巨额费用和巨大工程，以及实行国有化，……事实上，只要国家负起拨款投资的重担，他就必须直接掌握资金，准备通过法兰西银行和各大信贷机构的国有化来实现这一点。"①于是1945—1946年，法国政府分别对法兰西银行和包括通用银行、里昂信贷银行、国民工商银行以及巴黎国民贴现银行在内的四家私人银行进行国有化，从而控制了整个国家近60%银行业务，并通过这些银行向煤炭、电力等基础行业部门投入了大量的国有资本，实现了战后法国经济的快速复兴。据统计，1979年，英、法、德、意、美等国的国有资本投入在整个国民经济总资本中所占的比重分别达到了20.0%、

---

① 转引自杨洁勉：《战后西欧的国有经济》，上海外语教育出版社1988年版，第69页。

30.5%、12.7%、47.1%和15.9%。[1]

20世纪80年代，西方主要各国经过战后几十年的经济快速发展，国内资本情况发生了很大变化，"民间资本力量有了很大加强，特别是金融机构高度发达，使经济发展对国有资本的需求变小，社会集资过程在很大程度上取代了政府的筹资过程。"[2]尤其是股票市场得到了快速发展，逐渐成为西方主要资本主义国家资本市场的主体组成部分。到1972年，英、法、德、美、意、日六国的股票市场总体规模为12440亿美元，到1987年上述六国的股票市场总体规模就增加到了63280亿美元，较20世纪70年代初期的规模增长了近五倍，纽约、东京和伦敦成为世界三大股票交易中心。股票市场的发达使私人投资和融资能力大大增强，过去必须由政府承担建设任务的部门现在可以交由私人投资建设，因此需要对西方各国已有的国有经济进行适当的调整和改革。

第三，西方国有经济的经营业绩太差是导致主要资本主义各国进行国有经济改革的直接原因。如前所述，新自由主义经济思潮的兴起为西方主要各国国有经济改革提供了理论依据，20世纪60、70年代科技进步带来的国民经济结构新变化为改革提供了根本动力。但是西方主要资本主义各国对国有经济进行私有化改革最直接的原因还是国有经济经营业绩太差，甚至一度成为各国政府沉重的财政负担，国有经济自身的发展困境敦促各国政府痛下决心对国有经济进行大规模改革。不可否认，国有经济确实曾经在二战结束后的一段时期对带动西方主要资本主义国家经济的恢复和发展发挥过重要的作用。但是随着六七十年代先进技术的进一步发展，国有经济的产业结构布局和企业的管理体制都越来越不适应社会发展的要求。过去资本主义国有经济过多地集中在铁路、钢铁、煤炭、采矿等传统工业部门，越来越受到来自新兴工业部门

---

[1]　其中美国为1970年数据。
[2]　刘中桥：《中西方国有企业发展比较》，经济科学出版社2000年版，第123页。

的排挤，加之大多数国有企业的管理体制实行的是国家政府及其机构统一进行行政管理的原则，导致了出现政企不分、权责不明、管理不善等现象，因此大部分国有企业效率低下、亏损严重，需要国家给予大量的财政补贴才能维持经营。在英国，国有企业的生产效率明显低于同行业的私有企业，经营利润远远不及私有企业。表4—2中，1984年钢铁和汽车行业的国有企业盈利水平是亏损的，而同行业的私人企业是盈利的；在烟草、航天和电子等行业国有企业的盈利率甚至不及私有企业的一半。

表4—2　1984年英国财务盈利率比较（净收入占总资产的百分比）

行　业	公有制工业企业	私人工业企业
采　矿	7.4	15.5
石　油	3.8	4.4
烟　草	1.8	8.5
化学工业	1.6	3.5
航空航天	0.9	2.9
电　子	0.4	3.6
钢铁与金属制品	−3.8	0.7
汽　车	−5.7	3.3
加数平均值	1.7	3.3

资料来源：马姆德·阿里·阿尤布等：《公有制工业企业成功的决定因素》，中国财经出版社1987年版，第14页。

意大利伊里、埃菲姆和埃尼等三大国有企业集团自1974—1984年连年亏损，1980年亏损额高达53900亿里拉；1974年英国国有经济亏损总额达到12亿英镑，占当年国民生产总值的2%，1979—1980年英国政府补贴国有煤炭和铁路企业18亿英镑，之后不断增加，1985年达到 40 亿英镑；法国的国有工业和交通业也是亏损大户，1982 年亏损达到 320 亿法郎，相当于本国整个工商企业利润的 2/3；[①] 日本国有铁路公社自 1964 年出现亏损问题，1970 年以后连年剧增，1979 年长期债务高达 11.2 万亿日元，80 年代亏损日益严重，1986 年超过当年中央财政收入的 50%。[②]

可见，此时的国有经济已经成为西方主要资本主义各国经济发展的沉重负担，同时也增加了其他私人企业和公民的赋税负担。因此主要资本主义各国的政府开始采取措施对国有经济进行改革。

二、资本主义国有经济改革的两个阶段

总体来看，西方主要资本主义国家国有经济的改革分为宏观管理体制改革和微观管理体制改革两个阶段。在宏观管理体制改革阶段，各国政府只是针对政府与国有企业之间的行政隶属关系进行了"微调"；而后来的微观管理体制改革阶段，各国政府则将国有企业的所有权进行了完全私有化或部分私有化，彻底改变了国有企业的产权归属和经营方式。

（一）国有经济的宏观管理体制改革

在西方主要资本主义国家，国有经济兴起于各国由自由资本主义向垄断资本主义转变的过程中，在 20 世纪得到了很大发展。最初的国有经济是作为政府的一个分支机构而存在的，因此对于国有经济的管理采取的是政府直接管理的模式，即政府全面控制和掌握国有企业的生产和经营过程，对企业的人财物、产供销等各个部门和各个环节都实行严格

①　参见赵守日：《闯关：西方国有经济体制革命》，广东经济出版社 2000 年版，第 145—146 页。

②　参见刘迪瑞：《日本国有铁路改革研究》，人民出版社 2006 年版，第 107—108 页。

管理，从而实现国有经济更好地为国家利益服务。总体来说，这种传统的国有经济宏观管理体制具有以下主要特征：

一是国有企业的所有权和经营权高度统一，即国家既拥有国有企业的所有权又拥有企业经营权。作为企业所有者，政府可以自由处置企业的人、财、物，同时作为企业的经营者，政府负责企业的生产和流通的各个环节。政府作为市场经济的组织者，要制定合理公正的政策法规，使市场经济中的各个经济主体公平竞争，以维护市场经济秩序的正常运行。但是西方传统国有经济宏观管理模式下，国有企业与政府紧密结合在一起，不能分清彼此，使国有企业明显处于政府的各种保护之下，破坏了市场经济中的公平竞争原则，极易造成国有企业产生对政府的依赖性。二是国有企业由相关行业的政府部门实行垂直领导和管理。西方国有经济传统宏观管理体制中，国有企业通常是按照行业性质由政府的相关部门主管和管理。例如英国邮政公司、英国铁路公司、航空公司等归属英国运输部直接领导和管理，英国煤气公司、国家煤炭局、国家石油公司等归属英国能源部管理等。这些主管部门的主要任务有制定本行业国有经济的发展计划和方针政策、任免国有企业中的高级管理人员、对企业的资金来源及使用分配进行审批等。三是政府的其他部门如审计机构、财政部门等对国有经济起制约作用。在西方发达国家的国有经济管理体制中，国会主要是制定相关法律，从而使国有企业在遇到成立、改组、破产清算等重大问题时有法可依，政府则负责具体的实施。西方发达国家大都设有专门的审计机构负责监督审核国有经济的财政状况。例如法国的国家审计院、德国的联邦审计署等都是负责监督本国国有企业的相关机构。

由此可见，西方传统国有经济宏观管理体制中最大的弊端就是政府和国有企业混为一体，企业所有权和经营权不分，即政资不分。这一弊端造成了企业享有的经营自主权太少，生产经营缺乏动力和责任感，最终的后果是企业效益普遍较差。为此，西方主要资本主义各国首先对国有企业宏观管理体制进行了改革，放松政府对企业的管制，使企业在生产经营中享有较大的自主权，同时将各个国有企业从原有的所属行业部门中分离出来，由国家成立专门的国有资产管理机构和法定机构来组织管理这些国有企业，并加强财政部等部门对企业的财务状况监督和考核，即实行政资分离体制。政资分离体制的"最大优点不在于国家是否直接参与微观经济以及是否国有企业会产生多大的产权激励，而在于这种新体制营造了一个相对独立的国有经济运行环境，能比较有效地排除政府其他部门的行政干预，在一定程度上保证了企业的独立自主性"。[1]政资分离体制简化了政府与国有企业之间的关系，有利于国有企业在市场经济中与其他非国有企业展开竞争，提高国有企业的生产效率。

在西方主要资本主义国家中，意大利的政资分离体制最为明显。意大利最初国有经济实行的是传统的政资合一的宏观管理体制，每个国有企业隶属于各个行业的上级主管部门。自1956年起，意大利政府成立了国家参与部，专门负责国有资产的管理和监督，对国有经济实行政资分离体制进行运作。国家参与部与意大利国内的伊里公司、埃尼公司、埃菲姆公司与工业管理和控股公司等四大控股公司形成了相对独立的国有经济管理体系。法国、德国等其他资本主义国家也针对过去政资不分的国有经济管理体制进行了类似的改革调整。

（二）国有经济微观管理体制改革

20世纪60、70年代，随着战后科学技术的飞速发展，国有企业公司的经营规模日趋扩大，公司结构日趋复杂，而西方主要资本主义国家的国有经济在其不断向前发展的过程中，逐渐暴露出了经营管理混乱、人浮于事等严重问题，各国政府陆续对本国国有企业的微观管理体制进行改革，以求改变国有企业效率和效益低下的状况。西方国有经济微观

---

[1] 赵守日：《闯关：西方国有经济体制革命》，广东经济出版社2000年版，第77页。

体制改革的核心是国有企业的产权制度，即将国有企业的产权进行私有化改革。概括起来，各国国有经济私有化改革的主要方法和措施主要包括如下几种形式：①

第一，将原有的国有企业的财物资产或国有股份全部出售给私人或私人组织。在西方主要资本主义国家中，各国政府大多将一些没有必要或没有能力进行国家经营管理的企业公司通过招标或拍卖的形式整体出售给私人或私人组织甚至外国公司，从而使原有的国有独资企业彻底转变为完全私有企业。这些企业可能暂时处于利润低微或亏损的状态，但大多经过一定程度的整顿和改造尚存进一步获取利润的经营空间，因此各国政府往往将原有企业的生产设备等设施进行折价处理，卖给私人；或是先进行某些方面的技术改造后，待企业的生产经营逐渐正常化后再卖给私人。英国撒切尔政府在1979年至1991年之间通过整体出售的方式将英国宇航公司、全国货运公司、英国国家石油公司、电报和无线电公司等16家国有企业卖给了私人企业，实行了私有化。

第二，将原有的国有企业部分财物资产或部分国有股份出售给私人或私人组织。随着西方主要资本主义国家中民间资本不断地积累，其资本实力不断增长，政府开始注重吸收一部分民间资本参与到国有企业中。对于一些规模庞大一时难以整体出售的国有企业或者政府不愿完全放手的国有企业，国家往往采取股票上市、公开出售部分股份的方法，广泛吸收民间资本，这样既可以增强企业的经济实力，又可以通过少量国有资本就达到控制企业的目的。1992年意大利政府将伊里公司、埃尼公司、国家电力公司和保险公司实行股份制经营，将其股票公开发行上市，吸引民间资本参与到国有企业中。1989年德国政府将德国费巴

---

① 参见赵守日：《闯关：西方国有经济体制革命》，广东经济出版社2000年版，第184页。

公司的国有股份公开出售，其国有股份比重从43.75%降至30%，两年之后又将费巴公司和大众汽车公司的国有股份全部出售，实现了私人经营两家企业。

　　第三，在原有国有企业的基础上，向社会公开发行私人股份，引入私人投资的成分。一般来说，国有企业效率效益低下的一个重要原因是由于企业的所有权不属于企业的经营者和劳动者，企业生产经营的好坏与经营者和劳动者的报酬无关，因此企业的生产经营者和劳动者丧失了最大限度地追求利润和提高生产效率的动力。在原有国有企业的基础上，向社会公开发行私人股份，引入私人投资成分，可以使国有企业的股权更加分散，鼓励企业职工主动参与到企业的经营管理中，有利于提高国有企业的生产效率和效益。为了避免在私有化过程中出现私人集团垄断的局面，实现分散股权的目的，英国政府规定大公司不得过多购买股票，对于大公司购买的股票比例往往加以比例或数量限制；而对一些小投资者认购股票则实行允许分期付款等一定的优惠措施，鼓励其积极购买股票。"在英国石油、电讯、天然气、航空等国有企业股权上市时，曾规定在开市后10小时内只面向那些保证持有这些股票3年以上的小额投资者，开市10小时后才以竞价的形式面向所有投资者。"[①]不仅如此，对于国有企业职工购买股票的情况，英国政府更是采取了限量免费股、折价出售、无限额购买等优惠政策鼓励企业员工持有股票。法国政府也对小额股票购买者实行了一定的优惠措施，购买者可以在一定的时间内先向有关部门登记购买股票数量，经过汇总整理后，依据优先满足小额购买者的原则，由政府确定分配股票比例。日本政府在对"国铁"等进行分割民营化改革的过程中，对国铁职工认购公司股票的情况也采取了支持和鼓励的态度。

　　第四，实行破产关闭。对于一些生产技术极为落后、管理混乱、存

---

① 伍柏麟、席春迎：《西方国有经济研究》，高等教育出版社1997年版，第166页。

在巨额亏损且一时无法挽救的国有企业，西方主要资本主义国家一般采取清理核算企业的资产，然后宣布其破产关闭。1992 年英国政府曾经关闭了国内的一大批煤矿企业，这些煤矿企业都存在管理极为混乱和亏损严重的情况。

西方主要资本主义国家的国有经济私有化改革改变了国有企业的产权结构和产权性质，是对国有企业管理体制的深层次的改革，势必会引起国有经济规模的缩小和比重的下降。但正是通过这一深层次的国有经济管理体制改革，才使国有企业真正被推入市场经济公平竞争的环境中，以追求企业的最大利润为最终目标，增强了国有企业在生产经营中的责任感和积极性，从而大大提高了企业的经营效率和经济效益。

第二节　西方主要各国国有经济私有化浪潮

二战结束后，西方主要资本主义国家在国有经济的发展过程中不断对其进行局部小规模的调整。到 20 世纪 70、80 年代，西方各国对国有经济的改革形成高潮，改革的力度和范围明显增大，其中对国有经济实行私有化成为此次西方国有经济改革中最突出的内容。国有经济的私有化浪潮始于英国的撒切尔政府和美国里根政府，之后迅速席卷整个资本主义世界。

一、英国私有化浪潮

自二战结束后至 70 年代中期，英国历届政府受凯恩斯主义理论的影响都采取扩大政府开支以增加国内投资和有效需求的政策，以求能够刺激经济的发展。在经历了战后经济增长的阶段后，英国国内在 70 年代开始出现高通货膨胀率和高失业率同时并存的现象，而且日益严重，英国整体经济发展止步不前，导致英国工党政府在大选中失利，以撒切尔为首相的保守党政府上台执政。撒切尔首相一上台便抛弃了凯恩斯主义理论，奉行新自由主义经济理论，面对严重的"滞胀"局面，一方面积极采取货币主义的政策，紧缩银根，降低货币发行量，另一方面减少政府开支和财政赤字，紧缩公共开支和提高银行利率等措施，并陆续撤销了前工党政府的3000多个项目。"抑制通货膨胀初见成效，撒切尔随即一鼓作气，同时在财政、税收、福利、工会等方向发起总攻，企图一举摧毁二战后英国工党建立的福利社会。这场战役就是后人所谓的'撒切尔革命'，其内容包括私有化、去监管化、减税、取消汇率管制、打击工会力量以及颂扬财富创造等。"①撒切尔政府主张减少国家对经济生活的干涉，充分发挥市场机制的调节，大肆推行对国有经济实行私有化改革的经济政策。总起来看，撒切尔政府的私有化改革过程可以分为三个阶段：

第一阶段是1979—1981年英国对国有经济进行私有化改革的试探阶段。1979年撒切尔政府将英国石油公司5%的股份出售给私人，这实际上是英国私有化改革的一种试探，同时也酝酿下一阶段的大规模私有化改革。第二阶段是1981—1984年英国真正大规模展开私有化改革的阶段。在这一阶段，英国政府先后将英国国家货运公司、电缆和无线电公司、宇航公司、石油和运输行业的股票相继出售给私人。这一阶段的大规模私有化改革既为英国政府带来了一定的财政收入，为私有化改革的推进奠定了财政基础和社会基础。据统计，在这一阶段的私有化运动中，仅仅通过出售英国石油公司一家国有企业的股票，英国政府就获得了近10亿英镑的收入，到1985年包括英国宇航公司、电报和无线电公司、国家货运公司、英国电信公司等在内的几家公司统统被出售给私人，为英国政府带来了近50亿英镑的收入。第三阶段是1984—1988年

---

① 高连奎：《世界如此危急》，http://www.21ccom.net/book/story.php?id=9779。

撒切尔政府将私有化改革向纵深推进的阶段，它以大规模的英国电信公司私有化为标志。1984年英国电信公司的50.2%股份成功出售，长途通讯公司私有化也带来了39亿美元的收入。1986—1988年期间英国政府又将包括英国航空公司、钢铁公司、煤气公司、海军造船厂等在内的一大批大型国有企业进行了私有化改革，这说明英国的私有化改革已经触及国有经济的中心地带。经过这一时期的私有化改革，英国的国有经济在国民生产总值中的比重由11.1%下降到了6.5%。更为重要的是，国有经济私有化改革在此过程中逐渐由右翼保守党政府的经济改革措施成为今后英国经济发展的主要政策，并获得英国社会其他成员的支持和合作。此时的私有化改革在英国整个社会经济生活中开始无孔不入，全面扩展开来。

英国政府在1989年后继续推行"私有化无禁区"的政策，开始出售一些带有自然垄断性质的国有企业。11月初出售10家自来水公司，1994年开始对铁路系统的私有化，进入21世纪，将英国皇家邮政转变为政府担任法人的有限责任公司，成立独立的监管机构，将原有的"国企宠儿"推向市场。

二、法国私有化改革浪潮

二战后，经过国内的国有化运动，法国国有经济规模不断扩大，国有经济部门在整个国民经济中占据了较大比重，1979年国有企业的投资额占国内投资总额的30.5%，法国成为西方资本主义各国中国有化程度较高的国家。20世纪80年代，西方各国国有经济的私有化运动风起云涌，当时的法国社会党密特朗政府却逆风而行在国内掀起了又一轮的国有化高潮，使国有企业的产值在整个国民经济总产值的比重达到22%。直到80年代中期，法国政权发生更迭，法国政府才开始对国有经济进行私有化改革，因此法国开始私有化改革的时间比英国晚了足足七年。法国真正开始私有化改革是在 1986 年希拉克政府执政后。1986 年 3 月希拉克政府开始执政，他一上台便制定了详细的私有化改革计划。同年 9 月法国政府出售了埃尔夫·阿基坦石油公司的 11% 股份，这标志着法国私有化改革正式开始。此后法国政府相继通过市场拍卖和场外交易等形式将圣戈班公司、汤普森公司、电话设备总公司以及巴黎国民银行和里昂信贷银行等 30 家国有公司和国有银行机构的股票进行公开出售，原公司雇员、国内普通民众、私有公司乃至外国公司等都可以选购出售的股票。到 1988 年，法国政府出售的国有资产总额达到 1200 亿法郎，快速实现了本国国有经济的私有化改革。法国政府在其国有经济的私有化改革中主要选择了一些竞争性部门中经济效益相对较好的国有企业公司，这些企业大多规模巨大，甚至在欧洲和世界上属于超大型企业，它们拥有众多的子公司和孙公司，在经营形式上实行主业突出、多种经营的综合发展战略，因此此类大型国有公司自身的发展比较完善，在国内外市场上具备较强竞争力，能够快速适应私有化改革后的环境变化，其私有化改革的道路会比较平坦和顺利一些。对于竞争性部门中效益很差的企业，如雷诺汽车公司、北方联合炼铁公司、洛林炼钢公司等国有企业公司则相对延缓其私有化改革的进程，首先对其采取加强公司管理、改进技术和调整产业结构等措施，使其逐渐适应市场竞争和具备一定的应变能力后再推向市场将其私有化。

三、联邦德国私有化改革浪潮

联邦德国是西方各国国有化程度较低的国家，其国有经济的比重与英、法、意等国相比一直不高，到 20 世纪 70 年代末，英国、法国、意大利三国国民经济中国有经济的投资比重都超过了 20%，而联邦德国国有经济的投资在整个国民经济总投资中所占的比重为 12.7%。战后联邦德国一直推行社会市场经济体制发展经济。路德维希·艾哈德是德国弗赖堡学派的经济学家之一，他自战后1948年起先后担任德国经济部长和总理，他依据德国弗赖堡学派的经济理论，在联邦德国建立起社会市场经济的体制，为德国战后经济的腾飞奠定了基础。弗赖堡学派提出，"社会市场经济不是自由放任式的市场经济，而是有意识地从社会政策角度加以控制的市场经济"，[①] 也就是说，社会市场经济是介于计划经济和自由放任市场经济之间的一种经济形式，即坚持自由竞争的市场经济为主、政府经济调节为辅的所谓的"第三条道路"。社会市场经济体制下，政府应该制定和执行各项经济政策引导私有经济的发展，同时政府有责任兴建一些基础设施和公用事业为市场经济的顺利运行创造良好的环境。社会市场经济体制的建立既发挥了自由市场机制在资源配置方面的有效作用，又兼顾了国有经济在资本主义国民经济中的积极作用，使战后德国经济迅速得以恢复，并创造了德国经济发展的奇迹。之后的德国历届政府都秉承这一经济体制，在铁路、水电、港口等基础设施和公共事业领域加强国有经济建设，除此之外的工业部门则国有经济发展不多。

在德国国有经济的发展过程中，德国政府不断根据经济发展的需要对国有经济做出调整和改革。总体来看，德国的国有经济改革大致分为三次：第一次改革是1959年至1965年，对大众汽车、煤铁联营公司等四家大型国有企业的部分股份私有化，但德国政府对这些国有企业的控制仍然有所保留，希望继续通过国有经济的发展为社会提供低廉而有效的基础设施和公共服务。因此政府在德国煤钢联营公司、大众汽车公司和费巴公司仍然分别保留了26.53%、40%和40.23%的股份。[②] 第二次私有化改革是1970—1976年将各市镇所有的公共企业进行私有化。将

① 谢瑶：《走向21世纪的德国》，中原农民出版社1999年版，第279页。
② 参见罗红波、戎殿新：《西欧公有企业》，经济日报出版社1994年版，第251页。

过去由各市镇经营管理的屠宰场、垃圾处理、地方水电和煤气等第三产业部门改由私人经营管理，以便将更多的国内资金集中到能源部门的建设上克服世界能源危机带来的经济困难。第三次私有化改革是1982—1985年，科尔政府制定了整套的私有化改革方案，用以大大降低国家干预程度，将出售的国有企业的股票收入投入到信息通讯技术等新科技部门研发方面，加强德国在新科技领域的优势地位。由此可见，联邦德国国有经济的私有化改革并非单纯要提高国有企业效益，而是一个循序渐进的长期过程，在这个过程中，德国政府不断根据本国经济的需要，适时调整国有经济的发展目标和任务，尽量减少国家对经济的直接干预，从而保证德国经济不断向前发展。

四、意大利私有化改革浪潮

意大利是西方国家中国有化程度较高的国家之一。1978年意大利国有经济的投资总额在整个国民经济投资总额中所占的比重高达47.1%，在西方主要资本主义国家中是最高的，国有经济的产值占整个国民总产值的24.7%，国有经济吸纳的就业人员占国内就业人数的25%，可以说国有经济在战后对意大利国内经济的恢复和发展发挥了非常重要的作用。但是随着科技的进步和世界经济形势的发展，意大利国有经济不断暴露出效率低下、效益很差的问题，80年代意大利国有经济对于因结构调整造成的失业严重等问题束手无策，且成为政府的沉重负担。面对本国国有经济的发展危机，意大利政府在20世纪70年代中期开始展开了对国有经济的改革和调整。最初的改革始自工业复兴公司、国家碳化氢公司和制造业投资公司这三家国家参与制集团。1976—1985年，国家碳化氢公司将下属19家国有公司的全部国有股份或部分股份卖给私人，制造业投资公司将15家国有企业的国有股份出售。随后，工业复兴公司在董事长普罗迪教授的领导下，对公司产

权结构进行了变革，在 1982—1985 年工业复兴公司将 14 家企业卖给
私人。1985 年意大利政府成立了专门审查国有企业买卖条件的相关委
员会，意大利的国有经济改革步伐不断加快。1987 年，意大利最大的
私有集团菲亚特公司成功购进工业复兴公司下属的阿尔法·罗密欧汽
车制造厂，1988 年初工业复兴公司出售它控制的中期信贷银行的股票，
其中 50％的股票卖给公众，6％卖给私有公司。1992—1993 年，意大
利国有经济改革的范围继续扩大，由国家参与制企业向所有国有企业
延伸。1992—1993 年根据相关法令，意大利先后将国家电话自治公司、
国家铁路公司、全国电力公司等国有企业改为股份公司，并将其公司
股份逐步出售。1994 年，国有经济改革扩展到保险行业，16 家国有社
会保险公司被私有化。

五、美国私有化改革浪潮

与其他西方主要资本主义国家相比，美国的国有经济在整个国家
的国民经济中所占比重较小，到 1979 年，美国的国有经济总资产为
1794 亿美元，国有经济的总产值在整个国民收入的比重不超过 1.2％—
1.5％，而同期法国、联邦德国、英国和意大利的这一比例都超过了
10％。美国的国有经济发展比较缓慢。20 世纪 30 年代，美国爆发了经
济大危机，罗斯福总统实行新政，建立了田纳西河流域管理局等第一批
国有企业，遭到了国内保守派的激烈反对，此后美国的国有经济发展一
直处于不温不火的状态。1939 年第二次世界大战爆发后，美国政府逐
渐加强国内国有企业的建设投资，二战期间美国政府建立了国防开发公
司、橡胶开发公司、美国商业公司等 2600 个大型国有企业。随着二战
的结束，美国政府开始清理战争期间建立的这些国有企业，"1945 年国
会通过了'政府公司控制法'要求到 1948 年 6 月 30 日之前将完全由政
府所有的企业清理完成，于是固定资产原值为 1 万多亿美元的国有企

业，只以 41 亿美元的价格出售给私人企业。"①20 世纪 50 年代美国政府在原子能、核能等高新技术产业建立了一批国有企业，到 70 年代末，除邮政由国家垄断经营和近 1/4 的电话、铁路归国家所有外，其余行业全部实行私有所有和经营。尽管美国的国有经济所占国民经济的比重不大，由英国掀起的私有化浪潮还是很快波及到了美国。1981 年美国政府开始推行私有化改革，首先拍卖了国有联合铁路货运公司和部分国有土地。次年，美国总统里根宣布成立联邦财产评议委员会，专门负责出售多余的联邦政府财产，并计划五年内出售金额达到 520 亿美元。1986 年美国政府提出了大规模出售联邦资产的建议，具体内容包括出售两个海军石油储备设施并减少其维护费用、出售五个卫星遥控站、出售包括消防和监狱在内的公共服务设施及其项目等内容。通过美国国有经济的改革，美国形成了较为特殊的"国有民营化"国有企业管理制度。

六、日本私有化改革浪潮

日本在西方主要资本主义各国中属于国有经济比重较小的国家，国有企业的数量较少，到 80 年代中期，日本的国有企业约有 1 万多家，占国内企业总数的 1%，在国有企业就业的劳动力占全国劳动力总数的 3%。19 世纪末日本政府兴建的军工、制铁等部门的国有企业大都是为了给国内的私有经济在同业中的生产经营给以示范，待私营经济逐渐发展成熟后，政府往往将原有的国有企业实行民营化。20 世纪日本政府推行军国主义发展路线，为了准备世界战争，成立了众多国有军工企业，在二战结束后日本政府对国有企业进行了清理和改组，首先遣散了国有军工企业，然后除了将铁路、烟、盐和电报电话等企业保留为国有企业外，其他大部分战争期间的国有企业停产或改为私有。对于战

---

① 　李刚平、王旭冉：《西方国资国企借镜》，《上海经济》2008 年第 11 期。

后成立的国有企业，"除了由于战后统制经济而暂时成立的公司，如煤炭、石油、肥料、食品等配给公司、船舶公司、产业复兴公司和贸易公司以外，新成立的国有企业大多是金融公司，主要作用是向民间企业提供资金，促进其尽快发展"。① 随着战后资本主义市场经济的迅猛发展，日本国内长期以来形成的国有企业经营管理体制越来越无法适应经济形势的发展变化。在过去的国有企业管理体制下，日本政府对国有企业实行高度集权的管理经营方式，国有企业基本没有经营自主权，只是作为政府的附属机构存在，企业的经营业绩也与经营者和职工的劳动报酬脱钩，造成了日本国有企业的经营者和劳动者的劳动积极性非常低落，整个国有企业丧失了改进技术和提高效益的动力。加之，日本的国有企业大都经营业务较为单一，并在其经营领域享有经营垄断权，这样严重阻碍了市场机制对国有企业发挥调节和制约作用。因而，70 年代末 80 年代初，在日本经济发展速度放缓、财政赤字不断攀升、国有企业亏损日益严重之际，日本政府开始着手展开对以国有铁路、电报电话和烟草专卖三大国有公司为代表的国有经济改革和调整。日本政府首先通过了关于上述三大国有公社的改革法律，将三大公社改为股份公司，并将其组织上市，然后逐步出售其中的国有股份。以日本国铁的改革为例，为了更好的推动日本国铁的改革计划，日本政府成立了第二次临时行政调查会和国铁再建监理委员会负责国铁的改革事宜，确定了国铁改革方案及其相关的法案，通过采取调整国铁的产权及债务关系、分散经营组织和安置剩余人员、企业经营形态的转变和新事业的开拓等三大步骤，在 1987 年对国铁终于实现了分割、民营化改革。经过几个方面的改革，日本国铁被分解为东日本、西日本、东海、北海道、四国、九州、货物七家股份制公司，最终形成了新的日本铁路体制。通过日本国铁的改革，改变了过去管理体制下政府过度干预企业经营活动的状况，企业经

---

① 潘华实：《日本国有企业管理体制及其启示》，《当代亚太》1999 年第 3 期。

营自主权有了很大提高，扩大了企业的经营范围，企业的经营方式可以更加灵活多变，企业在市场竞争中抵御风险的能力有所增强。对于日本电信电话公司和日本专卖公司的改革也采取了类似的措施。总体来看，通过日本的国有企业改革，国有企业的财务状况出现好转，企业的生产效率和服务质量都有所改善，国有企业开始重新焕发出活力。

第三节 关于西方资本主义国有经济私有化改革的思考

20世纪70、80年代，西方主要资本主义国家陆续对本国国有经济的经营管理进行了大规模的私有化改革，并取得了明显而良好的效果。随着各国私有化改革的不断深入和推进，关于西方国有经济的争论和质疑日渐增多，对西方国有经济乃至整个资本主义经济的发展产生了深远影响。正确认识西方主要资本主义国家国有经济的私有化改革问题，能够帮助我们更加清醒地认识西方国有经济的发展变化和历史作用。

一、私有化改革的内涵及其实质

20世纪70年代末80年代初，随着英国撒切尔政府对英国国有经济展开大刀阔斧的私有化改革，私有化浪潮便开始在西方主要资本主义国家陆续涌现，并成为主要各国国有经济发展过程中一个相当普遍和突出的现象。

（一）私有化改革的内涵

私有化改革的内涵包含着较为广泛的内容。通常说来，私有化不仅包括企业所有权的私有化，即政府把国有企业全部财产和股份或者部分财产和股份转让给私人或私人集团；而且还包括经营权的私有化，即"所有权私有化以外的所有旨在增加国有部门市场纪律约束的行为，即通常意义上的国有经济或国有企业的市场化调整与改革，借用定义为经营权私有化或观念私有化"①。相比而言，其中所有权的私有化是指国有企业产权的私有化，直接改变了国有企业的性质，由国有转变为私有，将原有的国有企业完全推入了市场经济的竞争环境之中，是一种深层次的私有化改革；而经营权私有化是在保持国有企业的产权不变的前提下进行的私有化改革，是一种浅层次上的改革，这一改革既保持了国家对企业的控制和掌握，又使国有企业获得了相对独立的经营自主权，扩大了企业的经营空间，大大提高了国有企业的经营活力。

在英美等西方主要资本主义国家，"私有化"一词的涵义也存在一些差异。在英国，私有化通常是指"把国有企业将其50%以上的股权出售给私人投资者即把财产所有权和控制权转让给私人部门"②，也就是说，在英国私有化的涵义是指所有权方面的私有化。而在美国等其他资本主义国家，私有化的涵义则更多地侧重于经营权方面的私有化，同时还包括一些放松政府管制、强化市场竞争等行为。20世纪70、80年代，美国曾经将价值133亿美元的国有厂房和设备租借给私人集团使用，还将包括供水、供电、公共交通、监狱等在内的众多城市基础服务设施也租借给私人经营管理。对于中国学者而言，私有化的涵义通常是指所有权的私有化，即产权私有化，表现形式为国有企业的出售或产权的转移。鉴于国内学界对西方国有经济改革习惯称之为"私有化改革"，本书中也暂时沿用了这一习惯性用语。但是，仍然需要指出的是，这实际上是对西方主要资本主义国家国有经济私有化改革的一种较为片面的理解，在20世纪70、80年代的西方国有经济私有化改革中，被完全转变为私有企业的国有企业所占的比例并不很高。据统计，在1979—1991年间的私有化浪潮中，英国共有16家国有企业被整体出售而完全转变

---

① 赵守日：《闯关：西方国有经济体制革命》，广东经济出版社2000年版，第102页。
② 伍柏麟、席春迎：《西方国有经济研究》，高等教育出版社1997年版，第159页。

为私有企业；德国在统一民主德国后，到 1994 年，只将原民主德国地区内的 1.7 万家中的 6321 家国有企业完全出售转化为私有企业。

（二）私有化改革的实质

20 世纪 70、80 年代国有经济私有化改革在西方主要资本主义国家不断推进，一时间国有经济在英美等西方国家整个国民经济的比重和规模迅速缩减，那么能不能据此就得出"国有经济在西方主要资本主义国家的发展是失败的"这种结论呢？正确认识西方主要资本主义国家的国有经济私有化改革的实质，将有助于人们对西方国有经济的未来发展做出较为合理的判断。

首先，西方主要资本主义国家的国有经济私有化改革是西方主要各国政府对实现国内经济资源优化配置方式的一次正常调整。如前文所述，国有经济在西方主要资本主义国家的兴起及其发展都是在当时特定的经济、政治和社会因素的共同作用的结果，从其诞生之日起，国有经济的发展就肩负着实现一定的经济目标和社会目标的双重任务，它能在资本主义市场经济中尤其是宏观经济效益方面发挥着私有经济所无法替代的作用。因此，国有经济与私有经济能够互为补充、互相配合为促进西方主要资本主义国家的经济快速发展做出重要的贡献。对于西方主要资本主义国家而言，国有化与私有化只是发展本国经济过程中采取资源优化配置的两种不同方式而已，通过国有化方式抑或私有化方式发展某些工业部门都是各国政府根据本国的经济发展需要做出的政策选择。所以，在西方主要国家不时会出现在同一个工业部门国有化方式与私有化方式交替使用的现象。英国的钢铁工业就是证明这一现象的最好例证。英国的钢铁工业在二战后至 20 世纪 80 年代短短几十年的时间里经历了数次的国有化与私有化改革。二战结束后，英国为了尽快恢复和发展本国的钢铁工业，将国内私人经营的钢铁公司购买过来，实行了国有化经营，但 1953 年英国政府将部分国有钢铁公司通过作价处理给私人企业经营，1964年面对国际市场上钢铁行业的激烈竞争，为了增强本国钢铁工业的竞争能力，英国政府对国内钢铁公司再次实行国有化经营，直到80年代末，英国的私有化浪潮波及到钢铁工业，英国的钢铁工业再次被私有化，交由私人企业经营。①

其次，国有经济的私有化改革实质上反映了西方主要资本主义国家进行国内经济结构调整的需要。二战后，英、美等西方主要资本主义国家先后经历了第三次科技革命的蓬勃发展，新科技革命一方面使各国的经济实力得到了迅速提高，综合国力明显增强，另一方面也使西方主要资本主义各国国内的经济结构出现了一些新变化。首先是第一、第二、第三产业之间的比重发生变化，相关产业所吸纳的就业劳动力人数同时随之发生变化。主要资本主义各国农业为主的第一产业和工业为主的第二产业在国民经济中的比重下降，而以信息、金融、服务等为代表的第三产业比重不断上升，在第三产业部门中从事劳动的就业人数明显增加。不仅如此，工业内部各行业部门之间的比重也出现新动向，新材料、新能源为代表的新兴工业部门在新科技革命的带动下迅猛发展，煤炭、采矿、钢铁等传统工业部门发展滞后。随着战后各国经济的逐渐恢复，西方主要资本主义各国的私人资本不断得到积累，力量大增。面对上述一系列经济结构方面的新变化和新趋势，西方主要资本主义国家亟需改进过去那种国有经济过分集中在传统工业部门的旧格局，不仅将国有企业的管理体制中引入私人经营管理方式方法，减轻了政府的财政负担，促进了国有经济的健康发展，而且各国政府还通过出售或租借国有企业等私有化措施将获得的大部分收益投入到需要扶助的新兴工业部门中，使新兴工业部门获得更多的资金支持，可以说国有经济的私有化改革是西方主要资本主义国家进行经济结构调整过程中一举两得的一项措施。

---

① 参见伍柏麟、席春迎：《西方国有经济研究》，高等教育出版社1997年版，第174页。

意大利的大型国有企业之一工业复兴公司曾经在80年代将本公司旗下阿尔法·罗密欧汽车制造厂等在战后初期发展起来的部分产业转让给私人企业，然后利用由此获得的巨额收益投入到了电子和宇航等高新技术产业领域中，帮助意大利实现国内工业经济结构的调整。美国政府曾经将为战争服务的大量军工企业拍卖给私人经营，收回了政府原有的投资超过100亿美元，并将这些资本重新投入到了能源、化学等重点工业部门支持其发展。"英国在1979年至1987年，政府共实现国有资产的转让收入175亿英镑，缓解了国家收支紧张的局面。到1988年法国共转让国有企业1200亿法律，主要用于新的建设项目。"①

最后，西方主要资本主义国家国有经济的私有化改革并不意味着各国政府在经济生活中的作用被削弱了。经过70、80年代的私有化改革，西方主要资本主义国家国有企业的数量明显减少，各国国有经济的发展出现了迅速下滑，甚至一度跌入发展的最低谷。但是并不能以此就得出主要资本主义各国政府对经济进行宏观调控的能力被削弱的结论。事实上，对国有经济进行私有化改革只是代表着各国政府对经济进行宏观调控和干预的方式发生了变化，也就是说，减少了过去通过投资建立国有企业和直接经营管理国有企业干预经济发展的措施，转而采取税收、立法等间接方式来对国民经济进行宏观调控。

作为20世纪七八十年代私有化浪潮的发起者，英国的国有经济私有化运动速度快、范围广，并深入到了国民经济的各个部门，但是既便如此，撒切尔政府在国有经济实施大规模的私有化改革后，对国民经济各部门的干预和影响仍然很大，单单在20世纪80年代英国政府就出台了包括《广播电台法》《运输法》《渔业法》《电讯法》《石油天然气法》《能源法》等涉及各行各业的相关法律和法规。可见，英国政府虽然放弃了过去直接管理和干预国有企业生产经营的宏观调控方式，但是却通过颁

---

① 李刚平、王旭冉：《西方国资国企借镜》，《上海经济》2008年第11期。

布更多的法令法规加强对工业各部门的立法管理，使国有经济总体发展和国民经济的走向趋势仍然掌控在国家政府的手中。

日本政府在对国铁公社、电信电话公社和专卖公社等国有企业进行民营化改革的时候，也相应加强了对国内经济管制的力度。"电信电话公社民营化后，邮政省加大了管制力度。原本形同虚设的邮政省管制在民营化后，特别是对拥有自有通信线路设备的第一种电力通信的经营企业的管制，涉及准入、费用乃至服务各个环节。""航空公司民营化后，运输省立即实施了双线、三线的多企业经营制，……但是这种促进竞争的政策终究是以政府限制准入为前提的，因此应看到，在民营化进程中，政府监督部门并未放弃使用调整供求型管制手段。"①

美国里根政府在80年代上台执政后，就将放松政府管制、缩减政府支出为其执政纲领，着手对国内环境保护、核能、消费品、农业、广播、有线电视等各个行业的管制问题进行改革。但是，到1982—1983年里根政府放松管制的宏观经济计划遭到失败，"在里根的第二个任期内，联邦管制人员人数又增加到了107000人，而以实际值计算的预算增加了18%，其中预算增加最多的是环境保护、银行和融资方面的管制。"②表4—3显示的是1970—1988年之间美国政府机构的管制预算变化情况，从表中的数据可以看出，在20世纪80年代的私有化浪潮之后，美国政府仍然在经济生活和社会生活的诸多方面进行着管制。在社会管制方面，美国政府除了对消费品安全、国家公路交通和核能管理领域出现较为明显的放松政府管制之外，在矿山安全、职业安全、表层采矿开垦、环境保护等社会领域则继续加强管制，尤其是环境保护方面，美国联邦政府为此做出的财政支出在1988年达到31.09亿美元，比1970年时环境保护公共支出费用翻了十倍还多，比1981年的相关支出也增长

---

① ［日］桥本寿郎等：《现代日本经济》，上海财经大学出版社2001年版，第238页。

② ［美］斯坦利·L.恩格尔曼等：《剑桥美国经济史：20世纪》（第三卷），中国人民大学出版社2008年版，第728页。

了一倍多。在经济生活领域，美国政府继续加强管制的趋势也十分明显，管制的范围涉及货币、保险、证券、通讯、能源、海事等重要领域，尤其是对证券、通讯和能源领域的管制更加严格。

表4—3　1970—1988财政年度美国政府机构的管制预算（百万美元，当前货币）

	1970年	1981年	1988年	1970—1981年变化率（%）	1981—1988年变化率（%）
社会管制					
消费品安全委员会	—	42	32		-24
海岸警卫队	94	512	499	444	-2
国家公路交通管理局	32	150	128	369	-15
矿山安全和卫生管理局	27	151	159	459	5
职业安全与健康署	—	209	234		12
平等就业机会委员会	13	138	180	961	30
表层采矿开垦办公室	—	122	369		12
环境保护署	205	1345	3109	556	131
核能管理委员会	64	499	398	679	-20
经济管理					
货币监理署	32	131	218	309	66
联邦存款保险公司	39	124	565	355	80
联邦储备体系	5	121	212	2320	75
证券和交易委员会	22	79	133	259	170
民用航空委员会	11	29	—	163	—
联邦通讯委员会	25	81	102	224	217
联邦能源管制委员会	18	74	101	224	217
联邦海事委员会	4	12	14	200	17
州际商业委员会	27	76	44	181	-42

续表

	1970 年	1981 年	1988 年	1970—1981 年变化率（%）	1981—1988 年变化率（%）
经济管理					
联邦贸易委员会	21	70	67	233	−4
反托拉斯分局（司法部）	10	44	45	340	1

资料来源：Melinda Warren and Kenneth Chilton，"The Regulatory Legacy of the Reagan Revolu-
tion: An Analysis of 1990 Federal Regulatory Budgets and Staffing"（St.Louis，Center
for the Strudy of American Business，1989）。转引自 [美] 斯坦利·L. 恩格尔曼等：《剑
桥美国经济史：20 世纪》（第三卷），中国人民大学出版社 2008 年版，第 728 页。

二、私有化改革的目的

西方主要资本主义国家的私有化运动使各国国内国有经济的规模和
比重迅速下降，对国有经济的经营管理体制发生了很大变化，西方各国
的经济增长速度开始回升。在看到私有化改革发挥作用的同时，应该注
意到此次西方国有经济私有化改革的目的并非完全为了彻底消灭国有经
济，而只是西方各国为了解决经济发展过程中出现的问题做出的一次正
常而普通的经济调整和改革。英国学者约翰·雷德伍德在研究英国私有
化运动时指出，英国的私有化运动之所以获得全国各阶层的一致合作
与支持，是因为它包含了几个主旨思想：一是"应该更多的个人通过购
买和拥有股票来分享全国工商业的财富"；二是"让雇员参与管理过程，
获得所有权和分享利润"；三是"提高已实行私有化企业的业绩"；四是
"终止部分国有企业的巨大损失"。[①]

---

① 参见 [美] 斯蒂夫·H. 汉克：《私有化与发展》，管维立等译，中国社会科学出版
社 1989 年版，第 165—167 页。

正因为此次私有化改革的目的不是为了消灭国有经济，所以私有化改革的范围是有限度的。这主要表现在：一是对国有企业进行有选择地私有化，首当其冲被私有化的国有企业往往是涉足竞争性部门的企业，这些竞争性部门的国有企业因为经常受到政府的诸多干涉而缺少经营自主权，无法及时应对市场经济中的快速变化，因此私有化改革有利于他们更加公平的参与市场竞争。西方主要资本主义各国政府还往往率先选择经济效益相对较好的国有企业进行私有化改革，对于效益太差的国有企业则因为存在诸多的困难而暂缓私有化的进程。二是此次西方国有经济的私有化改革虽然范围很广，但实际被完全私有化的国有企业规模不大，政府在多数实行私有化改革的企业里保持了控股的地位，保持了一定的特殊控制权，即政府可以在一些重要企业对投资和生产经营做出重大决策时采取措施维护国家经济利益的权力。法国在1985—1987年的私有化改革中预计对65家国有企业进行私有化，但实际只完成了10家国有企业的私有化改革，总资本额由原定的2750亿法郎降至不到1500亿法郎。[①] 英国撒切尔政府在对国有企业进行大规模私有化的同时，在一部分被私有化的企业中如电报无线电公司、阿姆沙国际公司、英国石油公司、英国电信公司、海链公司和美洲虎汽车公司等都设立了特殊的股票——"黄金股"，"黄金股"的主要作用就是国家政府在企业进行重大生产决策时仍然有权对企业进行控制和施加影响。同样地，在一些具有战略意义的国有企业被私有化的过程中，法国政府也制定了相关法律来确保国家的经济利益不受侵犯，比如在马特拉公司、埃尔夫·阿基坦石油公司和哈瓦斯出版公司等企业中，为了防止出现这些公司的股票被私人垄断和外国控制的现象，法国政府规定，在这些重要企业中，"国家持有'特定股'，对于任何想取得10%企业股票的投资者有决定权，

---

① 参见刘中桥：《中西方国有企业发展比较》，经济科学出版社2000年版，第125页。

以便保持国家对企业的控制。"①

三、私有化改革的成果

20 世纪 70、80 年代，西方主要资本主义国家对国有经济展开了大规模的私有化改革，使国有经济得到了较为明显地调整，并获得了较为突出的成就，对今后西方国有经济的发展产生了重要的影响。综合起来分析，西方国有经济的改革主要取得了以下几个方面的成绩。

首先，通过西方国有经济的改革提高了国有企业的生产效率，改善了国有企业的经营业绩，使国有企业的经营管理模式发生了根本转变。前文中已经提到，西方主要资本主义国家展开国有经济改革的直接原因是国有经济的经营业绩太差，而经营业绩太差主要是由于没有建立正确的国有企业管理体制，使政府对企业管得过多，统得过死，企业没有独立的经营自主权，失去了提高效率和经济效益的动力。通过对国有企业的私有化改革，改变了过去对国有经济实行垂直行政管理的体制，也改变了国有企业的产权性质和产权结构，使国有企业变为自主经营、自负盈亏、以市场为导向的经济实体，企业被完全置于市场经济的环境中公平参与竞争，树立起提高效率和追求效益的经营目标，从而扭转了国有企业长期以来严重亏损的局面。表 4—4 中显示的是英国国有企业私有化后经营业绩的显著变化。正如 4—4 表中所示，原来的国有企业经过私有化后，营业额和实际产出都有了明显增长。其中英国电讯公司的营业额由私有化前的 602.4 亿英镑猛增到私有化后的 1004.9 亿营业额几乎翻了一倍。英国货运公司的情况也是如此，在经历了私有化改革后，迅速实现了从低效到高效、从亏损到盈利的目标，营业额由原来的 77.4 亿攀升至 132.8 亿。英国钢铁公司在被私有化前的 1979 年亏损额达到

———————

① 罗红波、戎殿新：《西欧公有企业》，经济日报出版社 1994 年版，第 242 页。

8.39 亿英镑，私有化后的 1990 年盈利额达到 6.4 亿英镑；同一时期英国铁路公司由私有化前的亏损 2.27 亿英镑转变为私有化后的盈利 1.1 亿英镑。英国其他国有企业大致都经历了由私有化前的巨额亏损向私有化后的开始盈利这样一个转变过程。

日本最大的国有企业之一国铁公社，在被私有化以前每年需要政府提供巨额补贴，才能勉强维持其正常运营，1981 年政府向国铁公社提供的补贴高达 7335 亿日元，国铁公社使日本政府背负着沉重的财政负担，为此日本政府对国铁进行了私有化改革。经过改革整顿后的国铁公社客运量和货运量都有了明显增加，服务的质量也有了很大提高，日本政府为其提供的财政补贴逐年下降，到 1990 年国铁公社私有化改革基本完成之时，日本政府的财政补贴骤降为 18 亿日元。

意大利的私有化改革在提高国有企业的经营效益方面也取得了明显成效，1985 年全国碳化氢公司盈利 8220 亿里拉，这是自 70 年代中期以来碳化氢公司首次实现盈利；1986 年全国最大的国有公司伊里公司自 60 年代末以来首次出现盈利，盈利金额为 2990 亿里拉，同期意大利政府对伊里公司的财政补贴减少了 75%。

可见，通过西方主要资本主义国家的私有化改革运动，各国国有经济的经营管理大都得到了明显改善，各国国有企业的生产效率和经济效益得到了很大提高。

表 4—4　英国企业营业额和产出（单位：百万英镑）

企业名称	营业额（实际价格，1987 年）			产出增长（实际增长，%）	
	1979	私有化	1990	1979—私有化	私有—1990
私有化企业：					
阿默沙姆公司	71	79	170	11	115

续表

企业名称	营业额(实际价格,1987 年)			产出增长（实际增长,%）	
	1979	私有化	1990	1979—私有化	私有—1990
ABP	243	185	174	−24	−6
英国飞机场管理局	301	439	610	46	39
英国航空公司	3046	3278		8	20
英国天然气公司	5519	7610	6514	38	−14
英国钢铁公司	6106	3993	4172	−35	4
英国电讯公司	6024	9853	10049	30	28
C and W	449	519	1890	4	264
Ent 石油公司	—	288	275	—	−5
全国货运公司	774	614	1328	−21	116
罗尔斯—罗伊斯汽车公司	1575	1802	2417	14	34
公共部门：					
英国煤矿管理局	551	3383		−39	—
英国铁路公司	4280	2594		−39	—
邮　　局	2721	3639		34	—

资料来源：V.V. 拉曼德汉姆：《私有化：全球概观》，罗特利奇出版社 1993 年版，第 18 页。转引自罗红波、戎殿新：《西欧公有企业》，经济日报出版社 1994 年版，第 217 页。

　　其次，通过西方国有经济的改革，减轻了西方主要资本主义各国政府的沉重财政负担，为政府带来了一定的财政收入，从而可以将更多的资金投入到社会其他领域。西方各国在此次私有化改革中将原有的国有经济的股份大规模出售给私人，政府由此得到了一笔数量可观的收入，同时对亏损企业的私有化改革，使政府甩掉了长期以来的财政负担，整个国家的财政收入明显增加，使政府可以利用更多的资金进行社会公共

领域的建设，比如教育、医疗、科技等建设，为本国经济今后的长远
发展奠定基础。以日本为例，80 年代中期自日本政府对以日本国铁公
社、电信电话公社和烟草专卖公社为核心的私有化改革以来，日本政府
不仅每年能省去原先对三大公司达 2.54 万亿日元的巨额亏损补贴，而
且还能获得数额可观的税收收入。西方主要资本主义国家国有企业私有
化收益情况见下表。根据 4—5 表中提供的数据资料可以看到，英国在
七八十年代的私有化浪潮中私有化的收益与其他资本主义国家相比居首
位，其私有化收益占年均国内生产总值的 11.9%，其次为葡萄牙，私有
化时期累计收益占国内生产总值的 4.3%，法国、意大利等国的私有化
累计收益也达到了年均国内生产总值的 1% 以上，联邦德国的私有化累
计收益略少一些，但其收益也占国内生产总值的 0.5%。

表 4—5　西欧部分国家私有化收益情况比较

国家	私有化时期	私有化时期私有化累计收益占年均国内生产总值的百分比（%）
奥地利	1987—1990	0.9
法 国	1983—1991	1.5
联邦德国	1984—1990	0.5
意大利	1983—1991	1.4
荷 兰	1987—1991	1.0
葡萄牙	1989—1991	4.3
西班牙	1986—1990	0.5
瑞 典	1987—1990	1.2
英 国	1979—1991	11.9

资料来源：[德] 戴特·波斯：《欧洲国家私有化方式比较》，《经济与管理译丛》1993 年第 4 期。

　　最后，通过国有经济的改革及时调整了西方国有经济的发展方向，
有助于国家在新的产业部门投资发展国有经济，实现整体经济产业结构

的平衡和优化。正如前文所指出的，西方主要资本主义国家国有经济的私有化改革实质上反映了西方各国进行国民经济产业结构调整的需要。在各国资本主义国有经济的私有化改革过程中，部分国有企业从一些竞争性领域和垄断性领域逐渐退出，改变了过去国有经济独霸某些行业和部门的局面，使大量的私人企业获得了进入这些行业进行公平竞争的机会，这样既有利于国有企业为了应对激烈竞争进一步提高生产管理水平，也有利于通过企业优胜劣汰优化工业产业结构。同时国家可以根据经济发展的需要投资建立新的国有企业进入其他新兴的和急需科技创新的行业，协助其他更重要的企业的生产和发展，从而实现了国家经济的产业结构调整，优化了国内的产业发展结构。在英国，轰轰烈烈的私有化运动对国内的钢铁、煤炭和铁路等工业部门带来了强烈冲击，私有化改革改变了过去国有企业独霸这些行业部门的局面，私人企业开始进入这些国有企业长期垄断的领域参与竞争，这样就使钢铁、煤炭、铁路等行业的国有企业产生了巨大压力，这些企业开始积极应对市场竞争，不断提高产品质量和生产效率。1987 年英国钢铁公司 6 月至 12 月的利润为 1.9 亿英镑；英国煤炭局的生产效率提高了一半；英国铁路局需要的国家补贴也削减了近 30%。法国、意大利等其他主要资本主义国家政府也通过私有化改革对国内的产业结构进行了适当的调整。

四、私有化改革带来的问题

20 世纪 70、80 年代的国有经济私有化改革，使英美等西方主要资本主义国家的国有经济改变了过去生产效率极其低下、连年出现巨额亏损的状况，各国国有经济大都通过改革改善了企业的生产经营管理，提高了生产效率，随着国有企业经济效益的好转，西方主要各国政府的财政负担逐渐减轻。可以说，如果单纯从经济效益的指标来衡量，西方主要资本主义各国对国有经济的私有化改革无疑是成功的，其成效也是非常显著的。但是在各国的私有化改革取得成效之时，私有化改革也带来了一些问题，归纳起来这些问题主要集中在以下几个方面。

一是私有化改革带来了大量工人失业的问题。在西方主要资本主义各国的国有经济私有化改革过程中，绝大部分国有企业转变为私有企业后，唯一的经营目标就是最大限度地追求利润，而不愿再承担诸如维持就业等社会目标，因此国有企业被私有化后必然要进行精简机构、裁汰冗员，将原来所吸纳的过多的就业劳动力进行削减，从而减轻企业的经济负担，有利于企业提高自身的生产效率和经济效益。但是国有企业被私有化后的大规模裁员行为，势必会带来大量工人失业的问题，并引发各国社会劳资关系的紧张，甚至可能使各国国内的社会秩序陷入动荡不安之中。

作为此次私有化运动的"先头兵部队"，英国自私有化运动以来，国内工人失业率一直处于较高的状态，失业的范围也从蓝领工人逐渐扩大到白领员工，为此英国国内的失业工人抗议活动不断涌现。1992 年英国政府在私有化运动中下令关闭了一大批亏损严重、经营困难的国有煤矿，大量矿工失业，从而引发了英国自战后国内最大的煤矿工人大罢工。法国的私有化改革之后也面临大量工人失业的问题。1985 年法国失业人数为 245.8 万人，失业率为 10.2%；1986 年失业人数增加到 251.7 万人，失业率增加到 10.5%，1987 年失业人数继续上升，增加到 262.2 万人，失业率为 10.6%。[①] 日本政府在对"国铁"进行分割民营化改革时，在不增加新雇佣员工的前提下，估计产生剩余人员 93，000人，尽管日本政府采取了相应的措施安置了部分剩余人员，但最后还是出现了原国铁剩余人员 41，000 人。由于原来的国铁劳动工会当初就极力排斥分割民营化改革，因此"国劳"工会经常在安置剩余人员就业问题上与日本政府存在较大分歧，并将这些分歧诉诸各都道府县地方劳动委员会，据统计到 1988 年为止"国劳"提出的申诉案件达到 171 件。

---

① 　参见伍柏麟、席迎春：《西方国有经济研究》，高等教育出版社 1997 年版，第 180 页。

可见，西方主要资本主义国家私有化改革带来的工人失业问题已经成为当时各国急需解决的社会问题。

二是私有化改革在一定程度上损害了普通公众尤其是低收入阶层人民的利益。西方主要资本主义各国的国有经济很多都集中在供水、电力、天然气等公共服务和基础设施领域，各国普通公众往往只需支付较为低廉的费用就可以从这些国有企业获得良好的生活必需品和公共服务。这些国有企业的服务或产品在一定程度上带有向普通民众提供社会福利的性质。但是这类国有企业被私有化后往往改变了过去为公众提供一定福利的初衷，生产经营的目标只是单纯追求最大限度的利润，因此在改善经营管理的同时提高产品和相关服务的价格成为一些被私有化后的国有企业的发展趋势，这样就必然会损害到普通公众尤其是低收入阶层民众的利益。1987 年，英国民众对私有化后的英国电信公司的服务质量日益不满，英国政府不得不对电信行业的服务和价格制定了相关规则，要求企业必需维护顾客的权利。英国天然气公司在私有化后，天然气的价格不断提高，普通民众纷纷要求产品降价，但出现了天然气企业利用垄断市场联合抵制政府降价的情况，为此英国政府只好强行拆散天然气公司，重新改组企业，从而满足社会公众的生活需要。

三是私有化改革会使西方主要资本主义国家的贫富差距进一步扩大，一定程度上加速社会阶层的分化。尽管西方主要资本主义各国政府在对国有企业进行私有化的过程中采取了种种措施避免实力雄厚的私人集团或外国资本过多地购买企业股票，但是在各国的私有化改革中，富人还是可以凭借其富裕的资本购买到较多的企业股票，从而在企业获得利润之间分得较多的红利。而穷人阶层因为无力购买更多的企业股票则不可能获得丰厚的回报。在英国，随着撒切尔政府改革的推进，私有化和去福利化浪潮大刀阔斧进行，英国社会开始出现了一些问题。"一些低收入的平民还必须交纳个人所得税，贫富差距越拉越大，生活在底层的人对撒切尔的不顾一切产生了不满。在其执政期间英国的社会公平指标倒退了半个世纪，回到 1930 年的水平，贫困和社会排斥再次成为严峻的社会问题，而且在 80 年代后期，通货膨胀再次出现，政府的紧缩政策导致很多企业破产，七百多万人忍饥挨饿。越来越多加入到反对撒切尔的队伍中，保守党的执政地位岌岌可危。"①

由此可见，西方主要资本主义国家的国有经济私有化改革虽然在提高国有企业的生产效率和经济效益等方面取得了不错的成效，但是私有化改革也绝非尽善尽美，在提高经济效益的同时如何兼顾社会效益，如何妥善处理效率与公平之间的关系仍然是西方主要资本主义国家国有经济改革的一个重要难题。

20 世纪 70、80 年代，随着战后西方主要资本主义各国经济的复苏与发展，国有经济在社会宏观效益方面所展示的光环逐渐褪去，经济效益方面的问题异常凸显。为此，西方主要资本主义各国纷纷掀起了国有经济的私有化改革浪潮。伴随着国有经济私有化改革的不断深入推进，西方各国国有经济的规模和比重逐步下降，国有经济进入了发展历史上的收缩与调整时期。与此同时，世界各国的学界与政界中关于国有经济与私有经济的效率之争以及对国有经济历史作用的质疑再次增多，关于西方国有经济未来的发展趋势成为人们热议的焦点。在本章中分别对私有化改革兴起的原因、私有化改革的内容、主要各国私有化改革的过程、私有化改革的实质及其改革的成果和后果等问题逐一展开论述和讨论。通过对西方主要资本主义国家国有经济私有化改革时期的系统梳理和概括性总结，可以对西方国有经济的私有化改革做出以下几点认识：

一是对国有经济的私有化改革并不意味着对西方主要资本主义国家国有经济的完全否定，更不能抹杀西方国有经济在资本主义市场经济发展过程中所发挥的积极历史作用，而国有经济所发挥过的积极作用是资本主义私有经济所无法取代的。西方主要资本主义各国国有经济的私有

---

① 　高连奎：《世界如此危急》，http://www.21ccom.net/book/story.php?id=9780。

化改革浪潮的终极目标也并非为了消灭本国的国有经济，而是旨在通过改革使国有经济能够扬长避短，清除其效率低下、经济效益差的国有企业，促使余下的国有经济继续在资本主义经济中继续地发挥其引导整体国民经济发展、为自由竞争的市场经济更好服务等积极作用。

二是此次国有经济的私有化改革在实质上反映了西方主要资本主义各国的经济产业结构发生了一些新的变化，改革只是西方各国政府根据整体经济发展的要求在国有经济发展过程中进行的一次正常适当的调整。尽管在此次私有化改革的深度和广度较大，但这并不代表国有经济在西方主要资本主义各国的发展彻底失败，更谈不上"私有化战胜国有化"的结论。2007 年以来新一轮国际金融危机再次证明，对于资本主义国家来说，应对战争或危机等特殊时期的最有效和直接的手段仍然是政府干预下的国有化措施。2007 年美国爆发次贷危机，之后危机不断蔓延恶化最终引发国际性金融危机。为了稳定本国金融市场，英国、美国、德国等主要资本主义国家果断实施危机救助方案，采取设立救助基金和国有化等多种救助措施，延缓危机对国内经济的冲击。"美国政府 2008 年 9 月起相继宣布以相关机构优先股、认证股权或普通股为交换，向房利美和房地美、美国国际集团、花旗集团等大型金融企业注资。2009 年 6 月通用汽车公司向美国纽约联邦破产法院申请破产保护，进行破产调整。重整后新通用汽车公司的股份将由债转股形成，其中60% 的股份由美国联邦政府持有。"① 美国通用汽车公司由过去最大的私有汽车公司变成了真正的国有企业。可见，只要西方主要资本主义国家政府在整个国民经济中的宏观调控能力不被削弱，国家政府干预经济的大趋势不发生改变，国有经济在西方主要各国重新获得繁荣发展的可能性就会继续存在。

---

① 金镕、刘戒骄：《西方国家应对金融危机的国有化措施分析》，《经济研究》2009 年第 11 期。

第五章

西方资本主义国有经济经营与管理

国有经济是国家直接干预和参与经济活动的一种方式，它具有"社会性"和"企业性"的双重属性。自第一次世界大战以来，国有经济已经开始广泛分布于西方资本主义各国的市场经济中。随着国有经济的弊端逐渐显现，各国开始在 20 世纪 70 年代展开对本国国有经济的改革，通过股份制等形式有计划、有步骤地推进本国私有化改革进程，积累了丰富的改革经验。本章将具体介绍西方主要资本主义国家中各具特色的国有经济管理模式以及在各国国有经济发展过程中具有代表性的国有企业，以期加深对 20 世纪 80 年代私有化浪潮后各国国有经济发展变迁的认识。

第一节 资本主义国有经济经营管理的基本模式

20 世纪 70、80 年代，西方主要资本主义各国国有经济的私有化改革进行地如火如荼。这次私有化改革的浪潮使国有经济在西方各国国民经济中的比重和规模迅速下降。通过对国有经济大刀阔斧地改革，西方主要资本主义各国经济呈现出新的发展气象，实现了新一轮的经济增长，逐渐在私有化改革过程中形成了各具特色的国有经济经营管理模式。

一、英国"传统管理制"模式

英国国有化特别委员会对国有企业的界定是"凡企业的董事会成员由内阁各相应大臣任命，其报告和账目由国有化工业特别委员会进行检查，年度收入不能全部或不能主要依靠国会提供或财政部门预付其资金的企业，均称国有企业"。[①] 英国的国有经济形式大体分为国家企业（State Enterprises）、国有公司（State-owned Companies）和国管公司（State-sponsored Enterprises）三种类型。[②] 其中国家企业由国家完全拥有，国家企业主要是一些兵工厂等科研机构，它们往往肩负特殊国家使命，要由国家严格管理控制。国有公司实行混合股份制，由国家拥有全部股份或大部分股份，在英国这类企业较少。国管公司则是指国家聘请董事会成员依照国家制定的方针政策进行经营管理，国管公司享有相对独立的权力，可以独立处理日常经营事务，并可以向政府申请较多优惠

---

① 侯珺然、曹洁:《英国和日本国有企业改革的经验及启示》,《日本问题研究》2005 年第 4 期。

② Henry Parris, Pierre Pestieall and Peter Saynor:*Public Enterprise in Western Europe*, Chatham Ltd 1987, p.21.

政策。

英国对国有企业的管理一直采取比较传统的管理方式。政府凭借对国有经济的国家所有权，包括占有、使用、收益和处分权，对国有经济进行全方位、全过程的管理和控制，首相、财政大臣和主管部门大臣三方分别掌握行政权、财政权和管辖权。政府对国有企业实行管理的渠道主要有"制定宏观经济政策、颁布部际指导原则和指令、发表白皮书和特别报告"。① 在这种基本管理模式下，英国政府在国有企业中享有人事管理、财务管理、价格收入管理等重要权力。英国国有企业的董事会成员一律由国有企业的行业主管部门任命，企业的经营目标等重大问题的决策权掌握在国家手里，国家拥有对国有企业发布指示的权力，还拥有确定国有企业的工资和产品价格等权力。

在上述诸多前提下，国有企业才能享有制定详细的生产计划、进行公司日常管理等自主权。国有企业可以根据需要申请更多的政府资助。可以说，在英国传统的国有经济管理模式中，英国政府的权力在国有经济的管理实践中占据主导地位，国有企业要受到政府的严格管理。英国国有经济的这种基本管理模式与英国国有企业的发展特点有关。英国的国有企业资本和生产集中程度较高，单个企业的规模巨大，在某些部门国有企业处于绝对优势地位，国有企业的任何变动都会引起英国整个国民经济的波动，因此英国的国有企业较多采取国家独自控股的形式而较少采取国家参股形式，这就势必会出现国家管理权限过大、企业权限过小的局面。除了政府管理之外，英国国有企业还要接受来自国家审计署的财务监督和议会的法律监督等管理。英国"国家审计署可以对国有（或国有控股）企业执行国家政策、国有股买卖、国有资金使用情况开展绩效审计"，② 并根据审计报告提出可行建议。例如 2009 年英国能源公司

---

① 张敏：《论英国国有企业的经营与管理》，《欧洲》1996 年第 5 期。
② 李晓波：《英国国有企业绩效审计的借鉴》，《东岳论丛》2013 年第 4 期。

出售 36％的股份获得 44 亿英镑后准备筹建新的核电站，为此国家审计署着重对其政策目标实现、竞争、风险和债务管理等方面进行审计，最后提出了建议。议会对国有企业的法律监督则主要包括颁布法令确定国有企业的生产经营宏观目标、决定国有企业的改组出售和撤销、审核国有企业的年度报告、借款限额等。英国国有企业的私有化改革必须经议会同意并依据议会颁布的相关法令严格执行。"通常情况下，议会对国有企业的经费计划只略加改动，对企业所面临的外部融资限额问题提出指导性建议，只有应政府的要求，议会才会修正或补充外部融资限额要求。"①

20 世纪 70 年代，英国国有经济亏损严重、效率低下等弊病凸显，英国政府不得不采取了诸多措施对国有企业的经营管理进行了改革。改革的措施主要包括：加强大臣和国有企业的战略决策关系，大臣和董事会共同审批企业的重大决策和大政方针；逐步减少国家对国有企业的财政资助，督促企业进入市场参与竞争并获取效益；放松国家对国有企业的部分监督权。② 总体来看，英国采取的是众多资本主义国家中较为基本的管理模式，其管理过死等弊端也比较普遍，经过大规模的私有化改革后，英国原有国有企业的生产经营积极参与市场竞争，经营业绩开始有所好转。但 20 世纪 90 年代后期的英国政府私有化改革并没有取得预期成效，尤其是对英国铁路公司的私有化改革难度较大。当时英国政府将国有铁路公司的铁轨、信号、车站管理和旅客服务等业务交付给多家私有公司竞争经营，试图通过引入私人投资减轻政府投资负担，并成立铁路战略管理局和商务管理机制规监部来宏观管理和协调私有铁路公司间的经济利益。然而出人意料的是，私有化后的铁路公司却经常出现出轨、晚点等交通事故，引发英国国民的不满，经营利润逐年下降，其主

① 张敏：《论英国国有企业的经营与管理》，《欧洲》1996 年第 5 期。
② 参见魏磊：《英、法、西德、瑞典四国对国有企业管理的比较》，《理论前沿》1988 年第 42 期。

要原因是由于私有化后的铁路公司只为盈利却缺乏对公司维修资金的长期投入，设备老化、管理不善等问题日渐突出，甚至出现巨额亏损。2001 年英国铁路公司欠债高达 33 亿英镑，之后宣告破产，为此英国政府不得不重新出台全面改善全国铁路运输系统的报告，详细规定了铁路运营、管理和维修等方面的细则，并收回了铁路维护权。①

二、法国"计划合同制"模式

法国是西方主要资本主义国家中中央集权化程度比较高、拥有国有企业比较多的国家。在法国的资本主义市场经济体制中，计划指导和市场机制互为补充，国家调控和自由竞争相辅相成，国有经济和私有经济互相影响，国有企业在法国获得了较多的发展机会。如前所述，法国的国有经济经过了几次较大的国有化浪潮后，除了集中于公共事业和基础设施等领域外，还在飞机制造、钢铁、化纤、电子、玻璃等重要行业占有很大比重，国有经济对于法国经济的发展具有非常重要的意义。据资料显示，"1982 年法国国有企业在钢铁行业的比重为 80%，航空运输行业为 87%；在邮政、电信、铁路运输、烟草以及煤气生产等方面，国有企业的控制程度甚至高达 100%，在基础化工、人造纤维、有色金属等行业，国有企业的比重也超过了 50%；员工在 2000 人以上的工业企业全部为国有，投资额和营业额都占到了全国的 40%，员工占全国就业人口的 23%。"② 在国有经济的发展和改革实践过程中，法国政府逐渐总结出了一套比较实用的国有经济管理模式，其主要特征可以概括为如下几点：

---

① 参见侯珺然、曹洁：《英国和日本国有企业改革的经验及启示》，《日本问题研究》2005 年第 4 期。

② 李志祥、张应语等：《法国国有企业的改革实践及成效》，《经济与管理研究》2007 年第 7 期。

一是对国有企业实行分类管理。从经营性质来看，法国的国有企业大致可以分为垄断性国有企业和竞争性国有企业两大类。两种国有企业分别集中在不同的工商业部门，企业的经营目标存在差异，因此法国政府对此实行不同的管理方式。垄断性国有企业主要集中在两大领域——以邮政、国家印刷厂、自来水厂等为代表的非法人或从事工商活动具有行政性质的基础设施部门和以电力、能源、银行、煤矿等为代表的具有法人地位支柱性公用事业机构。对于公共性的基础设施企业，政府往往实行国有独资公司形式，掌握100％公司股份；对于带有垄断性国有企业，政府实行国家控股公司形式，掌握51％以上公司股份。这些公共性和垄断性国有企业经营目标更多的是为社会和经济发展服务的非赢利性目标，法国政府一般采取直接管理和间接管理相结合的方法管理此类企业，从投资到分配均实行严格管理和控制。相比之下，对于分布在竞争性领域的国有企业，法国政府则采取国家参股形式，控制企业的少量股份，较多地通过政策引导、法律规范等间接管理的方法管理竞争性国有企业，使这类企业拥有较多自主权，其生产经营基本与私人企业并无太大差别。

二是对国有企业内部的人事和财务问题实行多样化管理方式。在人事管理方面，法国国有企业实行的是董事会领导下的经理负责制。董事会是企业的最高决策机构，董事会由国家代表、经济学家代表和职工代表三方组成，其中国家代表和经济学家代表要由国家政府直接任命。在国家决定控股的国有企业中，董事长和总经理由相关政府主管部门提名，讨论通过后可以法令形式任命。在国家部分控股的企业中，董事长的人选由企业董事会决定。国有企业的董事长做出重大决策时要与其所属主管部门例如交通部等商议，如果董事长与主管部门的意见存在异议而不愿执行上级主管部门的意见，董事长可以主动提出辞职，政府也有撤换董事长的权力。在财务管理方面，法国政府对国有企业的价格、投资、工资分配等方面都有权干涉，政府对垄断性国有企业的投资管理、产品价格和工资分配等方面实行严格管制。在投资管理方面，实行基金会控制，法国政府设有专门的国有企业管理机构确定垄断性国有企业的投资额度并控制企业借款额度；同时政府还监督此类国有企业的产品价格波动，防止其利用市场垄断地位制定高价谋取暴利；在公司工资管理方面，"工资管制的原则是边际收益抵偿边际成本，工资管理上由政府下达工资总额增长幅度和规定行业内工资等级与标准。"[1]此外，扭亏增盈是政府对国有企业财务监督的一项重要内容。对于垄断性国有企业因为长期服务于社会发展而产生的政策性亏损，经过国家相关部门的严格稽查与审核后，法国政府会酌情予以一定额度的补贴；如果竞争性国有企业出现亏损，法国政府则没有义务给予补贴，企业就会面临破产倒闭的危机。

　　三是通过计划合同明确国家与企业的经济目标和责任。为明确国有企业与政府之间的权力与责任，法国政府实行计划合同化管理本国国有企业。法国政府是否与国有企业签订计划合同主要依据两个原则——"一是看企业有无新的发展目标。二是看企业所处经济地位和企业经营管理的性质。"[2]如果合同中国有企业没有制定新的明确发展目标，只为加强经营管理，或者国有企业今后的发展战略与国民经济发展关系并不密切，则政府就不会选择与国有企业签订专门的计划合同。国有企业首先提出可行的发展计划和要求，然后与政府主管部门协商一致后，与法国政府签订计划合同。计划合同的内容主要包括国有企业的中长期发展目标、投资计划、财务规划、维持就业、技术研发等具体计划中企业所要承担的责任和义务，还包括国家给企业的投资补贴和财政支持等方面的责任和义务。"在90年代，与政府签订计划合同的国有企业大约占

---

① 邱力生：《德国、法国对国有企业管理的评介与借鉴》，《经济评论》1998年第1期。
② 叶祥松：《法国国有企业管理体制及其启示》，《特区理论与实践》1996年第4期。

全国国有企业总数的一半左右。"①法国政府与竞争性国有企业签订合同时，通常只是笼统地规定国有企业的发展目标，而较少明确规定数字目标。

四是对国有企业实行多重监督体系。法国政府在国有企业的经营管理实践中逐渐形成了以财务监督为主、内外监督相结合的多重监督管理体制。法国政府对国有企业监督的基本方针是："政府对国有企业实施严格和有效的监管，以确保国有资产的保值和增值；公共服务领域的国有企业必须兼顾社会利益和经济利益，经济利益服从社会利益；政府给予国有企业充分的自主经营权，使他们有足够的能力参与市场竞争。"②在这种多重监督体系中，财政部向企业派驻国家监督员代表国家对国有企业的财务管理、投资活动等进行监督；各行业主管部门派出行政监督员对国有企业发展方向与重大经济决策以及企业执行政府的方针政策情况进行技术监督；国家审计院负责对国有企业的会计账目和经营效益进行核查监督，对企业经营效率与效益进行评估；国有企业还要接受议会的行政性监督，按时向议会提交企业的相关报告和资料等。除上述来自外部的监督之外，法国国有企业内部也需按照法律规定设立审计部门，按时审计企业内部财务状况，为企业董事会提供财务预算分析和风险预测等。

总体上看，法国实行"计划合同制"的国有企业管理方式是一种比较实用有效的管理方式，它既能保证一些非常重要的国有企业牢牢掌握在法国政府手中，以充分实现国家的宏观调控和长远产业政策目标；又能在一定程度上给予国有企业经营自主权，促进国有企业积极参与市场竞争。21 世纪初，法国国有企业经济效益逐年扭亏为盈，据法国国

---

① 邱国栋、于萍：《西方国家国有企业管理模式的比较与借鉴》，《海外之窗》2003 年第 4 期。

② 李志祥、张应语等：《法国国有企业的改革实践及成效》，《经济与管理研究》2007 年第 7 期。

有资产局（APE）2005 年发布的国有资产报告称，包括法国燃气公司、电力公司、电信公司等在内的近 40 家国有企业经营业绩良好，财政状况不断好转。

三、联邦德国"三权分立制"模式

联邦德国在战后实行的是社会市场经济的经济体制，这种经济体制的核心思想是以自由竞争的市场经济为主，给予私有经济充分的发展空间，辅之以政府调节，使国有经济只有在比私营经济更有效率的领域才参与经营。在这一经济体制核心思想的指导下，联邦德国的国有经济在国民经济中的比重一直不大，《欧洲国有经济联合中心年鉴》统计显示，"1985 年联邦德国国有企业数量为 3758 家，股份公司和有限公司总量在整个国民经济中的比重为 1.1%，固定资产投资总额为 532 亿马克，在国民经济中所占比重为 14.8%，总产值为 1716 亿马克，占国民经济的比重为 9.6%，职工人数为 1730，000 人。"[①] 联邦德国政府从本国的实际情况出发将国有企业的比例控制在合理范围内，并经过几次大规模的私有化改革后建立了一套较为独特的国有经济管理模式。

一是政府宏观管理层面上实行分类管理与分级管理相结合。联邦德国法律体系包括《私法》《公法》和《刑法》等系列，依照国内法律形式来分，联邦德国的国有企业可分为两大类。一类是按照公法建立的国有企业，这类企业主要集中在联邦铁路、邮政、联邦印刷等基础设施和公共服务部门。1985 年在联邦德国以公法建立的国有企业有 1888 家，这些国有企业以提供价格适中的产品及劳务、完成社会公共服务为主要任务，国家对此类企业实行直接经营和管理的方法，为其发展经营提供

---

① 转引自阿明·波奈特、弗兰克·米勒：《联邦德国的国有企业：地位目标能力》，《经济社会体制比较》1991 年第 5 期。

免税等优惠政策，并为此类国有企业出现的亏损提供相应财政补贴；另一类是按照私法建立，以追求盈利为主要目标的国有企业，这类企业大多集中在工业部门，例如大众汽车股份公司、工业联合股份公司、工业管理股份公司等大型工业集团，1985年这类企业在联邦德国达到1870家。联邦德国政府按照股份的多少参与此类国有企业的管理，它们具备独立的法人地位，按照市场法则自主经营、自负盈亏，与私有企业在市场经济中展开公开竞争，遵守同样的法律，政府不对其提供特殊的保护和优惠。对国有企业实行分级管理是指联邦德国的国有企业并非全部属于联邦政府所有，而分别属于联邦、州和市镇三级政府等不同等级的政府所有。各级政府所属的国有企业分布领域有所差异。分属联邦政府管理的国有企业一般集中在公共交通、铁路、邮政通讯等全国公共性企业和德国钢铁、电力等大型垄断性企业；州级政府的国有企业主要集中在广播电视公司、医院、区域性银行等基础产业设施领域；市镇政府下属的国有企业则更多满足于当地民众的实际生活需要，分布在水、电、煤气、公交等公共服务领域。联邦、州和市镇三级政府对下属的国有企业实行分级独立管理，各级政府之间一般情况下不得出现交叉干涉管理。

二是公司微观管理层面上实行三权分立式管理。联邦德国国有企业大多采取股份制公司和有限责任公司的组织形式，其管理最突出的特点就是公司内部实行董事会、监事会和股东大会三权分立、相互制衡的管理机制。其中董事会是国有企业的法人代表，拥有经营权，全面负责企业的日常生产经营管理和发展规划决策，董事会由董事长领导，董事长主要负责本国有企业的总体经营管理事宜，各位董事则在自己的管辖范围内独立核算，同时与其他董事共同承担企业的经营管理责任。董事会要对监事会负责，在监事会监督下从事企业的生产经营活动。监事会拥有对国有企业的监督管理权，负责选举董事会人员、监督企业的生产业务活动和重大决策事宜，每年定期举行相关会议。监事会一般由股东代表、员工代表和工会代表三方人员共同组成，监事会成员一般均为对企

业管理经营具有丰富经验的专业人士，监事会有权对董事会的重大业务
进行审核、监督和了解，有权审查或委托专家审查公司的财务状况，董
事会在做出出售或购买、关闭工厂、投资100万马克以上等重大业务决
策时必须向企业的监事会报告。国有企业的所有权属于股东大会，股东
大会是维护股东利益的场所，它不干预公司的正常经营，只负责选举出
监事会的股东代表、批准董事会和监事会的年度工作报告等，股东大会
一般每年召开一次正式大会，对公司的经营决策行使问讯权和表决权。
联邦德国国有企业由董事会、监事会和股东大会三权分立、相互制约的
管理方式，使国有企业的经营决策权、监督管理权和所有权等权力分配
较为均衡，权力各方的分工非常明确，彼此之间互相合作、互相监督，
从而保障了国有企业生产经营更加科学化和有效化。

　　三是实行社会经济审计人、财政部和审计署多层监督体制。联邦德
国政府往往较少直接干预国有企业内部生产经营事务，但可以通过社会
审计人和财政部、联邦审计署等多方面机构对国有企业的生产发展实行
严格监督管理。社会经济审计人主要负责对国有企业的"年终结算包括
债券、存款、财产价值和债务清单等以及董事会和监事会成员薪金总
额"① 进行审查，联邦政府会委托社会经济审计人在审核后对国有企业
的重要问题提出合理意见与建议。财政部负责对国有企业进行具体的国
有资产监督管理，各产业主管部门只负责在生产经营方面给予指导。财
政部有权决定国有企业的成立以及资金供给额度，"可以按照法律形式
规定董事会必须遵守的基本原则，对国有企业发展状况、关系国家经
济命脉的国有企业的发展目标、适当的投资或补贴等方面进行宏观监
督"。② 联邦审计署对国有企业也有很大的监督权，它有权查看国有企
业的任何文件，要求财政部将国有企业董事会会议的相关记录以及监事

---

① 　林晓：《德国国有企业管理的特点》，《德国研究》1995年第4期。
② 　国家经贸委赴德法考察团：《德国、法国国有企业的监督与管理》，《经济研究参考》
　　1997年第7期。

会报告等重要文件送交审核，并需要回复审计署的任何质询。

此外，民主德国与联邦德国统一前，实行社会主义计划经济体制的原德意志民主共和国国内国有企业数量庞大，1990 年东西德国统一后，联邦德国政府接管了来自东德地区的 4 万多家国有企业，其中大中型国有企业达到 8000 多家。为了妥善处置这些国有企业，尽快使其与联邦德国的社会市场经济体制接轨，联邦德国政府成立专门的国有资产信托管理局管理与改造接管的国有企业。托管局依照德国议会通过的《全民所有制企业的私有化和重组法》和《信托法》首先对国有企业资产进行综合评估，理顺国有企业内部及相互之间的债务关系，随后针对不同类型国有企业采取公开招标、租赁承包、股份制改造、停产关闭等多种形式进行整顿重组，通过积极努力，托管局终于完成了改造原民主德国国有企业的历史重任，于 1994 年底解散。据统计资料显示，"在处置之初对原东德的全民所有资产的估值约为 13000 亿马克，但由于经济落后、设备陈旧、原有职工必须妥善安置等因素是企业拍卖难以按估值价格成交，因此处置后的资产实际上出现负值，即负的 2100 亿马克。"①

四、意大利"国家参与制"模式

在西方主要资本主义国家中，意大利是国有企业占国民经济比重较高的国家之一，国有经济在意大利国家发展过程中占据重要地位，尤其是战后对意大利经济的发展发挥了无可替代的历史作用。据统计，"1991 年意全国总销售额中，国有企业占 22.8%；总投资额中，国有企业占 33.4%；总就业人口中，国有企业占 20.8%。"②20 世纪 90 年代以来，意大利国有企业连年出现巨额亏损，使意大利国家发展背上了沉重的财

---

① 张东明:《德国国有企业改革的启示与借鉴》,《财政研究》2013 年第 1 期。
② 中国驻意大利使馆经商处:《意大利国有企业私有化的进展情况及我们的建议》,《经济改革与发展》1994 年第 6 期。

政负担，迫使意大利政府在90年代开始大规模的国有企业私有化进程。

从资本运作形式和经营形式来看，意大利的国有企业可分为国有自治公司、国有化企业、市政企业和国家参与制企业四大类，四类国有企业之间在经营目标上存在差异，分别在不同领域发挥着各自的作用。国有自治公司一般是归政府所有并负责经营的垄断性企业，例如邮政、铁路等；国有化企业是全部归国家所有但具有法人地位的企业；市政企业主要是以地区性基础设施为基础的归市政所有的企业，如医院、自来水企业等；国家参与制企业是国家拥有51%以上股份具有独立法人地位的企业，这类企业以股份公司的形式组建，意大利政府通过所拥有的大量股份而控制其发展，但企业自身有相对独立的自主经营权。

国家参与制是意大利国有经济经营管理模式的主要特色，国家参与制企业在意大利国有经济中占有最主要的地位。意大利国有企业国家参与制的管理模式分为三个层次：国家参与部—各级控股公司—国有企业。这种管理模式的特点是设立专门的国有资产管理局，将国家的经营资产管理职能从国家的总职能中分离出来，从而构成相对独立的国有经济管理系统。在意大利的国家参与制管理模式中，三个不同层次的部门机构各有明确的分工。国家参与部处于此种管理模式的核心，是意大利政府成立的专门负责管理国有资产的行政部门，它的主要职能是负责将国家政府的政策、计划等及时传达给各控股公司，通过控股公司对国有股份进行全面管理，代表政府对国有资产的投资、转让等经营行为进行审批和核查。各控股公司根据国家参与股权的情况，负责管理下属公司的国有资产，向下属公司及时传达国家政府的政策方针和经济计划，监督下属公司的生产经营和计划执行情况，并定期向国家参与部报送公司计划。此外，国家参与部还要向政府提名所控股公司的董事长人选，负责任命各控股公司的财经事务和工业事务董事、审计委员会成员和总经理。意大利国家参与部下属三家最大的国有全资控股公司主要包括伊里集团（意大利工业复兴公司）、埃尼公司（国家碳化氢公司）、埃菲姆集团（制造业和筹资公司）三家大型集团公司，它们下属控制着众多大大小小的子公司和孙公司。以伊里集团为例，该集团下辖 14 家部门次级控股公司，这些次级控股公司又直接或间接地控制着数量众多的业务公司，据统计 1984 年伊里公司通过股份制实际控制的公司多达 700 多家。各级控股公司控制下的国有企业要对国有资产进行生产和管理，保证企业的正常经营和运作，以实现企业利润为目标，还要向上级控股公司每年提交本企业的财务预算、目标完成等重要文件。

从意大利国有企业的内部管理机制来看，伊里、埃尼和埃菲姆三大国有控股公司各自的董事会是各公司的首要执行部门，公司董事会由"董事长、副董事长、由国家参与部任命的财经事务专家和工业事务专家、政府审计员、国库总监、国有资产总监、工业总监、劳工与社会保障部的国民就业总监及其有关部委的代表组成"。[①] 董事长经国家参与部提名后由政府正式任命，每届任期三年，到期后意大利政府视公司情况决定是否连任。董事会有权决定本公司股份交易和发行债券，向国家参与部提交财务报告和提名公司总经理人选等。国有公司董事会中的常务委员会由正副董事长和几名专家组成，公司监督委员会由国家参与部和国家审计院等派出代表组成，负责监督公司董事会对国家政策方针和战略规划的执行情况以及本公司的财务情况等。公司总经理负责公司的日常管理与生产经营事务。

在意大利国家参与制管理模式中，除了国家参与部之外，意大利政府中的经济计划部际委员会和工业政策部际委员会也参与协同国家参与部管理本国的国有企业。两个部际委员会由政府总理领衔，由工商部长等各部部长组成，负责制定国家参与制企业的基本政策和计划规定等。"其中经济计划部际委员会负责检查计划的执行情况，对控股公司向国家的拨款申请提出意见，协调国家参与部与其他政府部门的工作，但无

---

① 唐宁：《意大利的国家参与制企业集团》，《中国石化》1995 年第 7 期。

权过问控股公司的管理工作"。[1] 国家审计院主要对国家参与制企业进行审计监督，并向国会提交审核报告。

　　总体上说，通过这种国家参与制式的管理体制，使意大利的国有经济管理形成了较为独立的体系，防止了其他政府部门过多地干涉国有企业的生产经营事务，国有企业也不必疲于应付政府各级主管部门的相关管理制度和规定，使国有企业的生产经营能够稳定持久地进行下去。但是，国家参与制管理模式的弊端也非常明显，例如管理层次过多、管理低效能、控股公司过于集中财权等，因此1993年意大利政府通过立法、加强监督和私有化等措施进一步加强国有经济整顿与改革，"截至2004年末，意大利国有企业控股约920亿欧元，非控股约1000亿欧元，其中有26个国有企业国家绝对控股"。[2]

五、美国"国有民营制"模式

　　美国是当今时代经济实力最为雄厚的发达资本主义国家，正如前文所述，美国是西方主要老牌资本主义国家中国有经济在整个国民经济中比重最小的国家。美国的国有企业数量很少，直到20世纪30年代遭遇资本主义经济大危机，美国国有企业数量与重要性才有所增加，二战时期美国政府成立数以千计的军工企业以应对战争需要，战后美国政府陆续将一些国有企业出售给私人部门，到20世纪70年代末期，美国国有经济的产值占国民收入的比重仅为1.2%—1.3%。美国国有经济发展较弱，究其原因主要是由于美国始终信奉经济自由主义市场至上的原则，无论民主党还是保守党执政的政府都极力反对国有经济，认为只要通过市场经济能完成的，就一定避免政府干预。"据美国报刊统计，在20世

---

① 林汉川：《意大利管理国有企业别具一格》，《中外管理》1994年第8期。
② 任晶晶：《意大利国有企业监管主体间相互协调的机制及启示》，《经济纵横》2006年第11期。

纪 80 年代，美国经济中除邮政、公路属于国有外，铁路的国有部分只占全国的 25%，电力只占 25%，国有企业的就业人数仅占全国就业人数的 1.5%"。① 美国里根政府在 20 世纪 80 年代初开始国内私有化改革，后经过布什、克林顿等几届政府持续改革，国有经济在整个国民经济中的比重进一步降低。

第一，美国国有企业内部实行董事会管理。美国国有企业大致分为两类——政府完全所有企业和公私混合所有制企业。在政府完全拥有的国有企业中，政府有权任命超过一半以上的董事会成员，在充分权衡各方面利益集团力量后，美国政府负责选出部分政府官员或联邦雇员担任董事会成员。董事长一般情况下由美国总统指定任命，有时也会由董事会选举产生。例如"美国联邦保险公司的三名董事中，一名为财政部官员，另两名则由总统任命，参议院批准，任期为 6 年，其中一名由董事会选为董事会主席。"② 在美国公私混合制国有企业中，政府负责选出任命 40% 左右的董事会成员，董事长和总经理都由董事会选举产生。

第二，美国国会对国有企业行使监督权。美国国有企业的产权由美国国会所拥有，因此美国国会对国有企业进行严格监督管理。美国国会要对每个国有企业单独立法，明确规定其经营方式与经营范围、公司的独立法人地位和企业与政府直接的权利义务等，有关国有企业的建立、体制改革和破产等问题都需要通过国会审议通过后才能付诸实施。如有需要，美国国会可随时审查国有企业的运行情况，有权要求国有企业负责人到国会陈述法律执行情况或政策实施情况，并可做出对国有企业撤销、兼并或者出售等相应决策。国有企业如果从事国会法令规定以外的任何活动均被视为违法行为。此外，美国国会还会向国有企业派遣监督

---

① 黄书猛：《美法练过的国有企业管理及其对我国的借鉴意义》，《经济与社会发展》2003 年第 4 期。

② 叶祥松：《美国国有企业管理体制对我国国有企业管理体制改革的启示》，《世界经济与政治》1996 年第 7 期。

人员，对企业进行财物监管，保证国家政府对企业利润分配及亏损等方面的决策权。

第三，美国政府主要采取"国有民营制"管理国有企业。据资料显示，对于部分政府完全拥有的国有企业，美国政府主要采取直接管理的方法进行管理，这部分国有企业管理的主要特点是国有企业的设立和管理必须有专门的立法，国有企业的领导人员由美国联邦政府直接任命，兼有政府官员和企业领导等多重身份，同时企业每年提交年度预算计划、被置于政府的严格审计控制之下。[①] 除此之外，美国政府对国有企业采取"国有民营制"进行经营管理，"国有民营制"主要包括租赁经营和招标承包两种形式。租赁经营就是把国有企业的生产经营权出租给私人垄断组织。通常的做法是政府和私人组织协商租赁条件签订租赁合同，合同明确出租者和承租者的权利义务。一般情况下，政府通过加工订货来保障承租企业的产品销路，承租者出资负责维持国有企业的正常生产经营并按合同按期缴纳一定的租金。租赁经营形式在美国的适用范围很广，美国政府甚至将美国国防部下属的军工企业、原子能工厂和国家投资建设的造船厂等军事性质的工业企业也出租给私人组织经营，这在其他西方资本主义国家中是绝无仅有的。招标承包形式则是由美国政府选定企业进行招标，择优选定主承包商，政府与主承包方签订承包合同后，由主承包方负责管理整个的承包工程，即使出现转包或分包，都由主承包方对美国政府负责。

总体上说，美国国有经济的"国有民营制"通过美国政府与私人组织之间签订合同的方式，将双方的权利义务、经营目标等明确写进合同，在政府拥有企业所有权的基础上简化了政府管理的程序，同时赋予私人承包方较大的企业自主权，能够灵活地进行生产经营，因此美国国

---

① 参见赵守日：《闯关：西方国有经济体制革命》，广东经济出版社 2000 年版，第 92—93 页。

有企业的"国有民营制"是一种简便高效的管理方式。

六、日本"高度集权制"模式

日本是一个高度发达的市场经济国家，在西方主要资本主义国家中日本属于国有企业在国民经济的比重比较低的国家。20世纪80年代，日本国内的国有企业数量只有100多家，占国内企业总数的1%，国有企业所容纳的就业人数只占国内就业总人数的2%左右，与美国的情况有些类似。日本的国有企业虽然数量不多，但是分布却非常集中，主要分布在"交通、通讯事业和电力、煤气、自来水等基础设施领域，建筑业和金融、保险不动产业也占有一定比例，这类企业的政府持股率从32%—100%不等，通常在51%以上。"[1] 国有企业的集中分布与日本国内的经济发展有着密切的关系。日本实行的是政府主导型的市场经济体制，这种市场经济体制的突出特点是以市场为基础，政府通过经济计划、产业政策等手段对市场经济进行强有力的干预，引导资源配置的方向，从而实现国家经济的增长目标。在这种经济体制下，日本政府一般不会直接干预国内大企业的经营决策，而是通过公开制定中长期计划和宏观经济政策，预示本国未来一段时期内的经济走向，虽然这些经济计划和政策不具备法律效力，但对国内大企业的发展与经营却具有行政指导功能，国有企业可以根据日本政府的经济计划及产业政策及时做出战略调整，而日本政府则只需要在此基础上为国内大企业提供必要的基础设施和资金资助，因此在直接的工业生产领域，日本的国有企业分布较少。

日本的国有企业可分为三类：一是由日本政府直接投资建立并负责

---

① 杨大楷、王忠枝等:《外国国有企业资产经营与管理的实践》,《世界经济研究》1999年第4期。

经营的企业；二是由日本政府出资建立但由企业自主经营的特殊法人企业；三是公私混合经营企业。日本政府直营企业主要包括日本的邮电事业、印刷业、造币业、国有林业和酒业专卖等五种行业，这些企业完全由日本中央政府直接经营，自来水业、工业用水、汽车运输、煤气等行业则由地方政府直接经营。政府直营企业不具备独立的法人地位，是完全的国家所有并负责经营的企业，企业几乎没有经营自主权，完全受日本中央政府支配监管，但作为带有公益性的国有企业可以享受政府为企业经营生产提供的低息贷款等资金援助，并享有一定的土地征用特权等。特殊法人企业具有独立法人资格，享有较大的经营自主权，日本政府对这类企业实行间接管理的方法，在 20 世纪 80 年代中后期，这类企业在经历了日本民营化改革的浪潮后大多转变为公私混合公司。公私混合经营企业中，日本政府只是其中的投资参股者之一，拥有相对较多的股份，作为最大的股东，日本政府对企业的生产经营决策拥有最终的决策权，这类公私混合经营的国有企业一般较多地从事地区开发、城市建设和港口建设等开发项目。企业内部管理方面，直营企业里设有代表日本政府的最高决策机构和日常工作执行机构，在日本各界代表人物中选拔出委员，经国会批准后组成委员会，实行委员会协商制度。对于特殊法人企业，日本政府则具备业务监督权，可以征收报告或进行现场检查。

总体看来，与其他国家相比，日本的国有经济管理体制是一种高度集权的管理模式。日本政府作为企业的所有者，对企业行使较多的行政管理权。日本政府一方面通过相关法律来明确国有企业的责任和义务，同时为国有企业提供低息贷款、土地征用等优惠条件和特殊援助；另一方面通过严格的制度来干预和监督企业的生产经营活动，企业的最高领导人必须经过日本政府批准，企业的用工制度、投资管理、业务开展也受到政府控制，即使在一些政府参与的私有企业中，日本政府对企业也能产生实质性的影响。可以说，日本国有企业的管理体制带有浓厚的传统集权色彩。

第二节　西方资本主义知名国有企业概况

西方主要资本主义各国在市场经济发展过程中从本国实际出发建立了一定规模的国有企业，并经历了私有化改革浪潮后形成了各具特色的国有经济经营管理模式。在西方主要各国不断摸索如何经营管理国有经济的实践过程中，众多曾经为本国发展立下过汗马功劳的国有企业被政府推入市场，面临新的机遇与挑战。本节将择取其中最为知名的数家国有企业作一简单介绍，以帮助加深对西方主要资本主义各国国有经济改革与管理的理解。

一、英国皇家邮政集团

英国皇家邮政集团（Royal Mail Group）是世界上最古老的邮政部门，也是英国规模最大的企业之一。它创立于 1516 年，是英国国王亨利八世为了服务于王室成员而建，到 1635 年皇家邮政开始对英国民众提供服务业务。1650 年，皇家邮政确立为"邮政总局"（General Post Office），属于英国政府的一个分支部门。它首创了世界邮票制度，并在第二次工业革命浪潮后陆续开办了电报电话业务。1969 年英国皇家邮政更名为"邮局"（The Post Office），正式成为英国国有企业。

作为带有公共服务性质的部门或企业，皇家邮政集团曾经在大英帝国历史上发挥过非常重要的作用。尤其在第一次世界大战期间，名为"邮政总局"的皇家邮政集团积极服务国家战争前线，从发布招募人员、投入西线战争到确保战争期间通讯安全都做出重要贡献。一战期间，英国皇家邮政集团约有 75,000 人直接投入战争服务，还拥有一支人数大约为 12,000 的步兵团，这支完全由皇家邮政集团员工组成的部队主要在西线参加战斗，据统计有 1800 多人牺牲、4500 多人受伤。[1] 为了确保战争期间通信安全快捷，皇家邮政集团成立专门部门，有 2500 名员工负责处理信件和包裹开往部队，在高峰期甚至每星期由皇家邮政集团投递 1200 万封信和 1 万个包裹。此外，一战期间皇家邮政集团还为军队总部和前线之间建立了通讯系统以及军队内部邮政系统。皇家邮政集团因其在一战中的杰出贡献而载入英国史册。

英国皇家邮政集团自创立以来，一直在国内邮政行业处于垄断地位，主要承担英国及国际主要邮政业务。20 世纪 80 年代，英国首相撒切尔夫人在国内掀起大规模私有化浪潮，1981 年皇家邮政集团所拥有的电信业务被剥离出去成立英国电信公司，后被英国政府实行私有化改革。但皇家邮政集团在这次私有化浪潮中仍然保留在国有企业的阵营中。这一时期，皇家邮政集团成立公司董事会，实行董事会领导下的总经理负责制。"作为英国所剩不多的大型国有企业集团，有 20 万人的庞大员工队伍，在英国 45 亿—60 亿英镑的邮政市场中，独占 99％的份额。它在全国均匀分布着 14500 个邮局网络，使全国 94％的人口在离居住地 1 英里内就有一个邮局。皇家邮政还是英国最大的外币供应者和最主要的旅游保险提供者。"[2] 2001 年皇家邮政集团依照新的法令进行改组，更名为"Consignia 公共有限责任公司"，并建立邮政行业监管委员会和邮政用户理事会，加强对皇家邮政的行业部门监管与社会公共监管，同时改邮政垄断经营方式为许可证经营方式，为邮政行业的进一步改革打下基础。接下来的几年中，皇家邮政集团连续出现巨额亏损，仅 2002 年一年企业累计亏损达 20 亿英镑，经营效益急剧下滑，服务质量大幅下降。为了改善皇家邮政集团效率日益低下的状况，英国政府于 2006 年开始开放国内邮政市场，向国内十几家邮政公司发放了经营许

---

[1]　英国皇家邮政集团官网，参见 http://www.royalmailgroup.com/about—us/heritage/first—world—war。

[2]　柳茗：《皇家邮政：曲折改革路》，《中国新闻周刊》2006 年 1 月 16 日。

可证，这一改革给皇家邮政集团带来了前所未有的冲击，激烈的市场竞争迫使公司不得不裁员 5 万人，公司养老基金赤字居高不下，并引发了 2007 年和 2009 年邮政系统员工的两次全国性大规模罢工，英国国有邮政系统一度瘫痪。面对邮政系统的混乱局面，2011 年英国政府重新启动关于皇家邮政的私有化方案。"英国政府承担了皇家邮政 38 亿英镑的退休金赤字，并在出售 52% 的股份外，有条件地免费预留了 10% 股份给全职员工以安抚情绪。"①

　　目前，皇家邮政集团主要负责经营的邮递信件业务和包裹服务已于 2013 年 10 月在伦敦股票交易所上市，英国政府仍持有皇家邮政 30% 股权。至于负责邮局柜台管理，并承办各类理财业务的"邮局公司"（Post Office Limited），则仍为英国政府全资拥有。皇家邮政集团内部实行董事会领导制，董事会每月举行两次，主要负责制定本企业的目标和战略，为皇家邮政集团商业活动的所有关键领域提供有效的领导，形成良好的道德标准，管理财务风险和业务控制的整体框架、经营业绩分配等，监管企业发展符合法律要求并维护股东利益。此外，皇家邮政集团还设有四个委员会：审计与风险委员会负责审查企业所有财务报表，以确保企业在内部控制和风险管理流程有效运作；提名委员会负责评估平衡董事会成员的能力、知识和多样性，并确保董事会成员能够有序渐进地更新；薪酬委员会负责确定皇家邮政集团高级管理人员的薪酬以及有利于企业发展的激励机制；养老金委员会负责审查和监测企业养老金计划的执行情况等。②

---

①　赵思蜜：《英国皇家邮政：500 年国企宠儿公转私》，《法律与生活》2014 年 5 月上半期。

②　参见英国皇家邮政集团官网，http://www.royalmailgroup.com/about—us/manage-ment—committees。

二、法国电力集团[①]

法国电力集团（Électricité De France，简称 EDF）是一家上市的法国政府国有控股企业，2005 年 10 月在欧洲交易所上市之前，法国政府拥有该集团超过 85% 的股权。法国电力集团的经营业务范围除了包括电力行业的所有环节外，还扩大到了天然气和能源服务领域，成为现今世界能源市场上的主力军。

法国电力集团成立于 1946 年。第二次世界大战结束后，法国国内90% 的家庭已经能够获得足够的电力用于照明和使用小家电，但当时预计以后每 10 年法国国内消费者的用电需求就会增加一倍。为了未来的长远发展，1946 年 4 月 8 日法国政府颁布法令将国内 1450 家经营电力、燃气发电输电与配电的公司实行国有化，创建了法国电力公司，并在1947 年开始建造欧洲最大规模的水电项目来完善电力基础设施。20 世纪 50 年代法国电力公司提供电力支持，并向国内用户普及有关用电的诸多好处。二战后 60 年代，法国逐渐从战争阴霾中走出，经济开始复苏繁荣，社会生活水平不断提高，随着国内家庭在日常生活中使用家用电器数量的不断增长，国内对能源的需求也逐渐增长，1963 年法国电力集团在希农联网了国内第一个民用核电站。20 世纪 70 年代是法国电力集团经营发电、供电、供热等业务的一个分水岭，随着 1973—1974年世界石油危机的来临，法国必须改变将石油作为电力主要来源的窘迫境况。为此，法国电力集团开始转向核动力发电，宣布它打算在两年内建造 13 座核电站，这一举措标志着法国的电力能源走向独立。1977 年，法国电力集团加压水反应堆的首台机组投入运行发电，但是由于国内电力产出和消费之间的不均衡，1978 年 12 月 19 日的国内大停电造成 3/4

---

① 本部分内容主要依据法国电力集团官网资料整理，http://about—us.edf.com/profile/
history。

的法国无电可用。进入 20 世纪 80 年代，随着新的核电厂的调试和输电网的现代化，法国终于迎来了全面"电气化"的时代，法国电力集团开始通过出口先进的核发电技术来积极参与世界各地的核电厂建设。之后，随着经济全球化时代世界市场的不断开放与合作交流，法国电力集团的全球影响力也获得同步增长。目前，法国电力集团已经成为世界领先地位的电力公司之一，是全球范围内最大的供电服务商之一，在世界各地拥有大约 3910 万用户，并在欧洲、亚洲、拉美和非洲等 20 多个国家投资超过 120 亿欧元。

　　法国电力集团实行董事会领导制。法国政府从国家国有资产管理部门中挑选合适人选作为政府股东代表入驻企业，负责监督企业并将企业经营管理状况报告给财政部和工业部等部门。集团董事会成员通过集团股东大会宣布任命，董事会在专业咨询委员会的支持下商讨决定公司的经营政策，并确保这些政策的贯彻落实。董事会负责审议所有下属公司或集团的战略、经济、金融和技术政策，以及法律明确赋予董事会有权处理的事宜。政府还从相关行业管理部门选派多名专门人员参与组成专业咨询委员会，负责监督集团的能源可持续发展、气候生态等方面的问题，咨询委员会有权出席集团董事会。另外，法国电力集团还成立了独立的职业规范委员会和可持续发展研究小组，帮助集团推进可持续发展战略。作为国家电力和能源的重要国有企业，法国电力集团不仅积极加强集团竞争力追求企业经济效益，还从国家整体利益和长远利益出发，努力确保经济社会的可持续性发展。依靠卓越的技术研发与业务技能发展可再生能源、提高能源生态效率，在维护环境发展方面承担起社会责任，从而成为世界能源与电力市场上的国际典范。

三、德国大众汽车集团

　　总部位于德国中部沃尔夫斯堡市的德国大众汽车集团（The

Volkswagen Group）是世界领先的汽车制造商之一和欧洲最大的汽车制造商，集团旗下拥有奥迪、斯柯达、宾利、布加迪、兰博基尼、保时捷等十二个著名汽车品牌，2013年占据全球汽车销售市场12.9%的销售份额。

德国大众汽车集团是一家由德国地方政府控股专营汽车业务的国有股份公司，公司有着近80年的发展历程。汽车工业兴起于第一次世界大战爆发以前，但那时汽车对于普通国民来说还是一种税负很高的奢侈品。流水生产线技术的广泛应用带动了现代汽车工业的快速发展，在德国"国民汽车"的观念逐渐被人广为接受。1933年德国进入由希特勒掌权的纳粹独裁时期，希特勒开始敦促实施国民汽车计划。1934年1月17日，世界著名汽车设计大师费迪南德·波尔舍向德国政府提出一份为大众设计生产汽车的建议书，后获得纳粹政府批准，但由于当时货币供给不足、物资短缺，计划很难付诸实施。1937年5月28日，德国国民车筹备股份有限公司成立，由于国内民众购买力不足，公司成立之初国民汽车的生产目标很难实现。第二次世界大战爆发后，德国大众汽车公司开始为希特勒政府实现战争目标服务，1939年公司为德国维修战机并供应空军油箱和机翼，之后则为纳粹政府生产制造了大量多用途军用车辆。二战结束后，英国政府于1945年6月接管汽车公司，在英军保护下德国大众汽车公司优先获得能源和原料为英国临时政府生产汽车。1949年德意志联邦共和国建立后，大众汽车公司交由德国联邦政府和下萨克森州政府所有，联邦政府和州政府各自拥有公司50%的股份。作为百分百的大型国有企业，大众汽车公司的经营管理越来越与联邦德国国内的社会市场经济体制不适应，公司没有独立自主经营的权利。20世纪60年代，经联邦政府与下萨克森州政府协商后各自出售国有股权的30%给社会公众，德国大众汽车公司由完全国有企业转变为国有控股公司。1986年，德国联邦政府将所拥有的剩余20%股份出售完毕，下萨克森州政府称为公司最大股东，但其较少干预公司的经营活动，公司拥有相对独立的法人地位。德国大众汽车公司进行股份制改造的同时，开始走出国门陆续收购西亚特、斯柯达、保时捷、铃木等众多品牌汽车公司，进军世界各国的汽车市场，成为世界最大的汽车制造商之一。

依照联邦德国法律，德国大众汽车集团内部实行股东大会、监事会和董事会三权分立式管理体系。股东大会掌握企业的所有权，负责选举监事会的股东代表、修改公司章程等事宜，每年召开一次。集团监事会按照德国共同决策法由20名成员组成，一半成员来自股东代表，另一半成员来自公司职工代表。根据公司章程规定，下萨克森州政府因持有集团普通股份超过15%有权任命两名股东代表，监事会剩余股东代表由股东大会选举产生，监事会职工代表则由公司全体员工选出。监事会负责选举任命董事会成员，并监督董事会的经营活动，审查大众汽车集团每年的财务状况与经营情况，并对董事会所做的重大经营决策行使批准权或否决权。董事会是德国大众汽车集团的法人代表，负责企业的全部生产经营活动，每年撰写企业年度工作报告提交集团监事会审理。目前大众汽车集团董事会成员共包括9名成员，每个董事会成员负责集团内部的一个或多个业务领域。三权分立式的管理体系和职工参与制形式为德国大众汽车集团的正常运营与发展奠定了良好的制度基础。

四、意大利埃尼集团

意大利埃尼集团，全称为国家碳化氢公司（Ente Nazionale Idrocar-buri，简称ENI），是当今世界著名的跨国石油公司之一，是意大利国内最大的石油天然气开采商和石油产品生产供应商。公司的经营范围主要包括石油和天然气的勘探与开采，石油炼制和油品营销以及石油化工产品的生产与销售及油田的工程承包与服务。迄今为止，意大利埃尼集团已经在世界各地83个国家开展石油能源业务，控制着国内外302家分公司，公司雇员总人数达到 84404 人。

意大利埃尼集团是由意大利政府控股的上下游能源业务经营一体化的国有股份公司，成立于 1953 年 2 月 10 日，埃尼集团的发展历史最早可以追溯到 1926 年的阿吉普公司（AGIP，即意大利石油总公司）。1926 年，意大利根据国内经济需要制定了国家石油和天然气政策，并组建了阿吉普公司，开始发展石油能源产业。随着 1929—1933 年资本主义经济大危机的来临，意大利政府积极参与国家工业建设，通过投资或与人合资陆续建立了包括 SNAM 管道集团、SAIP 钻探集团等在内的数家能源公司，力图带动意大利的石油加工与勘探开采的发展。第二次世界大战结束后，意大利国内经济一片萧条，战后重建急需石油能源来振兴意大利工业，但当时的阿吉普公司在战争中受到重创，工厂和输油管线损坏严重。无奈之下，意大利政府指派恩里科·马太伊负责清盘阿吉普公司开采勘探事务和将其大部分能源资产进行私有化的任务，马太伊故意拖延政府清盘拍卖的指令，直至勘探队在波尔山谷发现重要的天然气田，阿吉普公司避免了被廉价出让给外国公司的命运。在马太伊的建议下，意大利政府决定将政府控制的多家石油天然气公司合并成立国家碳氢能源总公司，马太伊任公司总裁，公司享有全国范围内独家勘探的垄断权。马太伊接手埃尼公司后，对公司的股份与经营业务进行了重新组合和分配，构建起埃尼公司的主体框架。其中阿吉普公司主营天然气的生产输送等核心业务，SNAM 管线公司负责天然气网络的铺设扩展这一核心业务，ANIC 公司负责石油加工与化工方面的核心业务。此外，公司业务范围还涵盖了机械制造业、建造海上钻井平台等领域，埃尼公司开始成为意大利国内经营范围贯穿整条石油产业链的综合性大型石油公司，对战后意大利经济的复苏和发展发挥了重要的作用。"它是 SISI 工业财团的重要成员之一。该财团还包括菲亚特汽车公司、意大利混凝土道路建筑集团等其他成员。价格合理的汽车、新的高速公路网络和 AGIP 的汽油合在一起促成了意大利经济'奇迹'的出现。"①

由于意大利国内油气资源主要以天然气为主，埃尼集团一方面加强对天然气资源的开发和利用，减少对石油资源的依赖，另一方面积极扩展国际化经营。1954 年，意大利埃尼集团便与埃及、伊朗等国签订勘探协议，两国之间利润分配比例确定为 75 ∶ 25，这一合作方案被称为"75 ∶ 25 计划"。到 20 世纪 60、70 年代，意大利埃尼集团又陆续在中东十几个国家、阿尔及利亚和北海获得合作经营油气开采和加工业务，经营范围逐步向多种经营发展。进入 80 年代，意大利埃尼集团羽翼日丰，通过收购兼并等方式继续向海外地区扩展控制了众多子公司，成为资本主义国家最大的国有垄断集团之一。1992 年世界石油市场出现危机，埃尼集团开始出现亏损，为此意大利政府决心对其进行私有化改革。意大利政府采取缩小埃尼集团经营范围、减少分支机构、压缩雇佣人员等措施来提高公司效益和效率，并于 1995 年底起开始公开出售埃尼集团的国有股份，先后经过几轮股票发售后，埃尼集团由过去意大利政府全资控股的国有企业逐渐变成国有股份公司，目前"意大利政府财政部直接拥有集团股份 5% 左右，通过 Cassa Depositi e Prestiti SpA 公司间接拥有集团股份 25.76%（合计 30.10%），仍然是埃尼集团的最大股东"。②

意大利埃尼公司的治理结构源于传统的意大利经营管理模式，在尊重股东大会的职责权利的同时，指派董事会作为公司组织系统的心脏进行战略管理，并由法定审计人监督董事会。法定审计一般由股东大会通过委任的审计事务所担任。按照法律，董事会任命一位执行总裁管理集

---

① 张红、李平：《意大利国家能源控股公司（ENI）的经营战略》，《中国石化》2003 年第 5 期。

② 参见 ENI Annual Report 2014，意大利埃尼集团官方网站，http://www.eni.com/en_IT/attachments/governance/shareholder—meeting/2015/Corporate—Governance—Report—2014.pdf。

团公司，同时保留对某些问题的决策权。股东大会委托董事会由董事长为担保人监督集团内部审计人，内部审计人要及时向董事长报告集团财务情况、分析财务风险。依照法律，董事会主席作为集团法人代表，还与集团执行总裁一同负责集团在意大利的行政组织事务。董事会负责组建四个主要发挥咨询和顾问功能的集团内部委员会——控制和风险管理委员会、薪酬委员会、提名委员会、可持续发展计划委员会（2014 年 5 月 9 日为油气能源委员会），他们要向董事会及时汇报各委员会所面临着的最重要事宜。政府作为最大股东，拥有一定的特殊权力，包括对严重威胁到网络系统安全及供应连续性的战略资产的交易否决权、反对严重威胁国家根本利益的恶产收购等。[①]

五、美国田纳西河流域管理局[②]

田纳西河流域管理局（The Tennessee Valley Authority，简称 TVA）是一家美国政府所有的国营公司，它是全美最大的公共电力供应商，所管理的地区范围包括田纳西河流域的 4.09 万平方公里，涵盖田纳西、弗吉尼亚、北卡罗来纳、佐治亚、亚拉巴马、肯塔基和宾夕法尼亚七个州。田纳西河流域管理局以低于全国平均水平的价格为美国东南部七个州部分地区的 900 万人提供电力，还提供了田纳西河流域的防洪、航运和土地管理等工程，并协助发展公用事业以及州和地方政府的经济发展。

美国田纳西河流域管理局成立于 1933 年。1929—1933 年资本主义

---

① 参见 ENI Annual Report 2014，意大利埃尼集团官方网站，http://www.eni.com/en_IT/attachments/governance/shareholder—meeting/2015/Corporate—Governance—Report—2014.pdf。

② 本部分内容主要依据田纳西河流域管理局官网 http://www.tva.com/abouttva/history.htm 资料整理。

国家爆发大规模经济危机，美国纽约股市经历"黑色星期四"，国内经济深陷大危机。富兰克林·罗斯福在美国经济临危受难之际当选美国总统，他上任后积极采取扩大政府开支、大力兴建大型公共工程等国家干预政策，推行"百日新政"以应对国内经济萧条。美国田纳西河流域原本拥有肥沃的土地和广袤的森林，但由于后来遭遇的乱垦乱伐造成了这一流域地区工业化程度很低，当地居民生活水平低下。1933年4月，罗斯福总统提出了综合治理田纳西河流域的法案，并获得美国国会的批准，随后成立了田纳西河流域管理局。"田纳西河流域管理局被授权拥有规划、开发、利用、保护流域内各项自然资源的广泛权力，包括防洪、航运、水电、工农业用水、环境保护与维护自然生态平衡等等。它既是联邦政府部一级的机构，又是一个综合型的经济实体，具有很大的独立性和自主性。"①

从一开始，田纳西河流域管理局就建立了一个独特的解决问题的方法，以履行其使命：整合资源管理。田纳西河流域管理局将可能面临的每一个问题——无论是电力生产、航运、防洪、预防疟疾、再造林或侵蚀控制等——都放置在最广泛的范围内研究，从整体全局出发权衡每一个问题，并一直坚持整体解决方案战略。建立之初，流域管理局利用该地区的河流修建水坝，利用大坝控制洪水，改进河道航运和发电。田纳西河流域水坝产生的电力使本流域发生了明显变化，电力带来现代化使当地人们生活更方便，农场效率更高，工业发展迅速并创造了就业机会。二战期间，美国需要铝制造炸弹和飞机，电解铝厂需要电力，田纳西河流域管理局承担着为国内铝业生产提供电力的重任，开始投入美国最大的水电项目建设，1942年流域管理局共计有12个水电项目和一个蒸汽工厂正在同时建设，设计和施工就业人数达到28,000人。到战争

---

① 温荣刚：《试论罗斯福对田纳西河流域的治理与开发》，《渤海大学学报》（哲社版）2006年第4期。

结束时，田纳西河流域管理局已经完成了田纳西河 1050 公里的航道治理，并成为国内最大的电力供应商。作为美国联邦政府的国营公司，田纳西河流域管理局一直由政府拨款兴建燃煤发电厂。1959 年，美国国会通过立法对田纳西河流域管理局电力系统运营项目停止拨款，要其自筹资金。20 世纪 60 年代，田纳西河流域管理局获得前所未有的经济增长，农场和森林发展比以往任何时期都好，更高效的发电机组投入运营，预计田纳西河流域电力需求会继续增长，该流域管理局开始建设核电站作为国家发展的新来源。70 年代的国际石油危机促使燃料成本迅速增加，从 20 世纪 70 年代初至 80 年代初，田纳西河流域管理局的电力平均成本增加了 5 倍，因此流域管理局取消了一些核电厂，并开始降低成本、提高效率，使本企业变得更有竞争力。进入 90 年代，田纳西河流域管理局作为电力公共企业开始参与市场竞争，在田纳西河流域乃至全国提供高效可靠的电力这一核心产品。

随着 1999 年美国国会终止了为田纳西河流域管理局的环境管理和经济发展项目的拨款，该管理局现在主要通过电力销售和发电系统融资等方式完全自筹资金运作经营，企业在经营管理上享有很大的独立性。到目前为止，田纳西河管理局经营业务范围主要包括能源、环境治理、河道治理与经济发展四个部分。

六、日本国有铁道公社

日本国有铁道公社（Japanese National Railway，简称 JNR）是 1949 年 6 月 1 日由日本政府独立出资建立的超大型国有企业之一，于 1987 年 4 月 1 日被解散。日本国有铁道公社曾经与日本专卖公社、日本电话电信公司被称为当时日本以经营公共事业为目的的三大国有企业。

日本的国营铁路建设始于明治政府时期。1872 年 9 月，日本国内第一条国有铁路在东京新桥至横滨之间正式开通。但由于当时日本政府财政窘迫，加之铁路建设投资大、建设周期过长，因此政府无力大举投资建设过多的铁路交通线，日本国有铁路建设发展非常缓慢，而民营铁路公司异常活跃。"1890 年，私营铁路的营业里程已经超过国有铁路，在总长度为 2252.6 千米的铁路线中，约占 1367.65 千米。"①1892 年 6月，日本明治政府颁布《铁路敷设法》，确立了政府在铁路建设方面的主导权。1906 年，日本国会通过了《铁路国有法》，法案规定政府将在1906—1915 年期间将 17 家规模较大的私营铁路公司收归国有，从而将铁路运输权牢牢掌握在日本政府手中，1907 年日本政府成立帝国铁道院加强对铁路的管理，为日本帝国主义对外扩张奠定了基础。此时的国铁只是政府的一个行政事业机构，实行行政与经营合一的体制。国有化后的国铁发展迅速，尤其是第一次世界大战爆发后，铁路成为运输系统的主要渠道，客货运输量都明显增加，但铁路营业费也随物价暴涨，国铁出现了财政恶化的局面。战争结束后，日本政府确立了铁路电汽化的发展方针，对于国有铁路的投资有所增加，促进了国有铁路机车设备与技术的发展。二战前夕，日本进入战时体制时期，铁路再次作为战时国内运输的主要承担者，责任进一步加重，一方面日本政府制定铁路运力增强扩充计划，另一方面开始对国铁进行机构改编，并于 1943 年设立运输通信省，由铁路总局来领导管理国有铁路。

　　1949 年 6 月，日本政府依据《日本国有铁路法》成立了日本国有铁道公社，实行公共企业体制，此时的国铁由过去的行政机构性质正式转变成独立法人的现代性国有企业，由内阁任命的总裁是国有铁道公社最高负责人，公司最高治理机构为理事会，运输省负责监督管理国有铁道公社的经营发展。经历两次世界大战后，日本国铁已经破败不堪，运输设施老化非常严重，尽管日本政府对国有铁路公司多次制定了复兴建设计划，但终因政府着眼于经济发展大局对国铁的投资计划进行严格

---

① 　转引自刘迪瑞：《日本国有铁路改革研究》，江西人民出版社 2006 年版，第 81 页。

控制、财政融资被搁置等原因使国铁的复兴变得有始无终，企业失去了多次获利的机会。20 世纪 60 年代，日本国铁进入长期的巨额负债经营，到 1968 年经营赤字达到 19306 亿日元。国有铁路复兴重建计划的陆续失败，经营状况的不断恶化，使日本国有铁道公社面临着严重危机。1980 年，日本政府制定了《促进日本国有铁路重整经营特别措施法》，后由国铁公社总裁向政府提出改善国铁的经营计划，但无奈遭到第二次临时行政调查委员会的反对，并根据委员会建议要求对国有铁路进行分割和民营化改革，以彻底改善国有铁路的经营亏损问题。1987 年，日本政府将国有铁道公社进行分割民营化改革，国有铁道公社被分割成东日本旅客铁道、东海旅客铁道、西日本旅客铁道、北海道旅客铁道、四国旅客铁道、九州旅客铁道和日本货物铁道等七家铁道运输公司，形成新的铁路运输格局，标志着日本国有铁道公社的解体。

纵观整个 20 世纪，西方国有化与私有化经历了数次交替发展，国有企业作为一种特殊企业具有不同于私有企业的特殊性质，因此国有企业能够成为西方主要资本主义国家应对战争、解决危机的重要手段。国有经济与私有经济并存，国有化与私有化交替发展，已经成为西方主要各国资本主义市场经济发展的一个显著特点。

现实中，人们对于西方资本主义国有经济的私有化改革经常发生误解——国有企业私有化就是政府将国有企业全部财产出售给私人。事实上，将国有企业财产全部出售给私人的情况在西方国有企业私有化改革中所占比例非常少，大多数情况下，西方各国政府都是根据本国的基本国情对国有企业实行不同方式的改革，并逐渐形成了特色鲜明的国有企业管理模式，例如英国的传统管理模式、法国的计划合同制、意大利国家参与制、美国的国有民营制等。

在本章中，除了西方老牌资本主义各国各具特色的国有经济管理模式外，也应该看到西方国有企业私有化改革及其管理体制具有一定的共性。首先，国有企业私有化改革的目标基本都是为了扭转企业亏损的经营状况，实现企业的盈利目标。国有企业兼具社会性与企业性的双重性质，战争年代与危机时期大规模国有化赋予国有企业更多的社会责任，弱化了国有企业的经济盈利目标，20 世纪 80 年代后国内外经济条件发生变化，西方各国开始对国有企业的发展目标做出适时调整。其次，西方各国国有企业私有化改革兼顾宏观调整与微观整顿。宏观上的调整主要包括压缩国有经济在整个国民经济所占的比重、将国有经济限制在基础工业与公共服务等非竞争性行业等措施，微观上的整顿则主要是针对国有企业的具体情况进行股份制改造等。最后，西方各国的国有企业私有化改革都是在法律框架下执行实施的。大多数国有企业都是规模较大的集团企业，而且承担维持就业、稳定物价等重要责任，对其进行私有化改革必然是一项艰巨宏大的任务，因此需要详细的改革方案并获得相关法律的支持。总体来看，20 世纪 80 年代西方主要资本主义国家的国有经济改革是成功的。

第六章

西方国有经济发展变迁的认识及启示

　　本书沿着西方主要资本主义国家国有经济发展与变革的历史进程对各阶段作了逐一论述和研究。通过分阶段的探讨研究，可以看出资本主义国有经济的发展与变革是西方主要资本主义各国市场经济发展过程中的必然产物，西方国有经济是资本主义国家政治经济的结合体。与西方国有经济的发展变革历程相比，中国国有经济的发展与改革历程更加复杂和艰难，从中西方国有经济的共性来看，西方资本主义国有经济发展和改革的经验教训可以为中国提供有益的借鉴和启示。

第一节　对西方国有经济发展变迁的几点总结

一、西方资本主义国有经济的历史根源

如前文所述，国有经济在西方国家的发展由来已久，罗马帝国政府创办的军需物资生产作坊和金银矿工场等可以看作是西方国有经济的最初形式。"15 世纪下半叶，西欧许多国家把采矿业、冶金业、金属加工业掌握在自己手中。意大利政府办了瓷器厂、挂毯厂等，甚至连罗马的教堂也有官办的制造厂。"[①] 但是最初的国有经济只是为了满足封建帝王们的特殊需要而将社会上的小型手工艺作坊生产集中和扩大的一种特殊形式，与兴起于 19 世纪末 20 世纪初具有现代意义的西方主要资本主义国家国有经济有着很大差异。

通过对西方几个老牌资本主义国家国有经济发展改革的研究可以看出，与古代的生产资料国有制不同，西方资本主义国有经济是与以机器大生产为标志的资本主义生产社会化过程紧密联系在一起的，可以说，它既是资本主义生产社会化发展过程中的必然产物，更是人类社会整体向前发展的历史产物。恩格斯在敏锐观察到 19 世纪 70 年代资本主义各国的国有化趋势之后，得出了"国有化的出现是社会化生产发展的客观需要"、"国有化的生产力只能是那些不适合任何其他管理的生产力"等重要结论。针对资本主义国有化的发展，恩格斯认为，"无论在任何情况下，无论有或者没有托拉斯，资本主义社会的正式代表——国家终究不得不承担起对生产的领导。这种转化为国家财产的必然性首先表现在大规模的交通机构，即邮政、电报和铁路方面。"[②] 历史事实证明，恩格斯关于"国有化是社会化生产发展的客观需要"等结论至今仍是完全正

---

① 宗寒：《西方国家发展国有经济说明了什么》，《江汉论坛》1999 年第 6 期。
② 《马克思恩格斯选集》（第三卷），人民出版社 1995 年版，第 752 页。

确的。自19世纪中期至20世纪初，伴随着这一时期科学技术的不断进步，西方主要资本主义国家先后经历并完成第二次工业革命，各国国内的能源、电力、钢铁、汽车、飞机等新兴工业部门获得快速发展，并出现了大规模生产和社会化大生产的趋势。19世纪中叶至19世纪末20世纪初，随着资本主义社会生产社会化程度不断提高，资本主义国家的社会分工越来越细化，各生产部门之间的相互协作越来越多，企业之间相互依存的联系日益紧密。英、法、美、德等主要资本主义国家的企业联合和兼并异常频繁，各国国内都形成了一些规模巨大的托拉斯、辛迪加组织，例如美国的摩根、洛克菲勒、杜邦、梅隆等八大著名财团，德国的莱茵—威斯特伐利亚煤炭辛迪加、电气总公司和西门子公司，英国著名的阿姆斯特朗—惠特沃斯公司和维克斯—马克西姆公司，还有日本的三井、三菱、住友、安田四大财团等等。这些规模巨大的企业集团控制着各国国内石油、电力、煤炭、钢铁等重要行业的生产和发展，依靠自身的雄厚财力形成了对相关行业的垄断，破坏了市场经济中的自由竞争规则，因此资本主义各国的政府有必要进行经济干预防止垄断的进一步发展。

与此同时，伴随着科学技术的进步和资本主义生产社会化程度的提高，主要资本主义各国的工业飞快发展，生产效率的增进使资本主义工业生产能力大增，资本主义国家的基本矛盾即生产社会化与资本主义私人占有制之间的矛盾变得更加尖锐，一方面各国的国内市场消费几近饱和，无法吸纳更多的消费产品，引发各国国内经济危机频发，另一方面，各国的大型企业集团纷纷跨出国门在国际市场上为了争夺廉价原材料和销售市场展开激烈竞争。主要资本主义各国政府在国内经济危机和国际经济竞争的双重压力下，不得不选择关税贸易保护和干预经济发展的有效途径来摆脱本国陷入的困境。因此，进入19世纪后期，西方主要资本主义国家开始出现了国有化兴起的趋势，各国政府首先对邮政、铁路、采矿、纺织、港口等基础设施部门实行了国有化，国有经济在西方主要资本主义国家的发展掀开了新的一页。

由此可见，西方资本主义国有经济产生的历史根源主要在于随着资本主义生产社会化的发展，"生产社会化与生产资料私人占有制的矛盾日益尖锐，自由市场经济的盲目性体现出来后，发展国有经济以及资本主义国家进行干预就成为必然的现象"。[①] 因此，尽管西方主要资本主义各国的国内经济形势千差万别，但是在各国资本主义经济发展过程中却都呈现出国有化的发展趋势。

二、西方资本主义国有经济的属性及其本质

国有经济的发展作为一种经济现象，广泛地存在于世界上几乎所有的国家，在不同类型的国家能够为不同的阶级服务，这说明它具有社会性和企业性的双重属性。

从国有经济的社会性来看，资本主义国家的国有经济是社会生产力发展到资本主义阶段的产物，是资本主义社会基本矛盾不断发展的结果。随着社会化大生产程度的不断提高，尤其是科技革命的推动，使资本主义国家的劳动生产率得到极大增长，生产规模日益扩大，这时如果整个资本主义社会的生产仍然处于无政府、无组织的状态，势必会加深社会产品的供给与市场需求之间的矛盾，引发国家经济发展的危机与动荡。在资本主义市场经济条件下，国有经济是主要资本主义各国政府干预经济的一种组织经营形式，是国家根据其利益的需要设立的经济实体，其所有权属于国家和政府，它的资本属于国有资产的一部分，因此国有经济要为整个国家的经济发展服务，要维护资本主义国家的宏观经济调控政策，稳定市场经济和社会秩序，为私人垄断集团的发展创造更

---

① 徐传谌、张万成：《国有经济存在的理论依据》，《吉林大学社会科学学报》2002年第5期。

好的条件，甚至不惜牺牲国有经济自身的经济利益。

从国有经济的企业性来看，作为社会化大生产的一种组织形式和经营形式，资本主义国家的国有企业在帮助国家对宏观经济进行有效调控的同时，又是一个相对独立的经济实体，置身于资本主义经济的汪洋之中，受到市场经济规律的制约。因此与资本主义市场经济中的其他企业一样，实现更多的利润也是资本主义国有企业的重要目标之一，财务指标是考核国有企业的经济业绩重要依据之一。也就是说，"国有企业虽然不一定以追求最大利润为目标从事生产和经营活动，但也应当实现成本最小化。"[①] 可见，国有企业作为一种资本形式与其他资本形式具有共性，即都要节约成本、追求盈利和避免亏损。国有企业作为市场经济中的竞争主体也要通过合理地组织生产和经营管理为市场提供良好的产品及其服务，努力实现更多的利润，从这一点上来说，国有企业具有企业的属性。

国有经济的双重属性决定了国有经济不可能完全与西方主要资本主义国家政府实现真正的分裂，国有经济在各国的发展中既要担负重要的经济职能又要担负一定的社会职能，国有经济的目标必定不能像私有企业那样单纯地定位在最大限度地追求利润上，而必须兼顾维持就业、促进地区平衡发展等社会目标。因此，"从整体上、从其性质来看，国有企业是属于政府行政机构与私人企业之间的一种社会组织形态，必然身兼政府行为和企业经营双重职能，因而它是政府社会职能和企业经营职能的对立统一体。"[②] 可见，西方国有经济是集政治与经济于一体的结合体，一方面在资本主义市场经济中代表着各国政府的利益，要协助政府的各项宏观经济政策付诸实施，维护整个社会的安定和发展；另一方面又在市场经济中作为一个完整的经济组织与私有企业组织展开竞争、获

---

① 张连城：《论国有企业的性质、制度性矛盾与法人地位》，《首都经济贸易大学学报》
　　2004 年第 1 期。

② 俞建国：《现代企业制度与国有企业的现代化》，《中国社会科学》1998 年第 6 期。

取利润，维护企业自身的经济利益谋求发展。由于国有经济是政治、经济的双重结合体，因此国有经济不可能像私有企业那样真正成为完全独立的商品生产者和经营者，它势必会受到来自国家政府的政治因素的影响，20世纪70、80年代，西方主要资本主义国家政府根据政治和经济发展的需要对国有经济进行了私有化改革，并将其长期保留着适当的比例缓慢发展。

三、西方资本主义国有经济的规模比重及其产业分布

国有经济的规模比重和部门分布情况是西方主要资本主义国家国有经济发展过程中的一个重要问题，因为前者关系到整个国有经济比重结构问题，而后者关系到国有经济的产业结构调整，同时规模比例变化与产业分布状况是当代西方资本主义国有经济体制改革中的两个主要内容。因此研究西方主要资本主义国家国有经济的规模比重和部门分布，有助于人们了解西方主要资本主义国家国有企业改革，为中国国有企业改革提供良好的借鉴。

（一）资本主义国有经济的规模比重

西方主要资本主义国家实行的是以私人经济为主体的市场经济体制，但是随着生产社会化的不断发展，国有经济开始在各国的国民经济中逐渐崭露头角，规模不断扩大，在英、法等国家的国民经济中甚至占有举足轻重的地位。

通常情况下，学界衡量一国国有经济在国民经济中的规模与比重，一般采用以下三个指标：[①]

[①]　参见照伍柏麟、席春迎：《西方国有经济研究》，高等教育出版社1997年版，第79页。

一是国有制企业就业人数占整个劳动力就业人数的比例；

二是国有制企业提供产品和劳务的价值占整个社会总产值的比例；

三是国有制企业固定资产投资占社会总资本投资的比例。

总体来看，西方主要资本主义国家的国有经济在其整个发展过程中经历了几次的规模调整与变化。在19世纪后期以前，西方各国国有经济处于发展的初级阶段，数量很少，仅有的几家国有企业只是为了满足皇帝贵族的需要，因此基本上谈不到形成规模。19世纪后期至第一次世界大战，西方主要资本主义各国贸易摩擦增多，为了争夺销售市场和原料供应地积极扩军备战，国有经济获得发展，数量增多，但这一阶段的国有经济主要是为了满足西方各国战争的需要，因此战争结束后，国有经济的规模数量很快下降，西方各国又恢复到战前的私营经济占绝对地位的自由市场经济状态。西方主要资本主义国家的国有经济真正形成一定规模是在1933年经济大危机以后，美、英、德、法等主要资本主义国家受到危机的沉重打击，纷纷采取国家干预的手段来摆脱经济危机的困扰，因此投资建立国有经济成为国家干预的重要方式。二战期间国有经济以战时统制经济的形式获得了更大规模的发展。

二战以后，各国政府为了尽快恢复经济发展，加大了国内基础产业、公共设施方面的建设，重点投资一些新兴工业，并且将部分濒临破产的私营企业收归国有，旨在通过国有经济来带动整个国民经济的健康发展和良好运行。20世纪60、70年代，西方主要资本主义各国的国有经济发展规模达到顶峰。"根据国际货币基金组织的调查资料，70年代中期，包括美国在内的70多个国家中，国家投资在全社会固定资本投资中所占比重平均为16.5%，不包括美国在内的50个国家，国有经济产值占国内生产总值的比重平均为9.5%。在西欧诸国，国有企业产值平均占国内生产总值的20%，占工业总产值的30%。"[①]随着国有经济和

---

① 宗寒：《西方国家发展国有经济说明了什么》，《江汉论坛》1999年第6期。

私营经济的共同发展，国有经济的宏观管理和微观管理逐渐暴露出一些问题，并引起了西方主要资本主义国家的广泛关注，20 世纪 70 年代末 80 年代初，西方各国掀起了针对国有经济管理体制的私有化改革，国有经济的发展规模进入收缩调整时期。"在 1984—1993 年的 10 年中，美、日、德、英、法和意大利的政府投资在国内固定资本总投资中所占的比重，分别平均为 15.6%、23.8%、11.6%、17.2%、16.2% 和 16.7%。"[1] 可见，尽管经过大规模的私有化改革后，西方主要资本主义各国的国有经济的规模和比重虽然较战后繁荣时期有所下降，但在各国国民经济中仍然占有一定的比重。

（二）资本主义国有经济的产业分布

西方主要资本主义国家的国有经济在产业分布方面的突出特点是国有经济多数集中在基础设施性工业和服务管理性行业领域。具体说来，国有经济在西方主要资本主义国家集中分布在以下几种产业：一是基础设施和基础工业部门以及公共服务性行业，基础性工业主要包括邮政、通信、铁路和钢铁、矿业等，公共服务性行业主要包括供水、煤气、电力等公共服务领域；二是因投资数额巨大、风险较高、资金周转周期较长而私人企业不愿投资的一些新兴产业，如电子、化学、航空航天等工业部门；三是对整个国民经济发展具有重大意义的领域和支柱性产业，尽管也有私人企业进入，但私人企业力量发展不足，仍需国家拿出部分资金加大投资，来抵御和防止外国资本的侵入，主要包括能源、飞机制造等产业。正如表 6—1 中显示，西方各国在公用事业、运输通信和服务业领域中国有企业的占有率明显高于竞争性较强的建筑、制造业和商业等领域。其中在公用事业行业，法国的国有经济比例在西方主要国家中最高达到 83%，其次德国为 43%；在运输通信行业，主要各国的国有经济占整

---

① 宗寒：《西方国家发展国有经济说明了什么》，《江汉论坛》1999 年第 6 期。

个行业的比重都非常突出，联邦德国的国有经济在运输通信业比重高达74%，英、法、日、美等国的同一比重分别为70%、69%、42%、18%；在公共服务性行业，主要各国的国有经济所占比重都超过了30%。

表6—1　西方主要国家的主要经济部门的国有经济分布比例

单位：百分比

	联邦德国1950	日本1960	瑞士1960	美国1960	法国1954	瑞典1960	英国1962	奥地利1966	百分点合计
总计	9	10	11	15	17	20	25	31	
包括农林渔的总计	12	14	12	16	22	22	26	33	—
公用事业（含电子）	43	20	60	28	83	71	—	100	405
运输和通信	74	42	63	18	69	53	70	78	389
服务业（公共管理等）	33	40	31	46	41	56	87	59	393
建筑	0	14	6	12	1	12	8	4	57
制造和矿冶	1	0	1	1	8	4	9	25	49
商业和金融	0	0	2	1	5	5	1	18	42
农、林、渔业	2	1	3	1	1	5	2	6	21

注：国有经济分布比例是指在某一相关行业或部门中，国有经济活动人数占总经济活动人数的比例。

资料来源：赵守日：《闯关：西方国有经济体制革命》，广东经济出版社 2000 年版，第 244 页。

西方主要资本主义各国的国有经济呈现上述产业分布特点，主要是与资本主义国家兴办国有经济的目的有关。在西方主要资本主义国家中，发展国有经济的主要目的是为了促进私人企业的繁荣发展，从而推动整个国民经济的前进。这一目的说明，在资本主义各国的市场经济体制中，私有经济自始至终是其市场经济中的主体。因此，西方主要国家大力发展国有经济的主导思想是"国有企业为私人企业开路、铺路乃至让路"；"国有企业作为民间或私人企业的补充"；"国有企业为私人企业谋利、让利"。[1] 因此，老牌资本主义国家的国有经济较多地集中在公用事业、交通运输、通信等部门，以便能够为私有经济的发展奠定良好的基础。

第二节　中国国有经济改革基本历程与问题

与西方主要资本主义国家国有经济的发展改革相比，中国国有经济的发展改革经历了三十多年的历程，其间遭遇了诸多的困难和问题，这些困难与问题的解决推动着中国国有经济改革的步伐不断向前迈进。中国的国有经济发展改革虽然与西方各国国有经济的发展改革存在诸多差异，但是西方主要国家国有经济发展改革中的经验和教训仍然可以为中国提供良好的参照与借鉴。

一、中国国有经济改革基本历程

自十一届三中全会以来，随着中国经济体制改革的步伐不断前进，

---

[1]　王金存：《破解难题——世界国有企业比较研究》，华东师范大学出版社 1999 年版，第 65—66 页。

中国国有经济的改革已经历了三十多年的发展历史。回顾中国国有经济的改革历程，我们发现中国国有经济的改革选择的是一条由易到难、不断摸索的渐进式改革道路。大致说来，中国国有经济的发展改革历程主要经历了四个实践阶段，即"扩大企业自主权的实践，在一定程度上实现所有权和经营权的分离的'两权'分离的实践，以及建立现代企业制度"，[①] 还有国企改革深入推进规范治理。

（一）1978—1984 年中国国有企业改革开始了初步探索，这一阶段采取的主要改革措施是放权让利、扩大企业经营自主权。

新中国成立以后，国家通过没收官僚资本、改造民族资本和大规模经济建设逐步建立了中国的国有经济体系，并形成了一套与传统的计划经济体制相适应的国有企业管理体制。在国有企业的宏观管理方面，主要实行行政化的国有企业管理体制，即严格指令性计划的国营企业制度。国有企业的生产经营必须依照国家制定和下达的指令性计划进行，企业没有任何的经营自主权。国有企业的厂长由上级主管部门任免，企业的人、财、物由国家统一配给，企业的产、供、销由国家统一负责，企业的任务就是按照国家的指令，完成国家下达的各项计划指标。在国有企业的微观管理上，主要通过厂长负责制与民主化管理相结合来实现微观管理，具体表现为企业由厂长或经理负责，同时建立由其他生产负责人和工人代表组成的工厂管理委员会进行监督。这种高度集中的国有企业管理制度曾经在新中国建立之初充分发挥其自身优势，使中国的经济发展取得了显著成绩，推动了中国工业化建设，为后来的中国社会主义现代化建设奠定了重要基础。但是随着中国经济建设规模的扩大和结构的复杂化，它所包含的政府对企业统得过多过死、资源配置效率低下

---

① 汪海波：《中国国有企业改革的实践进程（1979—2003 年）》，凤凰网，2009 年 9 月 1 日，http://finance.ifeng.com/opinion/jjsh/20090902/1183159.shtml。

等致命缺陷日益成为经济发展的障碍。1978 年以前，中国政府曾经采取下放物资管辖权、实行财政大包干等措施进行了几次小规模的调整，但最终收效甚微。

十一届三中全会以后，中国过去传统的高度集中计划经济体制开始松动，市场机制在国民经济中的调节作用逐步受到重视，政府随之采取以放权让利、扩大企业自主权为中心的一系列措施进行国有企业的改革。首先政府选择了四川的六家国营企业作为放权让利改革的试点，根据改革的要求，这些企业在生产计划、产品销售、技术改造等诸多方面享有一定的自主权，在完成国家计划的前提下，可以将国家相关部门不收购的产品进行自销，企业利润分配上允许在完成国家计划后进行超计划利润分成和增长利润分成。放权让利的改革在试点企业中取得了很好的效果，随即在全国各地的国营企业进行逐步推广，到 1980 年底，实行改革的国营企业在全国达到 6000 多家。放权让利改革使企业的经营自主权扩大，激发了经营者和职工生产的积极性，使企业的生产能力和积累能力得到了很大提高，但放权让利改革中对于放给企业多少自主权和企业享有多大程度的自主权难以确定一个合适的标准，而且放权之后没有找到有效途径来监督企业的生产经营，因此部分国有企业开始蓄意压低计划指标而扩大自销比例，致使国家财政上缴任务难以完成，出现财政赤字增加的现象。

为了克服放权让利改革中出现的弊端，1982 年国家开始推广实行工业经济责任制的改革。工业经济责任制改革一方面硬化国家与企业的关系，在分配上采取利润留成、自负盈亏等方法，保障财政上缴任务的完成；另一方面明确企业与职工的关系，在利润分配上实行计件工资、浮动工资等办法，解决职工吃企业的"大锅饭"问题。工业经济责任制的实施使国家财政赤字明显减少，企业的管理水平明显提高，不过这一改革措施同样遇到了放权让利改革中的困难——国家与企业之间责权利的划分仍然模糊不清，每个企业的内外部环境各不相同，很难确定一个详细的指标来明确双方的权利与义务。于是 1983—1984 年，国家又很快推出了"两步利改税"的改革措施。利改税方案试图通过税收制度规范国家和企业在利润分配上的关系，但是两步利改税的措施都是在国内价格体系不合理、税率不均衡的基础上实行的，各行业之间和各企业之间利润水平悬殊较大，加之企业所得税和税后利润的分配，仍然是按照企业的行政隶属关系划分的，也就难于削弱"条条、块块"因自身经济利益而对企业进行不必要的行政干预，行政领导仍然是企业的真正主宰者，因此没有从根本上解决政企分开以及使企业成为自主经营、自负盈亏的市场主体问题。"就实践结果看，由于所得税率过高，企业创利大部分都上交国家，严重影响了企业的积极性和发展后劲。随着时间的推移，这种弊病愈趋严重。"[①]

（二）1984—1993 年中国国有企业开始"两权分离"的改革实践，主要改革措施是实行承包经营责任制。

1987 年，在国家进行价格、税收、财政、贸易等宏观经济体制改革的同时，全国大中型国有企业广泛实行承包经营责任制的改革。"承包经营责任制的基本内容是包上缴国家利润、包完成技术改造任务、实行工资总额与经济效益挂钩。"[②] 在国家与企业的利益分配上实行"包死基数、确保上交，超收多留、欠收自补"的原则。承包经营责任制通过企业与国家签订经济合同和协议明确了双方在利润分配上的比例和指标，使国有企业成为相对独立的经济实体而较少地受到政府的行政干预，调动了企业的积极性，提高了国有企业的经济效益。"1987 和 1988 年我国工业增长速度分别为 14.1% 和 20.7%。企业实现利润和上缴税金

---

① 汪海波：《中国国有企业改革的实践进程（1979—2003 年）》，凤凰网，2009 年 9 月 1 日，http://finance.ifeng.com/opinion/jjsh/20090902/1183159.shtml。

② 马建堂、刘海泉：《中国国有企业改革的回顾与展望》，首都经济贸易大学出版社 2000 年版，第 50 页。

1987 年比 1986 年增长 8.0%，1988 年比 1987 年增长 18.2%，亏损面逐年下降。"① 但这种形式的改革同样存在缺陷，其中最明显的缺陷就是国有企业虽然成为相对独立的经济实体，但并没有作为真正的法人参与到公平的市场竞争中，因此企业只负盈不负亏。此外，由于没有建立健全监督约束机制，承包方往往会在承包合同的期限内采取短期性行为从中获利，从而损害国家的利益。

（三）1993—2003 年是中国国有企业改革进入第三大实践阶段，这一阶段采取的主要改革措施是建立现代企业制度。

1992 年邓小平同志南巡期间发表了关于计划和市场的关系以及姓社姓资问题的讲话，打破了禁锢中国经济体制改革的思想枷锁，为中国的经济体制改革指明了方向。中共十四大明确提出了建立社会主义市场经济体制的目标。1993 年中共十四届三中全会明确提出国有企业改革的方向，即建立产权清晰、权责明确、政企分开、管理科学的现代企业制度。改革的目标是通过建立现代企业制度，使企业转变成为自主经营、自负盈亏、自我发展、自我约束的经济法人实体和市场竞争主体。我国经济体制改革进入了全面铺开、整体推进的新阶段。

"现代企业制度就是公司制度，它以明晰企业各利益主体的产权关系为核心，已明确企业内部及企业与政府等一系列基本关系为内容，以最终确立企业的法人主体地位和市场竞争主体地位为目标。"② 对国有企业进行股份制形式的改革早在 1986 年国家就在少数的国有企业进行过试点，但由于当时的经济体制环境、外在法律环境的局限以及对股份制改革的认识不足，股份制改革并没有在全国的国有企业进行大面积的推广。

---

① 《国有企业改革历程回顾》，和讯财经网，2008-07-14，http://news.hexun.com/2008-07-14/107412173.html。

② 马建堂、刘海泉：《中国国有企业改革的回顾与展望》，首都经济贸易大学出版社2000 年版，第 99—100 页。

1994 年国家发布了《关于选择一批国有大中型企业进行现代企业制度试点的方案》，对建立现代企业制度改革过程中的一些重要问题进行逐一说明，随后建立现代企业制度的改革在国有企业中开始广泛展开，全国各地总共挑选了 2500 多家国有企业进行试点改革。根据改革的要求，试点改革的国有企业进行了清产核资，界定了产权并办理了国有资产产权登记，企业成为独立经营、自负盈亏的法人实体，在享有法人财产权的同时负有对国有资产的保值增值责任。与此同时，对试点企业进行公司制改造，初步建立起由董事会、经理人员、监事会和股东会组成的公司内部组织治理结构，在用工制度上实行企业和职工之间双向选择的形式，通过签订劳动合同确立雇佣关系。到 1998 年，全国 2343 家现代企业制度试点企业，共有 84.8% 的企业实行了不同形式的公司制，法人治理结构已初步建立。"在现代企业制度试点企业中，改制为股份有限公司的有540 家，占 23%；改制为国有独资公司的 909 家，占 38.8%；尚未实行公司制的国有独资企业由 307 家，占 13.2%；其他类型企业有 47 家，占2%。"[1] 从总体上看，实行建立现代企业制度改革的试点企业在改革产权制度、建立法人治理结构等方面都取得了一定成绩。

在进行现代企业制度试点改革的同时，国家在宏观经济层面上的其他配套改革也同步展开。首先是进行政府机构改革，进一步转变政府的职能，为企业创造良好的外部发展环境；调整国有经济的整体布局和发展战略，改变国有企业过去单纯通过数量多和比例高而占据经济主体地位的状态，要通过国有企业的控制力来发挥其在经济中的主导作用；进一步深化价格机制改革；加快建立社会福利保障制度和体系；减轻企业负担，解决企业富余人员和下岗职工的再就业问题等等。通过国有企业一系列改革措施，到"2002 年底，中国国有及国有控股企业数量为

---

① 邹东涛、欧阳日辉：《发展和改革蓝皮书（No.1）——中国改革开放 30 年（1978—2008）》，社会科学文献出版社 2008 年版，http://theory.people.com.cn/GB/49154/49155/7859590.html。

15.9万户，国有及国有控股资产总额达到18.02万亿元。1995—2002年，国有及国有控股工业企业户数从7.76万户减少到4.19万户，下降了46%，实现利润从838.1亿元提高到2209.3亿元，上升了163.6%。"①

（四）2004—2012年，以国有资产管理体制改革推动实现中国国有企业规范治理，改革的中心主要围绕建立产权多元化和法人治理结构等重要问题展开。

　　随着中国国有企业改革实践的不断推进，国内理论界关于国有企业改革的研究讨论逐渐深入，建立现代企业制度、实现产权多元化、规范法人治理结构成为国企改革的主要内容。产权多元化就是要改变国有企业产权结构中政府绝对控股、一股独大的局面，使国有企业的控股权具有流动性。国有产权的流动有利于优化国有企业的产权结构，规范公司内部法人治理结构，同时积聚大量资金支持国家的重点建设。

　　2002年中共十六大以后，中国在国有资产管理体制、资本市场的发展等方面加快改革的步伐。明确了深化国有经济管理体制改革的任务，并提出在中央和地方两级政府成立国有资产管理机构，专门负责国有资产的审查、管理和监督，力求改变过去国有企业实行多头管理、条块分割管理的混乱状态。中央和地方的国有资产监督管理委员会建立后继续促进产权多元化改革，鼓励大中型国有企业通过股票市场募集更多的企业发展资金。同时要求大型国有企业在改变"大企业、小社会"的基础上，继续实行主辅分离，突出主业经营特色，将辅业分离后转变为独立经营、自负盈亏的经济实体。党的十六届三中全会《关于完善社会主义市场经济体制若干问题决定》中提出"建立归属清晰、权责明确、保护严格、流转顺畅的现代产权制度是构建现代企业制度的重要基础"，

---

① 邹东涛、欧阳日辉：《发展和改革蓝皮书（No.1）——中国改革开放30年（1978—2008）》，社会科学文献出版社2008年版，http://theory.people.com.cn/GB/49154/49155/7859590.html。

十七大明确提出"深化国有企业公司制股份制改革健全现代企业制度，优化国有经济不仅和结构，增强国有经济活力、控制力、影响力仍然是国有企业改革重要任务"，到十八大时提出"推动国有资本更多投向国家安全和国民经济命脉的重要行业和关键领域"。[①]

成功实现国有资产管理体制的改革目标离不开国内金融资本市场的支持与服务。在经济全球化时代，中国经济的快速发展促使国际游资不断涌入中国市场，同时改革开放的经济政策使中国的私有经济等非公有经济成分日益繁荣发展，力量日渐壮大，为中国积累了大量闲赋的社会资本。资本市场的建立和健全会为中国国有企业提供有效的融资渠道，并促使国有企业的法人治理结构不断改进，从而实现建立现代企业制度的改革目标。2005年中国证监会开始进行股权分置改革试点工作。股权分置改革使中国资本市场的功能开始得到发挥，吸引了大量的社会资本涌入资本市场，为国有企业的发展提供了充沛的资金。随着十八大后中国经济进入全面深化改革的新时期，党的十八届三中全会提出，"完善国有资产管理体制，以管资本为主加强国有资产监管，改革国有资本授权经营体制，组建若干国有资本运营公司，支持有条件的国有企业改组国有资本投资公司。"这预示着下一步中国国有经济改革逐渐由过去的"管资产"向"管资本"转变，从而使国有企业从一系列的政府监管活动中独立出来，成为更加适应社会主义市场经济的经济主体。[②]

二、中国国有经济改革的主要问题

纵观三十多年中国国有经济的改革历程可以看出，随着中国特

---

① 国家发改委经济体制与管理研究所课题组：《国企改革历程回顾与当前改革重点》，中国改革网，2015年1月7日，http://www.china—reform.org/?content_596.html。
② 黄群慧、余菁等：《新时期国有经济管理新体制初探》，《天津社会科学》2015年第1期。

色社会主义市场经济体制的确立和不断完善，国有经济在市场经济体制中发挥着主导性作用，如何增强国有经济的活力、控制力和影响力是中国国有经济改革的核心问题。截至目前，中国的国有经济改革经历了漫长而艰难的探索过程并取得了显著的成绩。中国国有资产监督管理委员会原主任李荣融认为，"国有企业活力和竞争力提升，经济效益屡创新高，是国企改革成果的直观体现。"90 年代以来，中国国有工业企业经济效益呈现总体下滑趋势。1990 年，国有企业亏损面和亏损率分别为 27.6% 和 47.3%，1998 年，国企亏损面和亏损率分别上升到 41.5% 和 68.8%。据统计，"1998 年，2/3 以上国有企业亏损，在国家统计局工业司统计的 5.8 万户国有企业中，国有及国有控股亏损企业亏损额为近千亿元。全部国有企业亏损额比上年同期增长 23%，其中国有大中型企业增长 30.4%。"[1]1999 年中共中央发布了关于国有企业发展和改革的重要决议，推动了中国国有企业改革的步伐，为今后的国企改革指明了方向，中国国有企业改革开始取得明显成效。根据数据显示，"2002—2007 年，全国国有企业销售收入从 8.53 万亿元增长到 18 万亿元，年均增长 16.1%；实现利润从 3786 亿元增长到 16200 亿元，年均增长 33.7%；上缴税金从 6794 亿元增长到 15700 亿元，年均增长 18.2%。"[2]"2008 年，中央企业克服特大自然灾害和国际金融危机的严重影响，生产经营仍然保持了平稳运行态势，资产总额达 17.69 万亿元，同比增长 15.3%；全年实现营业收入 11.88 万亿元，同比增长 17.9%；上缴税金 9914 亿元，同比增长 16.5%；实现利润 6652.9 亿元，同比下降 34.1%，在扣除自然灾害损失、炼油及火电企业政策性亏损等因素后，与上

① 《濒死央企十年蜕变之路：资产资本化成改革关键》，《南方周末》经济版，2009 年 8 月 20 日。

② 李荣融：《宏大的工程宝贵的经验——记国有企业改革发展 30 年》，《求是》2008 年第 8 期。

年基本持平。"[1]2013 年财政部数据显示，"国有企业累计实现利润总额
24050.5 亿元。其中，中央企业实现利润 16652.8 亿元，同比增长 7.4%；
地方国有企业 7397.7 亿元，同比增长 2.7%。"[2] 可见单纯从经济效益的
数据来看，中国的国有企业改革确实取得了重大成绩。

尽管如上所述，中国国有经济改革取得了重大成绩，但从目前国有
企业的改革实践来看，不仅在国有企业本身的体制改革方面，而且在国
有企业与整个社会主义市场经济发展的关系方面，中国的国有经济改革
还面临很多未解决的矛盾和问题，国企改革仍然是中国经济体制改革中
的最大难题之一。简单概括起来，中国国有企业改革面临的主要问题包
括以下几点。

一是从总体布局和结构来看，国有经济布局仍然过宽，结构不合
理。1999 年党的十五届四中全会上通过了《中共中央关于国有企业改
革和发展若干重大问题的决定》提出要"从战略上调整国有经济布局，
要同产业结构的优化升级和所有制结构的调整完善结合起来，坚持有进
有退，有所为有所不为。目前，国有经济分布过宽，整体素质不高，资
源配置不尽合理，必须着力加以解决。国有经济需要控制的行业和领域
主要包括：涉及国家安全的行业，自然垄断的行业，提供重要公共产品
和服务的行业，以及支柱产业和高新技术产业中的重要骨干企业。"[3]但
实际上，中国国有企业除了涉及国家安全的行业、自然垄断的行业、提
供重要公共产品和服务的行业以及支柱产业和高新技术产业中的重要骨
干企业如钢铁、有色金属、煤炭、石油、机械、石化、汽车、烟草等行
业外，还广泛分布在一些市场化程度比较高、竞争比较激烈的加工工业

---

① 《李荣融：走中国特色国有企业发展改革之路》，《学习时报》，2009—06—12，国资
　委网 http://www.sasac.gov.cn/n1180/n1549/n1600/n1765/6447880.html。

② 高丽、韩洁：《2013 年中国国企利润总额约 2.4 万亿元 同比增 5.9%》，2014 年 1 月
　22 日，人民网，http://finance.people.com.cn/n/2014/0122/c1004—24189748.html。

③ 《十五届四中全会关于国有企业改革和发展若干重大问题的决定》，2013 年 7 月 1 日。

和一般性服务行业等行业和领域如农副产品、食品加工、纺织、皮革制
造等工业部门，国有及国有控股企业的营业收入仍然保持着相当份额。
下表列举的工业部门大都属于一般竞争性行业，表 6—2、表 6—3 中的
数据显示的是中国 2007 年和 2013 年国有及国有控股企业在竞争性工业
领域、主营业务收入、营业利润等指标。从表 6—2 中的数据可以看出，
国有及国有控股企业在这些一般竞争性工业部门中还占有一定的比例，
仅表中的这些行业，国有企业数量就达到了 1951 个，工业总产值为
11120.03 亿元，资产总额为 4878.60 亿元，主营业务收入达到 4233.97
亿元。其中农副食品、饮料制造、造纸及纸制品等加工工业的主营业务
收入还较高，金额分别 1416.44 亿元、1066.13 亿元和 482.42 亿元。到
2013 年，应该说中国国有控股工业企业总数量为 18574 个，从表 6—
3 中的营业利润数额上看，国有经济主要占据了烟草制品业、汽车制造
业、煤炭开采和洗选业、石油和天然气开采业等能源资源重要行业，而
逐渐缩小了在部分市场竞争性行业的经营，尤其食品制造业、家具制造
业、纺织服装服饰业、农副食品加工业、造纸和纸制品等竞争性行业的
国有控股工业营业利润额下降较为明显，但仍然占据一定比例。

表 6—2 2007 年中国竞争性行业国有及国有控股企业的数量及业务收入（部分）

	企业单数 （个）	工业总产值 （亿元）	资产总计 （亿元）	主营业务收入 （亿元）
农副食品加工业	157	8293.00	887.07	1416.44
食品制造业	377	595.44	777.90	581.46
饮料制造业	366	1048.56	1460.99	1066.13
纺织服装、鞋帽制造业	221	137.65	146.88	130.17
皮革羽绒制品及制造	36	25.47	29.26	24.40

	企业单数（个）	工业总产值（亿元）	资产总计（亿元）	主营业务收入（亿元）
木材加工等制造业	171	135.76	201.24	133.19
家具制造业	45	67.29	52.94	69.82
造纸及纸制品	220	489.45	892.16	482.42
文教体育用品制造业	55	32.73	56.68	35.31
塑料制品业	303	294.68	373.48	294.63
合计	1951	11120.03	4878.60	4233.97

资料来源：根据《中国统计年鉴》（2008 年），中华人民共和国国家统计局编，中国统计出版社 2009 年版国有及国有控股工业企业主要指标数据整理。

表6—3　2013 年中国国有控股工业企业利润汇总表（部分）

食品制造业国有控股工业企业营业利润（亿元）	58.31
家具制造业国有控股工业企业营业利润（亿元）	18.20
其他制造业国有控股工业企业营业利润（亿元）	11.47
开采辅助活动国有控股工业企业营业利润（亿元）	−73.62
其他采矿业国有控股工业企业利润总额（亿元）	0.25
烟草制品业国有控股工业企业利润总额（亿元）	1206.68
医药制造业国有控股工业企业利润总额（亿元）	232.06
金属制品业国有控股工业企业利润总额（亿元）	86.65
化学纤维制造业国有控股工业企业利润总额（亿元）	34.18
通用设备制造业国有控股工业企业利润总额（亿元）	315.79
专用设备制造业国有控股工业企业利润总额（亿元）	195.39

续表

煤炭开采和洗选业国有控股工业企业利润总额（亿元）	1307.19
纺织服装、服饰业国有控股工业企业利润总额（亿元）	12.30
燃气生产和供应业国有控股工业企业利润总额（亿元）	156.80
水的生产和供应业国有控股工业企业利润总额（亿元）	34.75
农副食品加工业国有控股工业企业利润总额（亿元）	106.23
仪器仪表制造业国有控股工业企业利润总额（亿元）	60.54
石油和天然气开采业国有控股工业企业利润总额（亿元）	3322.59
印刷和记录媒介复制业国有控股工业企业利润总额（亿元）	61.72
电气机械和器材制造业国有控股工业企业利润总额（亿元）	224.95
化学原料和化学制品制造业国有控股工业企业利润总额（亿元）	181.48

资料来源：根据中华人民共和国国家统计局网站 2013 年度数据整理，http://data.stats.gov.cn/ search.htm?s=2013 国有经济。

二是国企改革过程中垄断行业改革相对迟缓，甚至成为贪腐的重灾区。垄断行业国企改革是前期渐进式改革遗留的最大问题之一，也是未来深化国企改革的重点。经过三十年的国企改革努力，目前中国国有企业的发展呈现出一个明显趋势，就是国有企业集团正在向垄断领域集中。"如石油和天然气开采业、电信和其他信息传输服务业几乎全为国有及国有控股企业集团所占据；电力、热力的生产和供应业，煤炭开采和洗选业，运输业、交通运输设备制造业等关系国家经济命脉的关键行业或领域中，国有及国有控股企业集团所占比重也在90％以上。"[1] 在国有企业向垄断领域集中的趋势下，国有垄断企业出现了一些矛盾和问题，主要表现在：第一，国企垄断行业政企不分仍然根深蒂固，没有得

---

[1]　龚震：《警惕国企向垄断行业集中》，《中国改革报》经济版，2006 年 10 月 15 日，人民网 http://theory.people.com.cn/GB/49154/49155/4919347.html。

到有效解决；第二，出现了双重价格扭曲问题。因为国有垄断企业依靠对资源价格的控制及其政府行政干预价格，产生了双重价格扭曲问题，既有垄断性价格严重低于合理价格的现象，也有垄断性价格严重高于合理价格的现象。[①] 第三，垄断行业中没有形成良好的竞争机制和商业竞争环境，部分垄断企业利用缺少竞争和监管失效的环境大肆贪腐。"以民营资本进入比重为例，最多的是天然气行业，超过 20%；最少的是铁路，只有 0.6%。"[②] 国家统一管制的行业，国有资产"一家独大"的现象更为严重，还出现了民营资本无法突破的"玻璃门"现象。以石油行业为例，中国的石油行业基本由中石油、中石化、中海油等央企控制，上述三家国内石油巨头独占油田开采权，掌握了全国的油源。不过中国的石油行业并不限制民营经济进入，但民营资本进入石油行业时都会遭遇资本实力、技术水平和从业资历等较高的行业准入门槛，使得民营企业实际上进不去，因为它们无法突破这些看不见但又会碰得着的"玻璃门"。更为重要的是，民营油企的生存和发展必须依靠三大石油公司的源油配给，民营资本受制于人又怎么能和实力雄厚的国有企业展开公平的市场竞争呢？据资料显示，2007—2008 年度，随着国际油价的不断飙升，"由于中石化和中石油两大集团对民营加油站停供成品油，全国 3 万多家民营加油站面临生存危机，'油荒'愈演愈烈。据统计，截至目前，全国 660 余家民营成品油批发企业，仅剩 100 余家；45000 多家民营零售加油站，已关门三分之一；100 多万就业人员已有数十万下岗失业。"[③] 一方面是民营企业在垄断行业没有生存的空间无法立足，另一方面却是国有垄断企业围绕国有企业的优质资源和政府对国有企业倾斜性政策而产生的杂交式腐败。十八大后中央政府掀起的一轮轮反腐

---

① 参见柏晶伟：《垄断行业改革迫在眉睫》，《中国经济时报》2008 年 10 月 8 日。

② 柏晶伟：《垄断行业改革迫在眉睫》，《中国经济时报》2008 年 10 月 8 日。

③ 孙瑞灼：《垄断"玻璃门"让民营油企身陷困境》，《学习时报》2008 年 7 月 28 日，总第 446 期。

风暴中，众多国有垄断企业的高层管理人员或者拥有垄断企业工作背景的官员纷纷落马。福建省省长苏树林2007年至2011年3月曾担任中国石油化工集团公司总经理、党组书记兼中国石油化工股份有限公司董事长，因严重违纪成为十八大后首位在省长任上落马的高官，其之前长达32年的从业生涯主要集中在石油领域。2015年10月12日，昔日中石油的"掌门人"、原国资委主任蒋洁敏因犯受贿罪、巨额财产来源不明罪、国有公司人员滥用职权罪被判处有期徒刑十六年。除此之外，中石油总经理廖永远、宝钢集团副总经理崔健、中海油副总经理吴振芳、中国电信副总经理冷荣泉、中石化总经理王天普、华润集团董事长宋林等人因涉嫌严重违纪违法相继被组织调查。据2012年北京师范大学中国企业家犯罪预防研究中心搜集的企业家犯罪案例显示，受贿罪、贪污罪合计占国企企业家涉罪罪名的55.3%。①

三是从国有企业的宏观管理体制上来讲，政府与国有企业之间的关系还没有实现真正的政企分开、两权分离。为了实现政企分开、两权分离，政府对国有企业中的国有资产进行了股份制改造，并于2003年设立了国有资产监督管理委员会，颁布了《企业国有资产监督管理暂行条例》，建立起管资产与管人、管事相统一的国有资产出资人制度。国有资产管理部门或国有投资公司，代表国家行使所有者职能来经营管理国有企业，确实很大程度上改变了过去多个政府部门对国有企业生产经营造成的过多行政干预的局面。但关键的问题是，"国资委的建立只是对比以前'九龙治水'的格局，把对国有企业的管理权相对集中而已，而并没有根本解决'委托—代理'问题，国资委仍不过是以'代理人'的身份行使"委托人"的权力。"② 同时如何避免新成立的这些国有资产管

---

① 汪文涛：《国企腐败新态势：利益输送、:杂交式腐败"严重》，2015年10月23日，正义网，http://news.jcrb.com/jxsw/201510/t20151023_1556933.html。

② 胡迟：《国企改革：未来改革展望》，《中国经济时报》，2008年7月1日，和讯财经网 http://news.hexun.com/2008—07—01/107094009.html。

理部门和机构对企业的生产经营做出过多的行政干预，如何保证这些国有资产管理或经营投资部门的人员真正关心国有资产的保值增值问题、如何保证国有资产管理部门能够选派出真正关心国有资产保值增值的董事会等方面也急需进一步得到解决。[①] 上述这些问题如果解决不好，就不可能真正实现政府与国有企业分开、所有权与经营权相分离的最终目标。

四是从公司内部改革方面上来讲，国有企业改革尤其是大型国有企业改革还需继续深化。这主要表现在：法人治理结构还不完善，不少国有控股的公司制企业董事会、监事会形同虚设，不能发挥应有的决策、制衡和监督作用，一些上市公司国有大股东不尊重或损害中小股东的合法权益，以资产为纽带的母子公司体制还没有真正形成，不少母公司对其所出资的重要子企业缺乏有效的监管，或通过子企业逃避出资人的有效监管；在国内没有形成和建立良好的企业家或经营者市场，缺乏科学化和市场化的企业家竞聘制度，而且对企业经营者的监督约束和激励机制不健全，对企业家在经营过程中出现的盲目投入、决策失误等没有建立相关的责任追究制度；企业内部的人事、劳动、分配制度不健全，平均主义、大锅饭等现象还存在，激励机制和监督约束机制无法充分发挥作用，职工的文化知识整体水平还较低；企业自主技术创新动力不足，在现行国有企业绩效考核指标中，没有恰当的对企业技术创新的考核指标，国企科研机构建设滞缓，R&D投入强度不大，[②] 国有企业尚未成为技术创新的主体。"在发达国家，R&D活动一般以企业为主体，企业的R&D经费占绝大部分。1997年美国和瑞典企业的R&D经费均占到

---

① 参见陈淮《当前中国经济发展的若十难点》，《管理世界》2000年第2期。

② R&D是指Research and Development，即"研究与开发"、"研究与发展"或"研究与试验性发展"，指在科学技术领域，为增加知识总量（包括人类文化和社会知识的总量），以及运用这些知识去创造新的应用进行的系统的创造性的活动，国际上通常采用R&D活动的规模和强度指标反映一国的科技实力和核心竞争力。

74％以上；日本为 72.7％；瑞士为 70.7％。1998 年我国的 R&D 经费中，企业占 44.8％；研究机构占 42.6％；高等院校占 10.4％。1998 年我国从事 R&D 活动人员中企业所占比重为 41％，研究机构占 30％，高等院校占 22％。企业所占比重较高的是日本，为 69.2％；瑞士为 68.5％；瑞典为 67％；德国和美国均在 61％左右。"[1] 2000 年，中国国国内 R&D 总支出为 896 亿元，占当年 GDP 的 1.0％；企业 R&D 的比重也达到 60.3％，之后几年政府一直加大国内 R&D 的经费金额，但企业科研开发经费占销售收入的比重与国际水平相比差距仍然很大。据国资委统计，发达国家大企业研发费用一般不低于销售收入的 5％，而中国的中央国有企业仅为 1.5％。[2] 据统计 2007 年中国国有企业科研经费支出占产品销售收入的比重仅为 0.77％，而中国科技进步统计监测指标体系中规定的企业科研投入支出应占产品销售收入的 6％。[3] 为了促进国有企业在建设创新型国家中发挥出越来越重要的作用，中国企业 R&D 经费投入主体地位进一步增强。到 2013 年，中国 R&D 经费总量为 11846.6 亿元，超过日本跃升为全球第 2 大 R&D 经费国家。R&B 经费中企业投入的资金为 8838 亿元，占经费总量的 74.6％。[4]

　　总体来看，中国的国有经济改革还存在诸多的矛盾和问题，国有经济改革还需要进一步深化，这是一项长期而复杂的工程，今后它仍然会是中国社会主义市场经济发展过程中的重要问题。

---

[1]　游士兵、吴胜涛：《我国企业科技投入概况及其分析》，《中国软科学》2002 年第 5 期。

[2]　参见高永岗：《自主创新导向的产业基金：必要性及其运行机制研究》，《生产力研究》2008 年第 6 期。

[3]　根据科技部《2007 年全国科技进步监测报告（一）》（2008 年第 2 期）附表 1 和 2 的数据得出。

[4]　根据科技部《科技统计报告——2013 年我国 R&B 经费特征分析》（2015 年 3 月 4 日）数据整理。

第三节　西方资本主义国有经济发展改革的启示

中国的国有经济改革还有很长的路要走。国有经济在英、法、美等西方主要资本主义国家也经历了很长的发展过程，它在西方发达国家的资本主义经济发展过程中既发挥过非常积极的历史作用，也遭遇过效率低下、效益不佳的困境。可以说，西方主要国家国有经济的发展改革既积累了成功的经验，也积累了失败的教训。

一、中西方国有企业改革异同

（一）差异性

与西方主要资本主义国家的国有经济发展改革相比，中国国有企业发展改革问题更加复杂曲折，因为中国的国有企业改革的外部环境与西方主要资本主义国家存在明显差异。西方国有经济改革良好的外部环境因素主要包括：一是成熟的市场经济体系，西方发达国家的市场经济经过几百年的发展历史，其间不断调整完善，形成了比较现代市场经济体制，发达的商品和服务等基础性市场和劳动、技术、信息等要素市场健全，价格机制、竞争机制、激励机制等市场经济运行机制较为完整，法律法规和通用的商业惯例科学合理；二是繁荣的金融体系，主要包括中央银行、各种商业银行和政策银行以及非银行金融机构等组织，这些机构通过与其他市场主体进行现金、票据、证券等金融资产交易参与市场活动，并对市场经济运行起着直接作用；三是健全的法律体系，市场经济的健康运行需要法律法规的指导和规范。西方发达国家的市场法律体系主要包括：经济主体法律体系如个体法、公司法等、保障经济秩序的法律体系如经济合同法、票据法等、规范政府行为的法律体系如预算法、政府投资法等、涉外经济法律体系如外贸法、反倾销法等;[1] 完善的社会保障体系，其内容主要包括社会保险、社会福利和社会救助三项内容。社会保障体系的三项内容是分别针对不同的社会群体提供的社会保障，三项内容相铺相成、互为补充，对本国人民生活学习提供了全方位的保障。西方资本主义各国正是在上述良好的外部环境下对本国的国有经济展开改革，并且改革进展顺利取得了令人满意的改革效果。

　　相比之下，中国的国有企业改革是在国内的社会生产力水平还很低，整个国民经济还主要按照传统的计划经济体制运行，市场经济体系根本没有建立，为市场经济提供支持和服务的金融体系、法律体系也没有建立，社会保障体系因为当时国力有限也十分薄弱等众多不利因素的基础上展开的。国企改革先是在 1978 年以前在的传统计划经济体制下政府针对国有经济的问题进行了多次"微调"，改革的效果非常有限。十一届三中全会以后，中国意识到改革不能只囿于过去传统的高度集中计划经济体制框架内，要逐渐发挥市场机制在国民经济中的调节作用，政府随之采取以放权让利、扩大企业自主权为中心的一系列措施进行国有企业的改革，这标志着中国国有经济真正改革的开端。可以说，中国的国有经济改革是在面临重重困难的情况下启动的，因此改革的进程更是充满了艰辛。

（二）共同性

　　尽管中西方国有经济的发展改革环境存在明显差异，但并不意味着西方主要资本主义国有经济的发展改革不能为中国的国有经济改革提供良好的借鉴经验。事实上，在经济全球化时代，中西方国有经济的发展具有很多的共性和相通之处。这些相通之处主要包括：

　　首先，中西方国有经济发展的基础都是市场经济体制，中西方国有

---

① 参见赵守日:《闯关：西方国有经济体制革命》，广东经济出版社 2000 年版，第 56 页。

经济的改革都是以市场化为取向进行的改革，中国与西方的改革趋势都是使国有企业成为市场经济中真正独立的法人经济实体，能够公平地参与市场竞争，真正地融入市场经济。

其次，提高效益和效率是今后中西方国有经济发展和改革的主要方向，推动中西方国有经济改革的直接原因都是国有经济的效率和效益问题，无论中国还是西方的国有经济改革都是围绕着提高国有企业的效率和效益进行的，双方都采取给予国有企业充分的经营自主权，激发企业的积极性，然后推向市场，自负盈亏。

最后，调整和优化经济结构、增强国家经济实力是中西方国有经济发展和改革共同的最终目标。国有经济是中国和西方主要资本主义各国对整个国民经济进行宏观调控的重要工具，中西方国有经济肩负着兴建基础性行业和公共服务设施的重任，这些行业关系到整个社会的国计民生，是国家发展的重要基础。

此外，中西方国有企业还承担着国家在某些重要新兴行业部门和关键领域的科技创新任务，这是经济全球化时代衡量一个国家综合国力水平的重要标准。所以说，西方主要资本主义国家发展和改革国有经济的经验和教训完全可以为中国的国有经济改革提供一些参照和借鉴。

二、西方资本主义国有经济改革对中国的启示

（一）从市场经济体制与国有经济的关系来看，要坚定社会主义市场经济条件下对国有经济进行改革的信念。

1992 年中国共产党第十四次代表大会首次提出了建立社会主义市场经济体制的目标，1993 年 11 月中共十四届三中全会通过了《中共中央关于建立社会主义市场经济体制若干问题的决定》，明确指出社会主义市场经济体制是同社会主义基本制度结合在一起的，要使市场在国家

宏观调控下对资源配置起基础性作用。因此必须要对国有企业进行改革，需要转换国有企业经营机制，建立适应社会主义市场经济要求的国有企业。

在国有企业的改革过程中，一些人认为国有企业是社会主义经济的微观基础，如果对国有企业进行改革，将其推入市场经济、参与市场竞争，就会丧失社会主义市场经济的基础，就不是社会主义的市场经济了，因此对中国国有企业的改革方向发生质疑和动摇。从根本上说，上述观点误认为市场经济是有社会属性的。但是事实上，"市场经济只是经济的运行方式，作为社会资源的配置方式，是没有社会属性的。"[1] 通过西方主要资本主义国家发展国有经济的历史过程来看，在市场经济体制的前提下，完全可以发展国有经济来促进市场经济的繁荣，同时市场经济的繁荣也会带动国有经济进一步向前发展。

自二战结束至20世纪70年代，英、法、意、德等资本主义国家在饱受战争的摧残与破坏、国内经济受到战争的沉重打击之后，为了尽快恢复国家正常经济生活秩序，基本一致采取了发展国有经济的措施促进资本主义市场经济的繁荣发展。在西方主要各国政府的强力干预下，资本主义市场经济中掀起了国有经济的发展浪潮，各国国民经济取得了很大发展。英、法、德、意等国家70年代末国有经济的产值在整个国民生产总值中所占的比重分别达到11.1%、13.0%、12.0%、24.7%，吸纳的就业劳动力占就业人口总数的比重分别为8.1%、10.5%、10.5%和25.4%。可见，国有经济在西方主要资本主义国家战后的经济发展过程中确实做出了自身的历史贡献。西方主要资本主义国家发展国有经济的历史充分证明在市场经济的基础上是可以大力发展国有经济的，国有经济反之可以促进市场经济的发展。中国的国有企业改革是与社会主义市

---

① 董辅礽、厉以宁等：《国有企业：你的路在何方——50位经济学家论国有企业改革》，经济科学出版社1997年版，第8页。

场经济体制紧密结合在一起的，因此应该首先要坚定社会主义市场经济条件下进行国有企业改革的信念，按照社会主义市场经济的要求，充分发挥市场对资源配置的积极作用，坚持对国有企业进行市场化改革的基本方向。

（二）从国有经济的总体规模和产业布局来看，中国国有经济改革要进一步调整国有经济的规模，国有资本要"有进有退"，进一步加强对国有经济整体布局的战略性调整。

在英、法、德、美等西方主要资本主义国家，国有经济发展的最终目的是为了更好地促进国内私有经济的发展和繁荣，为私有企业的发展奠定公共基础设施和提高良好的服务。因此主要各国的国有企业较为集中地分布在一般基础性工业和服务管理性行业上，主要包括邮政、通信、铁路、钢铁、矿业、供水、煤气、电力等行业领域；同时国有企业重点分布在一些投资数额巨大、风险较高、私人企业不愿投资的新兴产业如原子能、航空等产业。

20世纪70、80年代，西方主要资本主义国家普遍出现了国有企业的低效率效益问题，各国先后进行了国有企业的私有化改革，对国有企业的整体规模进行了大幅度削减，使各国的国有经济在国民经济中所占的比重基本保持在10%左右。综观西方资本主义发达国家国有经济整体规模和产业布局的发展经验，国有经济与私人经济的分工呈现出一个主要特点是，"在市场经济条件下，从有利于经济整体发展效率的角度来看，国有资本、国有企业与民间资本、民间企业的最有效分工应该是，一般来说，竞争性比较充分的行业应尽量交由民间资本承担，而国有资本应该限定在那些民间资本不愿进入，或很难进入，或即使能够进入但效果也不太好的领域，包括社会公益性强而企业经营效益较差的行业，垄断性较强的行业，不宜由民间资本经营的行业（如造币、军品等）、资本密集性程度高，进入难度较大的行业以及诸如道路、桥梁等基础设施建设等。"①

随着中国国有企业改革不断向前推进，中国国有企业的数量和比重逐渐降低，国有企业逐渐从一些竞争程度较为激烈的工业部门退出。在 1978 年国有企业改革之前，国有企业在国民经济中的比例一直保持在 25%—30%，之后国有企业数量比重快速下降，根据全国基本单位第二次普查数据经济，到 2001 年国有控股 50% 以上的法人单位 42.8 万家，占全国法人单位总数 302 万家的比例为 14.1%。与此同时，国有资产逐渐向重要的基础产业、公共产品和服务业以及自然垄断行业集中，到 2004 年，国有企业集中在电力、石油石化、煤炭、冶金、机械等重要行业的资产总量高达 78990 万亿元，占全国国有工业企业和国有企业资产总量的比重分别为 71.32% 和 33.44%。尽管如此，目前像制造业、建筑业、加工业等竞争性较强的行业和领域还集中着中国大量的国有资产。据统计，2007 年中国建筑业的企业总数为 62074 个企业，其中国有企业和地方国有企业数量分别为 5319 个和 6614 个，两者合计约占中国整个建筑业企业总数的 19.2%，同期国有企业和地方国有企业的总产值达到 13784.55 亿元，占整个行业总产值的 27%。② 而西方主要资本主义各国即使是在 20 世纪 50—70 年代各国国有化运动的高潮时期，国有经济在在整个建筑业所占的比例也是不大的，联邦德国、英国、法国、日本、美国的国有经济在本国建筑业的比重分别约为 0%、8%、1%、14%、12%。另外，"从中央国资委直属的国有企业看，在纺织业、服装及其他纤维制品制造业、化学原料及化学制品制造业、医药制造业、普通机械制造业、电气机械及器材制造业、电子及通信设备制造业、土木工程建筑业等各个一般性竞争领域中，还存在 80 多家企业，占中央

---

① 张军扩：《关于国有企业改革的几点思考》，《经济研究》1994 年第 10 期。

② 数据根据《中国统计年鉴》（2008 年），中华人民共和国国家统计局编，中国统计出版社 2009 年版，建筑企业概况篇数据整理得出。

国资委直属企业总数的将近一半。"[1]

因此中国的国有企业改革还需进一步调整国有经济的总体规模，使国有资产"有进有退"，即使国有资产从一般的竞争性行业领域中的退出，实现民营化，从根本上改善这些国有企业的经营机制，同时把收回的资金转投向经济发展急需的基础设施行业和公共产品及服务行业建设，为社会主义市场经济结构的调整提供必要的资金支持。具体说来，国有资本首先要在关系国家安全和国民经济命脉的重要行业和关键领域如军工企业、石油和煤炭等战略资源和电网、电信基础设施等领域保持绝对控制力；然后重点控制一些基础性和支柱产业如钢铁、汽车、电子等工业部门，应对其中的部分重要骨干企业保持较强的控制力，使国有资本逐步由绝对控制过渡到相对控制，允许和鼓励外资和民营企业进入；而对于市场化程度高、竞争激烈的工业部门，则应该鼓励外资和民营企业进入，尽力通过市场竞争实现企业的优胜劣汰。在对国有资本进行调整的同时，也要积极铲除民营资本进入行业的各种壁垒和障碍，为实现国有经济与民营经济展开平等竞争创造良好的环境，从而促进国有经济与民营经济的共同发展。

（三）从国有经济的经营管理来看，中国国有经济需要坚持政企分开、分类管理、完善立法、加强监督等原则，进一步深化国有企业的宏观管理和微观管理体制改革。

尽管西方主要资本主义各国的经济发展水平和实际国情不一，但国有经济的发展过程中，各国都曾经遇到了国有企业效率低下、经营业绩较差等同样的问题，因此各国在国有经济的发展改革问题上积累了一些较为一致的管理和改革经验。西方主要国家关于国有经济的管

---

[1]　金培：《中国企业竞争力报告（2006）——创新与竞争》，社会科学文献出版社2006年版。

理和改革经验对于改善中国的国有企业宏观和微观管理方面可以提供良好借鉴。

首先，实行分类管理的原则，明确国有企业类型。西方主要资本主义各国通常按照行业的性质、经营目标等对国有经济进行分类，对不同类别的国有经济实行分类管理。大体上西方国有经济一般被分为两类，一类是垄断性领域的国有企业，这类国有企业多集中交通、通信、邮政、电力等基础设施部门，另一类是竞争性领域的国有企业。对于这两类的国有企业，西方国家分别采取不同的方式进行管理。对于垄断性的国有企业，鉴于其经营目标是为社会和国民经济的发展提供公共服务，西方主要资本主义国家一般采取任命企业领导等直接管理的方式进行管理和控制；对于竞争性的国有企业，其经营目标主要是盈利，因此西方各国一般采取政策引导等间接管理的方法进行管理。法国和德国的国有企业就是完全按照上述分类进行管理的。意大利和日本则根据行业的性质和政府的出资情况进行国有国营、公私混营等几种类型，同样也实行分类管理，区别对待的原则。从中国国有企业的建立情况来看，国有企业的投资经营领域应该可以划分为非经营性公益性项目、半经营性的基础性、战略性、高科技性等项目和经营型垄断性项目。[①]公益性项目主要包括科研、文教、卫生、环保等方面，其目标主要是为整个社会提供公共服务，对此国家宜实行直接管理的方式进行控制。半经营性项目主要集中在一些基础设施部门和新兴工业部门，这些国有企业往往承担着为其他行业提供外部条件和调整国家经济产业结构的重要任务，企业的经营目标是社会目标和经济目标并重，因此宜实行直接管理和间接管理相结合的管理方式。经营垄断性项目，如电力、石油等部门，这些部门的发展关系国家的经济发展命脉，还有烟草、盐务等部门关系整个国家的国计民生，这些部门在国家政府的有效监督下可以使其享有较多的经

---

① 参见顾宝炎：《国外国有企业的管理和改革》，中国人事出版社1999年版，第137页。

营自主权，经营目标以经济效益为主、但同时兼顾社会效益，政府在实行间接管理的同时必须加强对其财务的监督。

其次，实行立法管理的原则，建立健全国有经济的相关法律法规。西方主要发达国家的政治法律制度的核心是建立在注重人权和法治的前提下实行的行政、立法、司法三权分立制度。现代市场经济实质上是一种法制经济，市场经济的健康运行需要法律法规的指导和规范。在良好的市场经济环境下，西方主要资本主义各国都十分重视国有经济的法治建设，坚持对国有企业实行立法管理的原则。在西方各国国有企业的相关法律中，通常都对国有企业的法律地位、管理体制、监督审计等方面做出了明确规定，对国有企业从设立组织到生产经营再到破产清算，都有专门的法律规定，使其有法可依。国有企业的体制改革也同样可以在法律规范的范围内稳步进行。相比较而言，中国对国有经济的法律法规建设也是很重视的。新中国成立后，关于全民所有制经济的地位就在中国宪法做出了说明，后来又颁布了《国营企业工作条例》，将对国有经济的管理经营工作进行了详细规定，但由于文革等特殊历史事件的发生，这些法规没有得到贯彻执行。实行改革开放以来，国家根据国有企业改革的需要，制定了很多相关的法规，如《全民所有制工业企业法》《全民所有制工业企业转换经营机制条例》《关于建立社会主义市场经济体制若干问题的决定》《关于国有企业改革和发展若干重大问题的决定》等。自 2003 年国有资产监督管理委员会成立以来，又出台了一系列关于国有资产监督管理的法规和管理办法，包括《企业国有资产监督管理暂行条例》《中央企业负责人经营业绩考核暂行办法》《企业国有产权无偿划转管理暂行办法》《企业国有资产评估管理暂行办法》《企业国有产权向管理层转让暂行规定》《国务院国资委关于国有控股上市公司股权分置改革的指导意见》等。总体来说，这些法规和条例对解决国有企业改革过程中的一些重大问题提供了法律依据，发挥了重要作用。但是另一方面，"现在有关部门出台的《关于规范国有企业改制工作的意见》、

《企业国有产权转让管理暂行办法》等法规和条例，法律级次较低，约束力不强，还缺少以《国有资产法》和《产权交易法》为核心的一整套法律法规体系。"① 中国的国有企业改革与发展过程中还应该进一步充分发挥全国人大对国有经济的立法管理和法律监督职能，明确国有资产经营在经济中的地位、作用和实现形式，规定国有资产经营者对国有资产保值增值的责任等。总之，建立健全国有企业的相关法律法规，加强对国有企业的立法管理和监督是中国国有企业发展和改革过程中十分重要的一个环节。

再次，实行国有企业管理专业化和民主化的原则，公开选拔国有企业的领导成员。在国际人才市场上公开严格地选拔国有企业的高级管理人员，对国有企业实行专业化管理是西方主要资本主义国家国有经济管理与改革成功的重要经验之一。西方大多数国有企业内部实行的是总经理负责制的管理体制，总经理专门负责公司的日常生产和管理经营，总经理的经营管理能力、决策能力等个人综合素质对企业的生产经营乃至整个国有企业的生存与发展具有很大影响。因此，西方国家对于国有企业的管理人员的选拔和聘用都有严格的规定和限制。联邦德国对国有企业实行人事管理的一个重要原则就是"直接经营人员非政府官员化"，"国有企业从董事会成员到下属公司的经理人员都不能出自于政府机关，而必须是有经营才干的企业家"，② 政府对选聘的管理人员进行考核主要的依据就是市场经营业绩，如果业绩太差，就会失去被聘用的资格。在意大利，国有持股公司的董事长和副董事长等人员由国家参与部提名，经议会讨论后由总统任命，为了更好地对国有企业管理人员进行监督，意大利法律对国有持股公司的董事长等职的任职资格设定了较为严格的规定，包括全国和地方议员、财政部

---

① 金培：《中国企业竞争力报告（2006）——创新与竞争》，社会科学文献出版社 2006年版。

② 周淑莲、刘述意：《国有企业的管理与改革》，经济管理出版社 1989 年版，第 20 页。

和国家参与部等部类的官员、国家级的法官和律师在内的人员都不得受聘。在国有企业的内部管理中，法国、德国、日本、美国等国家十分注重吸收工人代表进入公司的董事会、监事会等领导机构，使他们有机会参与企业的管理经营，从而利于企业的经营管理机制不断完善和合理化。相比之下，中国国有企业受到政府的行政管理和干预的情况较多，尤其在国有企业的负责人任命方面。传统计划经济体制下，国有企业的负责人完全由政府及相关上级主管部门说了算，相当一部分国有企业的负责人是直接来自国家行政机构的官员。建立社会主义市场经济体制后，国有企业领导人的任命、企业内部领导体制仍然受到政府的很大影响，使企业享有的经营自主权打了折扣。近期以来，在国有企业管理人员选拔方面，中国逐渐学习西方国家的相关经验。但中国仍需加大对国内企业家阶层等专业人士的培养，同时可以到国际人才市场上挑选合适的人员聘用，实行"送出去"和"请进来"并存的方法，逐渐为中国国有企业界沉淀和积累一批优秀的企业家，促进国有企业管理的职业化发展。

最后，坚持所有权与经营权分开的原则，实行股份制、计划合同制和租赁制等多种经营方式。从西方主要资本主义国家对国有经济进行的私有化改革看，坚持国有企业的所有权和经营权分离，能够有效解决改变国有企业对国家政府的依赖性，同时避免受到政府的过多干预，有利于改善企业的生产经营效率，提高经济效益。西方各国在坚持所有权与经营权分离的前提下，对国有企业实行了股份制、计划合同制和租赁制等多种经营方式。法国政府采取与国有企业代表进行谈判磋商后签订经济合同，确定国家与企业的权利和责任，同时将本国经济计划与企业合同相结合，保证国有企业的发展与国家的经济战略方针相一致。美国对国内包括兵工厂、原子能厂等国防部企业在内的大部分国有企业实行租赁制经营。据美国官方统计，被出租给私人经营的国有资产在20世纪60年代末就达到147亿美元，随后几年被出租的国有企业数量又有所增加。① 就中国的国有企业而言，随着国有企业改革的进行，实行股份制经营和承包经营责任制经营的国有企业逐渐增多，但由于中国的市场经济机制不完善，使股份制、承包制等经营方式都没有充分发挥其优势，因此中国国有企业改革应该在继续坚持所有权与经营权分离的原则，针对不同企业之间的特点实行不同的经营方式，同时加快制定与企业经营形式相关的法律法规，来规范指导国有企业的经营管理行为。

此外，还要坚持加强监督的原则，实行财务监督和舆论监督相结合。自西方国有企业的兴起以来，西方主要资本主义各国都采取诸多措施加强对国有企业的监督以促进其发展和改革。西方各国对国有企业的监督措施主要包括以下几个方面：一是通过政府选拔企业管理人员、制定工资标准和用工制度等手段，加强政府对企业的行政监督；二是通过议会及其制定的法律法规加强对国有企业的法律监督；三是通过财政部或其他审计机构加强对国有企业的财务监督；四是通过电视、报纸等媒体和国内公众加强对国有企业的社会监督。西方主要各国政府对国有企业的监管中除了来自政府的行政监督和法律监督外，往往要求国有企业按时编写工作报告上交议会、审计机关每年都要对国有企业的财务状况进行定期的审核并写出该企业的审计报告，向议会汇报审计结果，同时这些工作报告和审计报告呈放在特定管理部门，利于公众翻阅，充分发挥社会监督的作用，使国有企业的经营发展趋向透明化，从而增强企业经营人员的责任感，促进国有企业的管理和发展。在中国的国有企业的监管机制中，来自政府及其主管部门的行政监管明显多于其他方面的监管，而对国有企业的财务监督和社会监督非常薄弱。为此，中国应该尽快建立完善以国有资产管理监督委员会为核心的国有资产管理体制，要明确国资委的自身职责范围，尽可能减少对国有企业不必要的干预，充

---

① 参见周淑莲、刘述意：《国有企业的管理与改革》，经济管理出版社 1989 年版，第 23 页。

分尊重企业的经营自主权和法人财产权，同时完善国资委内部的考核评价体系管理，敦促其认真负责地选派国有企业的董事会和高管阶层。与此同时，还应充分发挥全国人大的立法监督作用，及时建立健全国有资产的评估制度，规范评估工作的程序，培养专业评估人员，同时积极发挥媒体和民众的社会监督作用，防止国有资产流失，督促国有企业提高管理和经营水平，保障国有资产的保值增值。

随着中国国有经济改革的不断深入，国有经济在中国国民经济中的比重不断下降。据统计，"2010 年公有制经济与私有制经济（包括外资和内资）在 GDP 中所占比重为 27%，73%，而 2006 年为 37%，63%。"[1] 自 2012 年党的十八大召开以来，中国经济改革的方向更加明确，就是要不断完善已经初步建立起来的社会主义市场经济体制，要建立以公有制为主体的有国家宏观调控和计划导向的社会主义市场经济体制，并确保让市场在资源配置中发挥决定性作用。"北京师范大学经济与资源管理研究院的'中国市场化进程'课题组撰写的《2010 中国市场经济发展报告》显示，2008 年我国市场化程度已达 76.4%，生产要素市场化程度已达 87.5%，产品市场化程度已达 95.7%。"[2] 时至今日，在确保中国国民经济保持活力和市场发挥决定性作用的同时，如何对中国的国有经济进行深化改革成为中国社会主义市场经济发展过程中的核心问题，也成为最大的难点问题。中国的国有企业改革之路不能照搬别国的模式，只能在实践中不断地摸索，虽然经历了很多挫折，但正是在不断探索的过程中逐渐将改革的方向确定在国有企业的产权结构和法人治理结构的改革上。

他山之石，可以攻玉。西方主要资本主义各国国有经济的发展与改

---

[1]　刘国光：《十八大后再谈中国经济体制改革的方向》，中国思想政治工作网，2013 年 8 月 28 日，http://www.cnzgw.org/2013/0828/31597.html。

[2]　刘国光：《十八大后再谈中国经济体制改革的方向》，中国思想政治工作网，2013 年 8 月 28 日，http://www.cnzgw.org/2013/0828/31597.html。

革不拘一格、各具特色，同时西方各国在理论实践过程中也积累了诸多对于国有经济管理与改革较为一致的经验与教训。回顾总结 20 世纪西方主要资本主义各国国有经济发展改革历程的经验与教训，对中国未来国有企业的深化改革必将是有益的。

～ 附　录 ～

The Introduction of Tennessee Valley Authority

The Tennessee Valley Authority is the nation's largest public power provider and a corporation of the U.S. government. TVA was established by Congress in 1933 to address a wide range of environmental, economic, and technological issues, including the delivery of low-cost electricity and the management of natural resources. TVA's power service territory includes most of Tennessee and parts of Alabama, Georgia, Kentucky, Mississippi, North Carolina and Virginia, covering 80,000 square miles and serving more than 9 million people. TVA sells electricity to 155 power distributor customers and 59 directly served industries and federal facilities.

Initially, federal appropriations funded all TVA operations.

Appropriations for the TVA power program ended in 1959, and appropriations for TVA's environmental stewardship and economic development activities were phased out by 1999. TVA is now fully self-financing, funding operations primarily through electricity sales and power system financings.

President Franklin D. Roosevelt signs the TVA Act on May 18, 1933. The president is surrounded by various members of Congress from the TVA region, and at his left shoulder is Senator George Norris of Nebraska, after whom Norris Dam is named.

A short history of TVA

President Franklin Roosevelt needed innovative solutions if the New Deal was to lift the nation out of the depths of the Great Depression, and TVA was one of his most innovative ideas. Roosevelt envisioned TVA as a totally different kind of agency. He asked Congress to create "a corporation clothed with the power of government but possessed of the flexibility and initiative of a private enterprise." On May 18, 1933, Congress passed the TVA Act.

From the start, TVA established a unique problem-solving approach to fulfilling its mission: integrated resource management. Each issue TVA faced — whether it was power production, navigation, flood control, malaria prevention, reforestation, or erosion control — was studied in its broadest context. TVA weighed each issue in relation to the whole picture.

From this beginning, TVA has held fast to its strategy of integrated solutions, even as the issues changed over the years.

1930s

TVA built dams to harness the region's rivers. The dams controlled floods, improved navigation and generated electricity.

Even by Depression standards, the Tennessee Valley was in sad shape in 1933. Much of the land had been farmed too hard for too long, eroding and depleting the soil. Crop yields had fallen along with farm incomes. The best timber had been cut. TVA built dams to harness the region's rivers. The dams controlled floods, improved navigation and generated electricity. TVA developed fertilizers, taught farmers how to improve crop yields and helped replant forests, control forest fires, and improve habitat for wildlife and fish. The most dramatic change in Valley life came from the electricity generated by TVA dams. Electric lights and modern appliances made life easier and farms more productive. Electricity also drew industries into the region, providing desperately needed jobs.

1940s

During World War II, the United States needed aluminum to build bombs and airplanes, and aluminum plants required electricity. To provide power for such critical war industries, TVA engaged in one of the largest hydropower construction programs ever undertaken in the United States. Early in 1942, when the effort reached its peak, 12 hydroelectric projects and a steam plant were under construction at the same time, and design and construction employment reached 28,000.

1950s

During World War II, Senator George W. Norris of Nebraska, known as the Father of TVA, said, "I have been everlastingly proud of the great contributions TVA has made, which cannot be fully revealed until peace returns to a tortured world." He is shown here visiting Norris Dam.

By the end of the war, TVA had completed a 650-mile (1,050-kilometer) navigation channel the length of the Tennessee River and had become the nation's largest electricity supplier. Even so, the demand for electricity was outstripping TVA's capacity to produce power from hydroelectric dams. Political interference kept TVA from securing additional federal appropriations to build coal-fired plants, so the utility sought the authority to issue bonds. In 1959, Congress passed legislation making the TVA power system self-financing.

1960s

The 1960s saw unprecedented economic growth in the Tennessee Valley. Farms and forests were in better shape than they had been in generations. Electric rates were among the nation's lowest and stayed low as TVA brought larger, more efficient generating units into service. Expecting the Valley's electric power needs to continue to grow, TVA began building nuclear plants as a new source of economical power.

1970s and 1980s

A turbine runner is installed in the hydroelectric plant at TVA's Guntersville Dam in northern Alabama.

Significant changes occurred in the economy of the Tennessee Valley and the nation, prompted by an international oil embargo in 1973 and accelerating fuel costs later in the decade. The average cost of electricity in the Tennessee Valley increased fivefold from the early 1970s to the early 1980s. With energy demand dropping and construction costs rising, TVA canceled several nuclear plants, as did other utilities around the nation.

To become more competitive, TVA began improving efficiency and productivity while cutting costs. By the late 1980s, TVA had stopped the rise in power rates and paved the way for a period of rate stability that would last for the next decade.

TVA was a leader in promoting greater energy efficiency through measures that included improving home insulation.

Energy conservation became an economic necessity for homeowners and businesses alike, and TVA became a national leader in promoting energy conservation.

1990s

As the electric-utility industry moved toward restructuring, TVA began preparing for competition. It cut operating costs by nearly $800 million a year, reduced its workforce by more than half, increased the generating capacity of its plants, stopped building nuclear plants, and developed a plan to meet the energy needs of the Tennessee Valley through the year 2020.

At the same time, TVA continued to provide its core product — wholesale electric power — competitively, efficiently and reliably. It aimed to set a standard for public responsibility against which private companies could be measured. It also moved to more flexible contracts with its distributor customers to meet their needs in an increasingly competitive marketplace.

In 1998 TVA unveiled a new clean-air strategy to reduce the pollutants that contribute to ozone and smog. Additional control equipment was added to help states and cities in the Tennessee Valley meet new, more stringent air-quality standards while providing greater flexibility for industrial and economic growth in the region.

TVA continued to strengthen its position as an energy leader in price, reliability, efficiency and environmental stewardship as it helped lead the utility industry into the 21st century.

2000s

During the first decade of the 21st century, TVA continued its focus on energy, environment and economic development while adapting to changes in its business environment and governance structure. TVA introduced the first green power program in the Southeast when it launched the Green Power Switch® program on Earth Day 2000.

In 2004, the corporate governance structure was changed by Congress for the first time in TVA's history through legislation that established a nine-member part-time board in place of the three-member full-time board. The first directors nominated under the expanded-board legislation took office in March 2006. To meet growing power demand, the last of the three reactor units at Browns Ferry Nuclear Plant was returned to service as scheduled in May 2007. The plant was honored the following month with a visit by President George W. Bush, who spoke about the importance of nuclear power in the nation's energy future. In August 2007, plans were approved to complete construction of Watts Bar Nuclear Unit 2. TVA established an environmental policy in 2008 supporting the production of cleaner and still-affordable electricity with objectives to lower carbon emissions and work in partnership with stakeholders to further the region's environmental quality.

On Dec. 22, 2008, a storage pond dike failed at the Kingston Fossil Plant in East Tennessee, releasing about 5.4 million cubic yards of coal ash, covering about 300 acres, mostly TVA-owned land, and spilling into the Emory River. TVA, local, state and federal agencies responded diligently.

Plans were put into action to restore and improve the affected area and eliminate wet storage of ash at TVA fossil plants.

2010s

In 2010, TVA adopted a bold corporate vision to become one of the nation' s leading providers of low-cost, cleaner energy by 2020. With this vision, TVA is working to improve its core business in the areas of low rates, high reliability and responsibility, and meet the region' s needs for the future through three specific goals:

Lead the nation in improving air quality

Lead the nation in increased nuclear production

Lead the Southeast in increased energy efficiency

TVA is pursuing its vision for 2020 while staying focused on its service-based mission: delivering reliable, low-cost electricity, environmental stewardship, river management, technological innovation and economic development across the region.

In 2011, an integrated resource plan, TVA' s Environmental and Energy Future, was completed to help guide decision-making for fulfilling the goals to achieve the vision. In November 2011, plans were approved for completing one of the two partially built reactors at the Bellefonte nuclear plant site by 2020. The transmission system achieved 99.999 percent reliability in 2011 for the 12th consecutive year. Since 2010, energy efficiency initiatives by TVA and local power companies have reduced electricity consumption by 765 gigawatt-hours, which is the equivalent energy to power 50,000 area households for an entire year.

TVA affirmed its commitment to improve the region' s environment. Under agreements with the Environmental Protection Agency and others in

2011, plans were adopted to retire 18 of TVA's 59 coal-fired units by the end of 2017. Since 1977, TVA has invested more than $5.3 billion in clean air technology, achieving a 90 percent reduction in sulfur dioxide emissions and more than 86 percent for nitrogen oxide emissions. Under the agreements, sulfur dioxide emissions will be reduced further to 97 percent and nitrogen oxide emissions to 95 percent below peak levels. In early 2012, an assessment of the work remaining to complete Watts Bar Unit 2 established a schedule for completion by December 2015.

TVA's economic development efforts continue to support sustainable growth. TVA works with its customers and strategic partners to grow the region's industrial base and support the retention and expansion of existing businesses and industries. Since 2005, TVA economic development support has helped to create or retain more than 300,000 jobs and $32 billion in business investment in the region. TVA's strategic work to attract and retain jobs has earned a top 10 ranking for economic development among North America's utilities by Site Selection magazine, a national publication, each year from 2006 through 2012.

More on TVA history

The New Deal Network website has a wealth of information about the early days of TVA. The website's partners and sponsors include the Franklin and Eleanor Roosevelt Institute, the Franklin D. Roosevelt Library, the Institute for Learning Technologies at Columbia University, and IBM.

The site features photographs and texts—including speeches, letters, and other historic documents—from the New Deal period. One of the primary links is "TVA: Electricity For All." It includes information on the origins of TVA, the people who built the dams, the changes that electricity meant for the region's residents, and Lorena Hickok's "Letters from the Field." (Hickok was a journalist who traveled through the Valley in June 1934 recording her impressions of area residents' reactions to TVA for Harry Hopkins, one of President Roosevelt's closest advisers, and Eleanor Roosevelt.)

❧参考文献❧

中文图书：

《马克思恩格斯选集》第 1 卷，人民出版社 1997 年版。

《马克思恩格斯选集》第 3 卷，人民出版社 1995 年版。

《列宁选集》（第 2 卷），人民出版社 1972 年版。

《邓小平文选》（第 3 卷），人民出版社 1993 年版。

《三中全会以来重要文献选编》（上），中央文献研究室 1982 年版。

[美] 米尔顿·弗里德曼、罗丝·弗里德曼：《自由选择》，张琦译，机械工业出版社 2008 年版。

[美] 米尔顿·弗里德曼：《资本主义与自由》，张瑞玉译，商务印书馆 1986 年版。

[美] 约瑟夫·斯帝格利兹：《政府经济学》，曾强等译，春秋出版社 1988 年版。

马姆德·阿里·阿尤布、斯文·奥拉夫·赫格斯特德：《公有制工业企业成功的决定因素》（世界银行 1983 年报告），中国财政经济出版社 1987 年版。

[美] 斯蒂夫·H. 汉克：《私有化与发展》，管维立等译，中国社会科学出版社 1989 年版。

[英] 艾瑞克·霍布斯鲍姆：《帝国的年代：1875—1914》，贾士蘅译，江苏人民出版社 1999 年版。

[英] C. L. 莫瓦特：《新编剑桥世界近代史》，中国社会科学院世界历史研究所组译，中国社会科学出版社 1999 年版。

［苏］布哈林：《世界经济与帝国主义》，人民出版社 1983 年版。

［德］卡尔·哈达赫：《二十世纪德国经济史》，商务印书馆 1984 年版。

［意］卡洛·M. 奇波拉：《欧洲经济史》（第五卷上、下册），商务印书馆 1988 年版。

［意］卡洛·M. 奇波拉：《欧洲经济史》（第六卷上、下册），商务印书馆 1991 年版。

［意］瓦莱里奥·卡斯特罗诺沃：《意大利经济史》，商务印书馆 2000 年版。

［美］詹姆斯·麦格雷戈·伯恩斯：《罗斯福传》，商务印书馆 1992 年版。

［德］魏伯乐等：《私有化的局限》，上海人民出版社 2006 年版。

［美］约翰·罗默：《社会主义的未来》，重庆出版社 1997 年版。

［美］罗伯特·赖克：《国家的作用——21 世纪的资本主义前景》，上海译文出版社 1994 年版。

［英］F.A. 哈耶克：《通往奴役之路》，中国社会科学出版社 1997 年版。

［法］让-多米尼克·拉费、雅克·勒卡荣：《混合经济》，商务印书馆 1995 年版。

［英］约翰·维克斯、乔治·亚罗：《私有化的经济学分析》，重庆出版社 2006 年版。

［日］桥本寿郎等：《现代日本经济》，上海财经大学出版社 2001 年版。

［英］A.C. 庇古：《福利经济学》，商务印书馆 1972 年版。

曹思源：《国企改革：绕不开的私有化》，知识产权出版社 2003 年版。

厉以宁：《经济体制改革的探索》，人民日报出版社 1987 年版。

王金存：《破解难题——世界国有企业比较研究》，华东师范大学出版社 1999 年版。

乔明顺：《世界近代史》，北京大学出版社 1993 年版。

马世力：《世界史纲》（下册），上海人民出版社 1999 年版。

罗红波、戎殿新：《西欧公有企业》，经济日报出版社 1994 年版。

杨洁勉：《战后西欧的国有经济》，上海外语教育出版社 1988 年版。

赵守日：《闯关：西方国有经济体制革命》，广东经济出版社 2000 年版。

琴星：《走向 21 世纪的法国》，中原农民出版社 1999 年版。

伍柏麟、席迎春：《西方国有经济研究》，高等教育出版社 1997 年版。

刘中桥：《中西方国有企业发展比较》，经济科学出版社 2000 年版。

刘迪瑞：《日本国有铁路改革研究》，人民出版社 2006 年版。

谢瑶：《走向 21 世纪的德国》，中原农民出版社 1999 年版。

顾宝炎：《国外国有企业的管理和改革》，中国人事出版社 1999 年版。

马建堂、刘海泉：《中国国有企业改革的回顾与展望》，首都经济贸易大学出版社 2000 年版。

周淑莲、刘述意：《国有企业的管理与改革》，经济管理出版社 1989 年版。

李宏：《另一种选择：欧洲民主社会主义研究》，法律出版社 2003 年版。

吴友法等：《德国资本主义发展史》，武汉大学出版社 2000 年版。

胡瑾：《民主社会主义的由来与实质》，陕西人民出版社 1994 年版。

刘玉安：《北欧福利国家剖析》，山东大学出版社 1995 年版。

王克忠等：《中国国有亏损企业整治新视角——资产重组与监察整顿》，中国方正出版社 1999 年版。

高峰等：《发达资本主义国家的所有制研究》，清华大学出版社 1998 年版。

陈晓律：《发展与争霸——现代资本主义与世界霸权》，江苏人民出版社 2003 年版。

罗志如、厉以宁：《二十世纪的英国经济——"英国病"研究》，人民出版社 1982 年版。

陈实：《政府之谜》，学苑出版社 1989 年版。

李会明：《产权效率论》，立信会计出版社 1995 年版。

李世安：《欧美资本主义发展史》，中国人民大学出版社 2004 年版。

樊亢、宋则行：《世界经济史》（第二卷），经济科学出版社 1989 年版。

《经济大辞典》，上海辞书出版社 1992 年版。

《2000 年世界发展指标》（中文版），中国财政经济出版社版。

李世安：《欧美资本主义发展史》，中国人民大学出版社 2004 年版。

刘成：《理想与现实——英国工党与公有制》，江苏人民出版社 2003 年版。

[英] 艾伦·布洛克：《大独裁者希特勒——暴政研究》，北京出版社 1986 年版。

薛汉伟、王建民：《制度设计与变迁——从马克思到中国的市场取向改革》，山东大学出版社 2003 年版。

高尚全、杨启先：《中国国有企业改革》，济南出版社 1999 年版。

[英] 亨利·帕里斯：《西欧国有企业管理》，东北财经大学出版社 1991 年版。

[美] 斯坦利·L. 恩格尔曼等：《剑桥美国经济史：20 世纪》（第三卷），中国人民大学出版社 2008 年版。

董辅礽、厉以宁等：《国有企业：你的路在何方——50 位经济学家论国有企业改革》，经济科学出版社 1997 年版。

金培:《中国企业竞争力报告(2006)——创新与竞争》,社会科学文献出版社2006年版。

《中国统计年鉴》(2008年),中华人民共和国国家统计局编,中国统计出版社2009年版。

[英] F.A.哈耶克:《致命的自负——社会主义的谬误》,中国社会科学出版社2000年版。

《中国统计年鉴》(2008年),中华人民共和国国家统计局编,中国统计出版社2009年版。

中文期刊:

胡岳氓、任春良:《西方市场经济国家的国有企业:一个演化视角的分析》,《中央财经大学学报》2005年第7期。

《中共中央关于国有企业改革和发展若干重大问题的决定》,《学习时报》2008年4月21日第001版。

曹均伟、洪登勇:《国外国有资产监督模式的比较与借鉴》,《世界经济研究》2007年第6期。

牟维:《论美国第一次企业兼并浪潮》,《理论前沿》2006年第18期。

桂莉:《简论德意志第二帝国社会保障制度》,《武汉大学学报》(人文科学版)2005年第5期。

魏磊:《英、法、西德、瑞典四国对国有企业管理的比较》,《理论前沿》1988年42期。

李梅等:《西方国有企业演进及其启示》,《经济论坛》2000年第24期。

冯晓琦等:《不是同根生,互相可借鉴》,《北京工商》1995年第1期。

何富强:《新加坡国有企业的探析》,《亚太经济》1997年第2期。

戎殿新:《意大利公有企业情况简介》,载《经济研究参考资料》总第1208期。

曹幸仁:《关于国有企业及国有商业银行经营管理体制改革的思考——瑞典国有企业改革的经验及借鉴》,《金融论坛》2002年第12期

李俊江、何枭吟:《北欧国有企业的改革及其对我国的启示》,《新长征》2003年第10期。

潘华实:《日本国有企业管理体制及其启示》,《当代亚太》1999年第3期。

邱力生:《德国、法国对国有企业管理的评介与借鉴》,《经济评论》1998年第1期。

邱国栋、于萍:《西方国家国有企业管理模式的比较与借鉴》,《海外之窗》2003年第 4 期。

林勋亮:《法国国有企业的管理特点》,《商业研究》1998 年第 12 期。

叶祥松:《新加坡国有企业管理体制及其启示》,《学术界》1996 年第 2 期。

阚功俭:《北欧国家全球竞争力研究及启示》,《生产力研究》2004 年第 12 期。

杜晓君、李曼丽:《新加坡国有企业改革启示》,《东北大学学报》2006 年第 5 期。

王文创、张金城:《德国国有企业的管理及对我国的启示》,《理论学刊》2006年第 5 期。

郭纲:《新加坡国有企业董事会结构的优势及其借鉴意义》,《生产力研究》2005年第 8 期。

杜全卿:《新加坡国有企业管理经验与启示》,《瞭望新闻周刊》1999 年 8 月 30日第 35 期。

周继良、黄庆暖:《从芬兰国有企业经营机制引发的思考》,《决策借鉴》1997年第 3 期。

郭才:《对北欧国有企业情况的考察与思考》,《经济纵横》1995 年第 8 期。

《厉以宁讲经济学:西方世界也有国有经济》,《解放日报》2008 年 9 月 21 日。

郑柯:《发达国家科技投入演变特点》,《镇江日报》2006 年 12 月 6 日。

晓理:《从国外经验看中国的国有资产管理体制改革》,《企业党建》2005 年第4 期。

宗寒:《西方国家发展国有经济说明了什么》,《江汉论坛》1999 年第 6 期。

徐传谌、张万成:《国有经济存在的理论依据》,《吉林大学社会科学学报》2002年第 5 期

《濒死央企十年蜕变之路:资产资本化成改革关键》,《南方周末》2009 年 8 月20 日。

李荣融:《宏大的工程宝贵的经验——记国有企业改革发展 30 年》,《求是》2008 年 8 月。

孙瑞灼:《垄断"玻璃门"让民营油企身陷困境》,《学习时报》2008 年 7 月 28日总第 446 期

柏晶伟:《垄断行业改革迫在眉睫》,《中国经济时报》2008 年 10 月 8 日。

陈淮:《当前中国经济发展的若干难点》,《管理世界》2000 年第 2 期。

游士兵、吴胜涛:《我国企业科技投入概况及其分析》,《中国软科学》2002 年第 5 期。

高永岗：《自主创新导向的产业基金：必要性及其运行机制研究》，《生产力研究》2008 年第 6 期。

张军扩：《关于国有企业改革的几点思考》，《经济研究》1994 年第 10 期。

冒荣、曲名峰等：《西方七国近年来的科研投入情况》，《科技导报》2000 年第 7 期。

刘孝新：《对罗斯福新政的认识与思考》，《学习月刊》2009 年第 5 期。

俞建国：《现代企业制度与国有企业的现代化》，《中国社会科学》1998 年第 6 期。

张连城：《论国有企业的性质、制度性矛盾与法人地位》，《首都经济贸易大学学报》2004 年第 1 期。

宋书声、王锡君等：《马克思恩格斯著作中表述未来社会所有制的几个概念辨析》，《求实》1995 年第 18 期。

王学东《西欧社会民主主义的现状与发展趋势》，《教学与研究》1996 年第 4 期。

张盟山：《科斯定理及其对我国产权改革的现实启示》，《经济导刊》2009 年第 1 期。

杨大楷、王忠枝等：《外国国有企业资产经营与管理的实践》，《世界经济研究》1999 年第 4 期。

任晶晶：《意大利国有企业监管主体间相互协调的机制及启示》，《经济纵横》2006 年第 11 期。

黄书猛：《美法练过的国有企业管理及其对我国的借鉴意义》，《经济与社会发展》2003 年第 4 期。

唐宁：《意大利的国家参与制企业集团》，《中国石化》1995 年第 7 期。

中国驻意大利使馆经商处：《意大利国有企业私有化的进展情况及我们的建议》，载《经济改革与发展》1994 年第 6 期。

林晓：《德国国有企业管理的特点》，载《德国研究》1995 年第 4 期。

国家经贸委赴德法考察团：《德国、法国国有企业的监督与管理》，载《经济研究参考》1997 年第 7 期。

张东明：《德国国有企业改革的启示与借鉴》，《财政研究》2013 年第 1 期。

阿明·波奈特、弗兰克·米勒：《联邦德国的国有企业：地位目标能力》，《经济社会体制比较》1991 年第 5 期。

邱国栋、于萍：《西方国家国有企业管理模式的比较与借鉴》，《海外之窗》2003 年第 4 期。

李志祥、张应语等：《法国国有企业的改革实践及成效》，《经济与管理研究》

2007 年第 7 期。

邱力生:《德国、法国对国有企业管理的评介与借鉴》,《经济评论》1998 年第 1 期。

叶祥松:《法国国有企业管理体制及其启示》,《特区理论与实践》1996 年第 4 期。

张敏:《论英国国有企业的经营与管理》,《欧洲》1996 年第 5 期。

魏磊:《英、法、西德、瑞典四国对国有企业管理的比较》,《理论前沿》1988 年第 42 期。

侯珺然、曹洁:《英国和日本国有企业改革的经验及启示》,载《日本问题研究》2005 年第 4 期。

张敏:《论英国国有企业的经营与管理》,《欧洲》1996 年第 5 期。

李晓波:《英国国有企业绩效审计的借鉴》,《东岳论丛》2013 年第 4 期。

科技部:《2007 年全国科技进步监测报告(一)》2008 年第 2 期。

叶祥松:《美国国有企业管理体制对我国国有企业管理体制改革的启示》,载《世界经济与政治》1996 年第 7 期。

林汉川:《意大利管理国有企业别具一格》,载《中外管理》1994 年第 8 期。

中文网络资料:

《危机经济学》:http ://baike.baidu.com/view/2133376.htm。

和讯财经网:《国有企业改革历程回顾》,http://news.hexun.com/2008-07-14/107412173.html。

梁树新:《西方国有企业改革对我国的启示及其借鉴意义》,http://www.cmo.com.cn/0610x/tszs/lsx.htm。

《吴敬琏谈三个问题》:http://www.whzx.gov.cn/web/ggrd/ggrd-14.html。

赵振东:《美国国有经济管理的经验借鉴》,http://www.yzdj.net/News/Show.asp?id=1295。

《当代世界史》:http://jpkc.ecnu.edu.cn/sjs/weblesson/2/01.htm#2。

中国经济网:http://civ.ce.cn/zt/sjgc/yaowen1/200705/11/t20070511_11323670_2.shtml。

《反思美国 20 世纪 70 年代滞涨的成因与对策》:http://www.datanx.org/nxinfo001/ShowArticle.asp?ArticleID=4498。

黄安年:《新科技革命发展的世界影响和特点》(上),http://www.docin.com/p-550768.html。

《法国的产业结构、产业组织与产业政策》，http://sssszr.drivehq.com/020/9.htm。

汪海波：《中国国有企业改革的实践进程（1979—2003 年）》，凤凰网：http://finance.ifeng.com/opinion/jjsh/20090902/1183159.shtml。

《李荣融：走中国特色国有企业发展改革之路》，载《学习时报》2009 年 6 月12 日，国资委网：http://www.sasac.gov.cn/n1180/n1549/n1600/n1765/6447880.html。

龚震：《警惕国企向垄断行业集中》，载《中国改革报》，人民网：http://theory.people.com.cn/GB/49154/49155/4919347.html。

胡迟：《国企改革：未来改革展望》，载《中国经济时报》2008 年 7 月 1 日，和讯网：http://news.hexun.com/2008-07-01/107094009.html。

刘国光：《十八大后再谈中国经济体制改革的方向》，中国思想政治工作网，2013—08—28，http://www.cnzgw.org/2013/0828/31597.html。

国家发改委经济体制与管理研究所课题组：《国企改革历程回顾与当前改革重点》，中国改革网，2015 年 1 月 7 日，http://www.china-reform.org/?content_596.html。

高连奎：《世界如此危急》，http://www.21ccom.net/book/story.php?id=9780。

冯禹丁：《国企产权改革争议 20 年》，《南方周末》2014 年 4 月 11 日，见 http://www.infzm.com/content/99700。

英文期刊及网络资料

Henry Parris, Pierre Pestieall and Peter Saynor, Public Enterprise in Western Europe, Chatham Ltd 1987.

David M. Kotz, Social Structures of Accumulations, Cambridge University Press, 1994.

David M. Kotz , "Neoliberalism and the Social Structure of Accumulation Theory of Long-Run Capital Accumulation", Review of Radical Political Economics, vol.35, no.3, September 2003.

David M. Kotz, "Contradictions of Economic Growth in the Neoliberal Era: Accumulation and Crisis in theContemporary U.S. Economy," Review of Radical Political Economics, vol.40, no.2, 2008.

David M. Kotz, "Ownership, Property Rights, and Economic Performance: Theory and Practice in the USA and other Countries".

David M. Kotz," The Role of the State in Economic Transformation: Comparing the Transition Experiences of Russia and China".

David M. Kotz, "Globalization and Neoliberalism", Rethinking Marxism, vol.14, no.2, 2002, 64-79.

ENI Annual Report 2014, 意大利埃尼集团官方网站, http://www.eni.com/en_IT/attachments/governance/shareholder-meeting/2015/Corporate-Governance-Report-2014.pdf。

田纳西流域管理局官网, http://www.tva.com/abouttva/history.htm。

英国皇家邮政集团官网, http://www.royalmailgroup.com/about-us/management-committees

法国电力集团官网, http://about—us.edf.com/profile/history。

责任编辑：柴晨清

图书在版编目（CIP）数据

20 世纪西方大国资本主义国有经济研究 / 常辉 著 . – 北京：人民出版社，2016.4
ISBN 978－7－01－016059－7

I. ① 2…　　II. ① 常…　　III. ① 国有经济－研究－西方国家－20 世纪

　IV. ① F112.2

中国版本图书馆 CIP 数据核字（2016）第 065405 号

20 世纪西方大国资本主义国有经济研究
20 SHIJI XIFANG DAGUO ZIBENZHUYI GUOYOUJINGJI YANJIU

常　辉 著

人民出版社 出版发行

（100706　北京市东城区隆福寺街 99 号）

北京汇林印务有限公司印刷　新华书店经销

2016 年 4 月第 1 版　2016 年 4 月北京第 1 次印刷
开本：710 毫米 ×1000 毫米 1/16　印张：16.5
字数：220 千字

ISBN 978－7－01－016059－7　定价：49.50 元

邮购地址 100706　北京市东城区隆福寺街 99 号
人民东方图书销售中心　电话：（010）65250042　65289539